Telekolleg II

Physik
Schwingungslehre
und
Atomphysik

Eckhard Huber
Henning Weber

TR-Verlagsunion München

TELEKOLLEG II

wird im Medienverbund von den *Kultusministerien* der Bundesländer Bayern, Brandenburg, Nordrhein-Westfalen und Rheinland-Pfalz (in Nordrhein-Westfalen in Zusammenarbeit mit dem Landesverband der Volkshochschulen) sowie den *Rundfunkanstalten* Bayerischer Rundfunk, Ostdeutscher Rundfunk Brandenburg und Westdeutscher Rundfunk durchgeführt.
Dieser Band enthält das Arbeitsmaterial zu den 1995/96 vom Bayerischen Rundfunk produzierten Lehrsendungen Telekolleg II/Physik · Schwingungslehre 1 bis 6 und den im gleichen Zeitraum vom Südwestrundfunk produzierten Lehrsendungen Telekolleg II/Physik · Atomphysik 1 bis 6.

Autor der Folgen zur Schwingungslehre	(1– 6):	Eckhard Huber
Autor der Folgen zur Atomphysik	(7–12):	Henning Weber

Bildnachweis:

Graphiken: Rudolph Spanner, Berlin

Fotos: Deutsches Museum, München: Bild 5.12
IABG, Ottobrunn: Bild 2.1
Schroedel Schulbuchverlag, Hannover: Bild 9.11, 11.5
Springer Verlag, Berlin – Heidelberg – New York: Bild 9.7
Süddeutscher Verlag: Bild 8.12, 10.3
Südwestfunk, Baden-Baden: Bild 12.3, 12.5, 12.6
Eckhard Huber, Haimhausen: alle übrigen Fotos

4. Auflage 2001

Entwurf des Einbandes: Wilfried Reich, Baden-Baden
Satz: Fotosatz Miehle, Augsburg
Druck: Druckerei Bremberger, München
ISBN: 3-8058-2853-5

Inhalt

Schwingungslehre

Atomphysik

Folge 1: Mechanische und elektrische Schwingungen

Übersicht

1.1 Mechanische Schwingungen

Im zivilisierten Alltag und auch in der Natur können wir eine Vielzahl von Vorgängen beobachten, die sich in festen Zeitabschnitten wiederholen. Beherrschend für unser Leben ist z. B. das tägliche scheinbare Auf und Ab der Sonne, die nach jeweils 24 Stunden ihren Höchststand erreicht hat. Den Zeitraum, in dem sich ein solcher periodischer Vorgang wiederholt, bezeichnet man in der Physik als **Periodendauer** T. Weniger auffällig ist der periodische Wechsel der Jahreszeiten, er ist bedingt durch den Umlauf der Sonne in einem Jahr, das sind rund 365,25 Tage. Noch längere Perioden können nur noch die Astronomen beobachten. Z. B. bewegt sich die Erdachse auf der Mantelfläche eines Doppelkegels, ein Umlauf dauert dabei etwa 25 000 Jahre.
Küstenbewohner kennen das periodische Ansteigen und Absinken des Meeresspiegels als die Gezeiten Ebbe und Flut; hier beträgt die Periodendauer etwa 12 Stunden. Bei dieser **Wellenbewegung** bezeichnet man die maximale Abweichung des Wasserspiegels vom Mittelwert als **Scheitelwert** oder **Amplitude** $\hat{s}$. Weitaus kürzere Perioden als bei den Gezeiten findet man bei dem vom Wind verursachten Wellengang; sie betragen meist nur wenige Sekunden.
Vom Menschen verursachte **mechanische Schwingungen** findet man z. B. beim Sport (Trampolinspringen), in der Freizeitgestaltung (Schaukeln, Seilhüpfen) oder in der Technik (Bewegung eines Motorkolbens, Schwingen eines Uhrenpendels, Vibrieren eines elektrischen Rasierapparats).

Systematisch können wir mechanische Schwingungen mit einem Lautsprechermodell untersuchen. An eine gespannte, kreisförmige Gummimembran ist eine kurze Luftspule mit etwa 100 Windungen geklebt. In das Innere der Spule ragt der Nordpol (oder Südpol) eines Stabmagneten. Leitet man Wechselstrom durch die Spule, so erfahren die Spulendrähte durch die Wechselwirkung mit den nahezu senkrecht verlaufenden

Magnetfeldlinien eine Kraft, deren Betrag und Richtung vom Stromfluß abhängt (vgl. E 8,1: $F = I \cdot l \cdot B$). Hat der Wechselstrom aus dem sog. Funktionsgenerator sinusförmigen Verlauf, so bewirkt er eine Kraft an der Spule, die in ihrem zeitlichen Verlauf ebenfalls der Sinusfunktion folgt. Die Kraft verursacht eine ihr proportionale Auslenkung der Spule, solange die rücktreibende Kraft der Gummimembran ebenfalls zur Auslenkung proportional ist. Es handelt sich dann um einen sog. **linearen Wandler**.

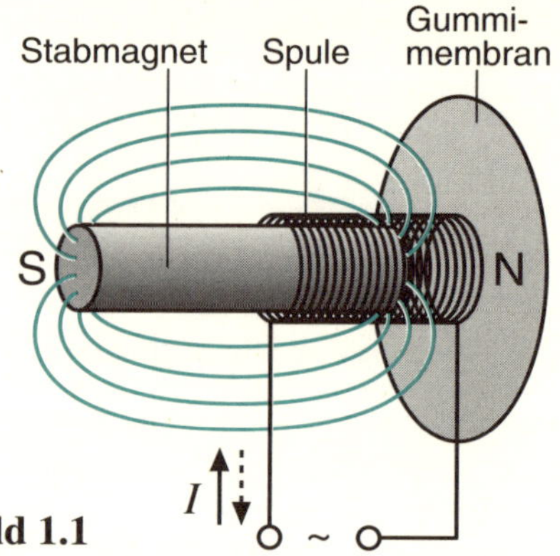

Bild 1.1

Solange die Anregungsfrequenz unter 20 Hz liegt, kann man der Bewegung noch mit dem Auge folgen. Darüber ist die Trägheit des Auges zu groß, dafür hört man aber einen **Ton**, da die Membranschwingungen auf die Luft übertragen werden und so schließlich zum Ohr gelangen. Diese hörbaren Schwingungen, der sog. **Schall**, werden vom Menschen bis zu maximal 10000 Hz im Alter und bis zu 20000 Hz als Kleinkind wahrgenommen. Schwingungen mit einer Frequenz $f > 20000$ Hz bezeichnet man als **Ultraschall**.
Schwingungen mit **sinusförmigem** Verlauf empfindet das Gehör als besonders harmonisch, man bezeichnet sie in der Physik auch als **harmonische Schwingungen**. Schaltet man den Wechselstrom des Funktionsgenerators auf Dreiecksform um, so ändert sich die Klangfarbe, der Klang wird „spitzer". Noch schriller wird der Klang, wenn ein Rechteck-Wechselstrom durch die Spule geleitet wird. Die Klangfarbe wird dabei durch zahlreiche sog. **Oberschwingungen** (Schwingungen mit ganzzahligen Vielfachen der Grundfrequenz) verändert.

Definition:

Unter einer mechanischen Schwingung versteht man die periodische Bewegung eines Körpers um seine Ruhelage.

Findet die periodische Bewegung längs einer geradlinigen Bahn statt, so spricht man von einer **linearen Schwingung**.

Mathematisch beschreibt man die Weg-Zeit-Abhängigkeit der mechanischen Schwingung durch eine Funktionsgleichung

$$s = \mathrm{f}(t)$$

Die Periodizität wird durch folgende Gleichungen ausgedrückt:

$$\mathrm{f}(t) = \mathrm{f}\,(t + T) = \mathrm{f}\,(t + 2T) = \ldots = \mathrm{f}\,(t + \mathrm{n}T)$$

1.1.1 Das Federpendel

Eine beliebte Sportart aus neuerer Zeit ist das *Bungee-Springen*. Der Springer wird dabei fest mit dem einen Ende eines starken Gummiseils verbunden, das andere Ende des Seils ist hoch oben an einem Turm, einem Kran oder einem Brückengeländer befestigt. Der Springer (Masse m) fällt unter dem Einfluß der Erdanziehung zunächst mit der Erdbeschleunigung g nach unten. Durch die zunehmende Federkraft des Gummiseils wird aber der Einfluß der Gewichtskraft $G = m \cdot g$ immer kleiner, bis der Springer schließlich zum Stillstand kommt. Dabei darf natürlich die Dehnung des Seils nicht größer sein als der Abstand des Springers von der Ruhelänge des Seils bis zum Boden, damit er dort nicht aufprallt (vgl. Mechanik, 10.1.2).

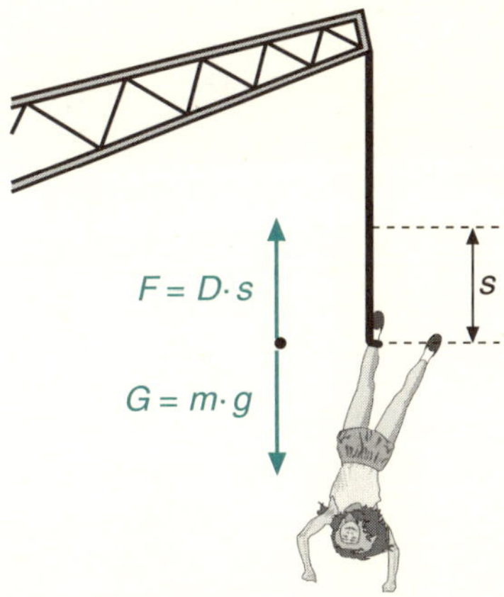

Bild 1.2: Bungee-Springer

Am unteren Umkehrpunkt ist die potentielle Energie $W_{pot} = m \cdot g \cdot h$ des Springers vollständig in die Spannenergie $W_{Spann} = 0{,}5 \cdot D \cdot s^2$ übergegangen. In allen Zwischenlagen h' des Springers setzt sich die Gesamtenergie W_{ges} des Federpendels aus der Summe von potentieller Energie $m \cdot g \cdot h'$, von kinetischer Energie $W_{kin} = 0{,}5 \cdot m \cdot v^2$ und aus der Spannenergie $W_{Spann} = 0{,}5 \cdot D \cdot (h - h')^2$ zusammen (mit $h - h' = s$).

Es gilt also

$$W_{ges} = m \cdot g \cdot h' + 0{,}5 \cdot m \cdot v^2 + 0{,}5 \cdot D \cdot (h - h')^2$$

Für unsere weiteren Betrachtungen verwenden wir ein Federpendel mit horizontaler Schwingung. Hier ist die potentielle Energie gleich Null, kann also unberücksichtigt bleiben, und auch die Federn sind nicht durch eine Gewichtskraft vorgespannt. Im Prinzip gleicht die Versuchsanordnung dem Lautsprechermodell von Abschnitt 1.1, die rücktreibende Kraft wird aber nicht durch ein Gummituch, sondern durch zwei Schraubenfedern verursacht. Statt der Luftspule verwenden wir einen Schlitten, der auf einer Luftkissenbahn nahezu reibungslos gleiten kann.

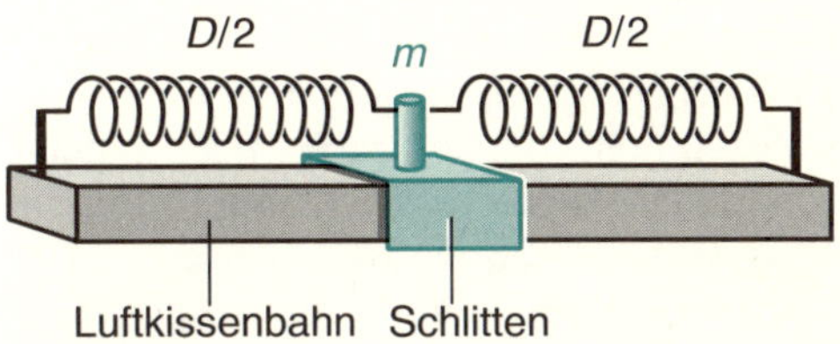

Bild 1.3

Die Masse m des Pendelkörpers setzt sich zusammen aus der Masse des Schlittens und einer ggfs. aufgelegten Zusatzmasse, die Federkonstante D hat den doppelten Wert der Konstante einer einzelnen Feder, da ja die eine Feder gedehnt und die andere zusammengedrückt wird. (Das gilt auch, wenn die beiden Federn durch eine Kraft vorgespannt sind.)

Auf dem Wagen ist eine Batterie mit einem Taschenlampenbirnchen montiert, so daß auch in einiger Entfernung ein heller Leuchtfleck erkennbar ist, der die Umgebungshelligkeit überstrahlt. Dieser Leuchtfleck wird von einer Videokamera registriert und deren Signal wird einem Personal-Computer zugeleitet. Aus der Lage des Leuchtsignals im Bildraster der Videokamera kann der Computer im Abstand von 20 ms (entspricht der Bildfolgefrequenz des Videosignals) jeweils die Lage des Lämpchens berechnen. Mit einem geeigneten Computerprogramm lassen sich aus den Meßwerten die Geschwindigkeit und die Beschleunigung des Wagens im Verlauf einer Schwingung berechnen und auf dem Monitor grafisch darstellen.

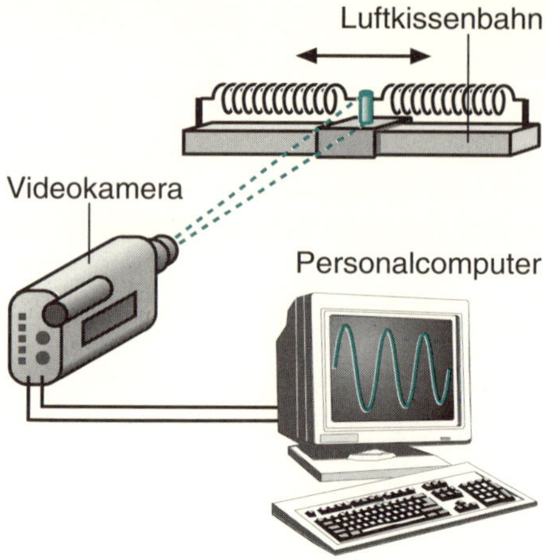

Bild 1.4: Messung mit Videokamera

1.1.2 Schwingungsgesetze des Federpendels

Ähnlich wie bei einem Oszillografen läßt sich auf dem Computerbildschirm die Auslenkung s des Schlittens in vertikaler Richtung darstellen; der Leuchtpunkt auf dem Bildschirm wandert analog der Auslenkung in vertikaler Richtung auf und ab. Läßt man den Leuchtpunkt – wie bei einem mechanischen Y-T-Schreiber – proportional zur Zeit nach rechts wandern, so erhält man den Graphen der s-t-Funktion. Der Graph hat augenscheinlich **sinus-** bzw. **cosinus**förmigen Verlauf. Da die Messung zur Zeit $t = 0$ mit der maximalen Auslenkung $\hat{s}$ begonnen wurde, handelt es sich um eine **Cosinusfunktion**.

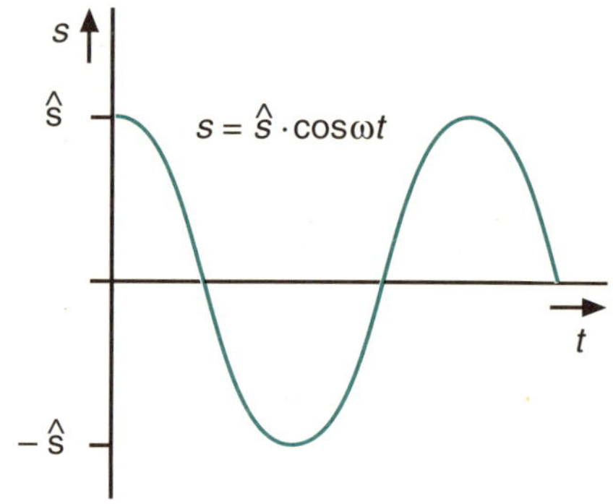

Bild 1.5

Dieser **Vergleich** mit dem Graphen der aus der Mathematik bekannten Cosinusfunktion ist natürlich **kein Beweis** dafür, daß die Weg-Zeit-Funktion tatsächlich diesem Gesetz folgt. Das Gesetz wird mit den Mitteln der höheren Mathematik so abgeleitet:

Die Trägheitskraft $F_m = m \cdot a$ (M 6,1) ist zu jedem Zeitpunkt entgegengesetzt gleich der Federkraft $F_{Spann} = D \cdot s$ (M 10,1),[1] also

$$\vec{F}_m + \vec{F}_{Spann} = 0 .$$

Die Beschleunigung a ist gleich der zweiten Ableitung der Auslenkung s nach der Zeit:

$$a = \frac{d^2 s}{d t^2}$$

Das Weg-Zeit-Gesetz des frei schwingenden Federpendels wird dann durch die Differentialgleichung ausgedrückt:

$$\left(\frac{\mathbf{d^2 s}}{\mathbf{d t^2}}\right) \boldsymbol{m} + \boldsymbol{D} \cdot \boldsymbol{s} = \mathbf{0}$$

Durch Integrieren erhält man die Lösung $s = \hat{s} \cdot sin \cdot (\omega t + \varphi_0)$

Der Winkel φ_0 ist eine Konstante, die sich beim Integrieren ergibt, und von den Anfangsbedingungen der Federschwingung abhängt.

Ist $s(t = 0) = \hat{s}$, das Pendel also maximal ausgelenkt, so ergibt sich $\varphi_0 = \pi/2$, d.h. das **Weg-Zeit-Gesetz des Federpendels (Gleichung S 1,1)** hat dann die Form

$$\mathbf{s(t) = \hat{s} \cdot \cos\omega t}$$

Die Geschwindigkeit der Masse m erhält man als Ableitung des Wegs nach der Zeit:

$$v(t) = \frac{d(\hat{s} \cdot \cos\omega t)}{dt} =$$

$$= \omega\hat{s} \cdot \cos(\omega t + \pi/2) = -\omega\hat{s} \cdot \sin\omega t.$$

Für das **Geschwindigkeit-Zeit-Gesetz des Federpendels (Gleichung S 1,2)** gilt also

$$\mathbf{v(t) = -\omega\hat{s} \cdot \sin\omega t}$$

Die zeitliche Ableitung der Geschwindigkeit nach der Zeit ergibt schließlich das **Beschleunigung-Zeit-Gesetz des Federpendels (Gleichung S 1,3):**

$$\mathbf{a(t) = -\omega^2\hat{s} \cdot \cos\omega t}$$

Der Personal-Computer erspart durch die eingebaute Software diese Berechnungen und stellt die o.g. Funktionen bzw. ihre Funktionsgraphen auf Grund der von der Videokamera gelieferten Weg-Zeit-Daten automatisch dar.

Frequenz der Pendelschwingung

Aus $s(t) = \hat{s} \cdot \cos\omega t$ und $a(t) = -\omega^2\hat{s} \cdot \cos\omega t$

ergibt sich

$$\frac{a}{s} = \frac{(-\omega^2\hat{s} \cdot \cos\omega t)}{(\hat{s} \cdot \cos\omega t)} = -\omega^2$$

bzw.

$$\frac{|a|}{|s|} = \omega^2$$

Wie oben schon angeführt, gilt $m \cdot a = D \cdot s$ bzw. $a/s = D/m$. Mit $a/s = D/m$ und $|a|/|s| = \omega^2$ und $\omega = 2\pi f$ ergibt sich für die **Frequenz des Federpendels (Gleichung S 1,4):**

$$\mathbf{f = \frac{1}{2\pi}\sqrt{\frac{D}{m}}}$$

Mit $T = 1/f$ ergibt sich dann für die **Schwingungsdauer des Federpendels (Gleichung S 1,5):**

$$\mathbf{T = 2\pi\sqrt{\frac{m}{D}}}$$

[1] Für s kann man auch die Variable Δl verwenden.

Als wichtiges Ergebnis erhalten wir auch, daß die Schwingungsdauer bzw. Frequenz des Federpendels (solange die Feder sich im elastischen Bereich befindet) nicht von der Schwingungsamplitude abhängig ist.

Aufgabe

1. Ein Bungee-Springer ($m = 80$ kg), der an einem Gummiseil ($D = 78$ N/m) befestigt ist, pendelt nach seinem Absprung mit einer näherungsweise harmonischen Schwingung auf und ab.
   a) Berechnen Sie seine Schwingungsdauer.
   b) In welcher Entfernung unter dem Aufhängungspunkt des Seils kommt er zur Ruhe, wenn die Anfangslänge (ohne Belastung) 20 m beträgt? ($g = 9{,}8$ m/s^2)

Experimentelle Bestätigung der Pendelgesetze

Mit Hilfe von Videokamera und PC lassen sich die o.g. Gesetze leicht bestätigen. Zur anschaulichen Bestätigung kann man auch ein geeichtes Federpendel, ein sog. **Metronom**, parallel mitlaufen lassen und so die Frequenz überprüfen. Verdoppelt man z.B. die Masse des Schlittens und verdoppelt gleichzeitig auch die Federhärte durch Parallelmontieren von zwei weiteren gleichartigen Federn, so erhält man

$$f = \frac{1}{2\pi}\sqrt{\frac{2D}{2m}}$$ d.h. die Frequenz bleibt gleich.

Entfernt man dagegen die Zusatzmasse, so kann man feststellen, daß die Frequenz den rund 1,4-fachen Wert ($f_2 = \sqrt{2} \cdot f_1$) erreicht.

1.1.3 Technische Anwendungen von Federpendeln

Eine bekannte und weit verbreitete Anwendung ist der Einsatz des Federpendels als sog. **Unruh**, d.h. als zeitbestimmendes Glied in Uhren. Die Schwingungsdauer ist ja nur von der Masse und von der Federkonstante abhängig. Durch die Wahl eines geeigneten Federmaterials erreicht man, daß die Federkonstante und damit die Schwingungsdauer nur wenig von der Temperatur beeinflußt wird. Die einfache Bauform mit Schraubenfeder und Masse findet man allerdings nur bei manchen Kuckucksuhren. Für Uhren mit flacher Bauform wählt man das Drehpendel; die Masse ist hier als kleines Rädchen ausgebildet, das rückstellende Drehmoment wird von einer Spiralfeder ausgeübt.

Bild 1.6: Uhren-Unruh

Als Federpendel kann man auch die gespannten Saiten von Musikinstrumenten auffassen. Hier sind Masse und Feder in der Saite vereint, die Rückstellkraft wird durch die Dehnung der Saite erzeugt.

Aufgaben

2. Das Gewichtsstück ($m = 0{,}10$ kg) eines Uhrenpendels schwingt mit einer Periodendauer von 1,0 s auf und ab. Berechnen Sie die Federkonstante der (als masselos angenommenen) Feder.
3. Das Gewichtsstück von Aufgabe 2 pendelt mit einer Amplitude $\hat{s} = 10$ cm.
   a) Berechnen Sie die Auslenkung $s(t)$ 1,6 s nach einem Durchgang durch die Ruhelage.
   b) Berechnen Sie die maximale Geschwindigkeit des Gewichtsstücks.

1.1.4 Gedämpfte Schwingungen

Bei der Unruh von Uhren wird die von der Reibung des Lagers und der Luft verursachte Dämpfung der Schwingung durch die Energiezufuhr aus der Uhrfeder ausgeglichen. Bei der Geige z. B. wird die gedämpfte Schwingung der Saite durch das Streichen mit dem Bogen ständig wieder angeregt.
Es gibt aber auch unerwünschte Schwingungen. So bildet z. B. das Federbein eines PKW mit der Masse des Rads ein Federpendel, das durch die Unebenheiten der Straße zu Schwingungen angeregt wird. Diese Schwingungen sind unerwünscht, da jeweils bei der Aufwärtsbewegung des Rads der Kontakt zur Straße verlorengeht. Hier benötigt man eine zusätzliche **Schwingungsdämpfung**.

Bei unserem Experiment mit dem Schlitten erreichen wir diese Dämpfung, indem wir auf den Schlitten eine große Blechplatte aufstecken, die durch die Luft eine entsprechende Reibungskraft erfährt. Dadurch klingen die Schwingungen rasch ab, die Schwingungsenergie wird in Wärme der Luft und der Platte überführt.

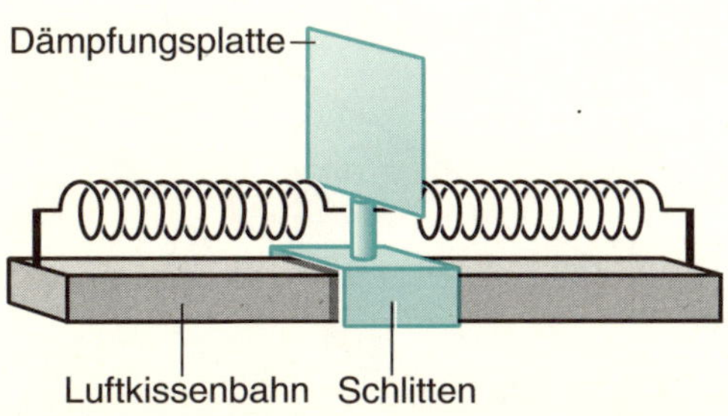

Bild 1.7: Schlitten mit Luftdämpfung

Beim Auto wird in das Federbein ein sog. Stoßdämpfer (richtig: **Schwingungsdämpfer**) eingebaut. Er besteht aus einem

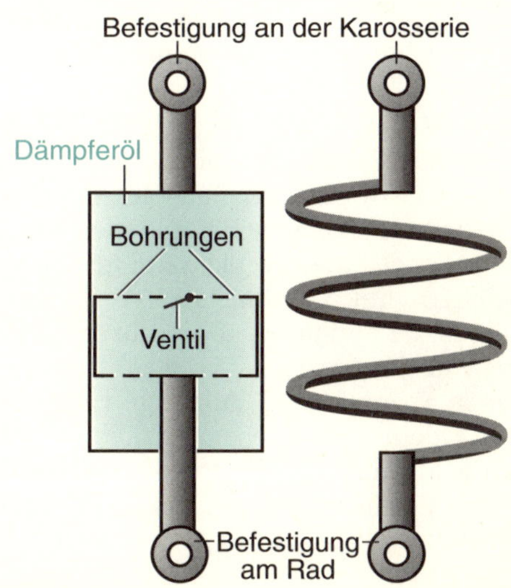

Bild 1.8

Zylinder mit eingebautem Kolben, in den einige feine Bohrungen und ein Ventil eingebaut sind. Ferner ist der Zylinder mit dem Dämpferöl gefüllt. Wird nun das Rad durch eine Unebenheit nach oben gedrückt, so kann der Kolben nachgeben, da das Ventil sich öffnet und das Öl vom oberen in den unteren Teil des Zylinders strömen kann. Nun drückt die gespannte Feder den Kolben wieder nach unten. Das Ventil ist aber geschlossen, so daß das Öl nur durch die feinen Bohrungen strömen kann. Dabei entsteht in der Flüssigkeit eine starke Reibung, welche die in der Feder gespeicherte Energie in Wärme des Öls umwandelt. Der Kolben bewegt sich samt dem Rad verzögert in seine Ruhelage zurück. Auf die nächste Unebenheit aber kann der Schwingungsdämpfer fast sofort wieder reagieren usw.

1.2 Elektrische Schwingungen

1.2.1 Analogie der Energiespeicherung in Feder und Kondensator

Eine gespannte Feder enthält potentielle Energie, die beim Entspannen in mechanische Arbeit umgesetzt wird. Beispiele dafür sind z.B. das Federwerk einer Uhr oder eines Spielzeugautos. Beim Spannen der Feder wird entlang einer Wegstrecke s eine von 0 bis zum Endwert F zunehmende Kraft aufgebracht. Die dabei verrichtete Arbeit entspricht der Fläche des Dreiecks im nebenstehenden Kraft-Weg-Diagramm, das von den Koordinatenachsen und dem Graphen der Funktion $F = D \cdot s$ eingeschlossen wird. Diese Fläche hat den Betrag $W_{Spann} = 0{,}5 \cdot F \cdot s$.
Entsprechend dem Hookeschen Gesetz gilt $F = D \cdot s$ (M 10,1), man erhält für die Spannarbeit bzw. die Spannungsenergie die bekannte Formel **(Gleichung M 10,2)**

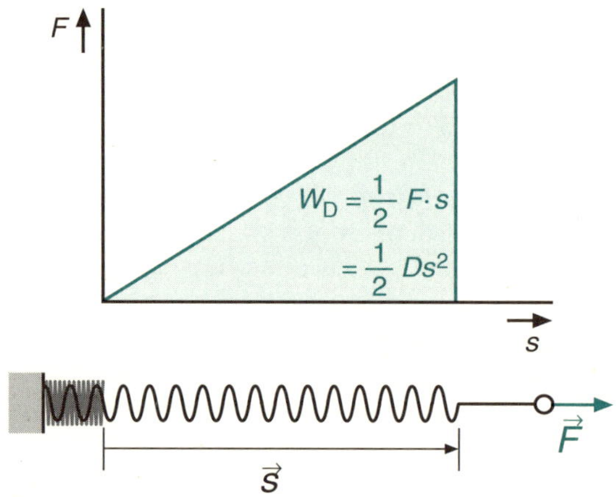

Bild 1.9

$$\boldsymbol{W_{Spann} = 0{,}5 \cdot Ds^2}$$

Auch in einem Kondensator läßt sich durch das Zuführen von unterschiedlichen elektrischen Ladungen auf die beiden Platten elektrische Energie speichern. Zunächst ist die Kondensatorspannung gleich 0, mit zunehmender Aufladung müssen die Ladungen gegen die entsprechend der Formel (E 3,2) $U = Q/C$ zunehmende Spannung U anlaufen. Entsprechend dem nebenstehenden Diagramm hat die Stromarbeit W_{el} bzw. die im Kondensator gespeicherte elektrische Energie den Betrag $W_{el} = 0{,}5 \cdot Q \cdot U$.

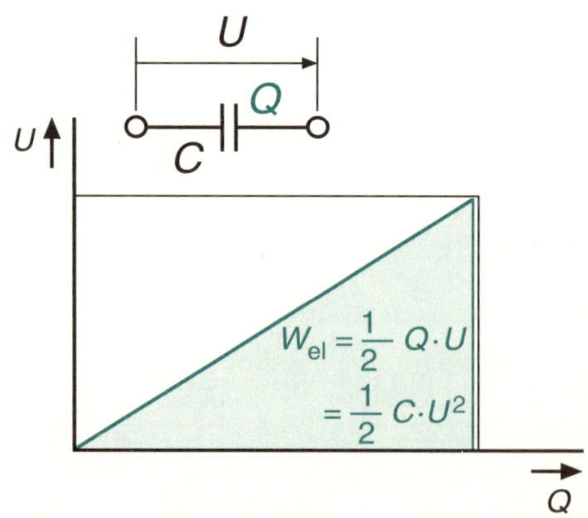

Bild 1.10: Kondensator mit *Q-U*-Diagramm

Setzt man entsprechend der umgeformten Gleichung E 3,2 für die Ladung Q die Beziehung $C \cdot U$ ein, so erhält man für den **Energieinhalt eines Kondensators (Gleichung S 1,6):**

$$\mathbf{W_{el} = 0{,}5 \cdot C \cdot U^2}$$

Die in einem Kondensator gespeicherte Energie läßt sich in sehr kurzer Zeit freisetzen, wenn man einen Verbraucher mit kleinem Widerstand anschließt. Bei den bekannten Elektronenblitzgeräten wird dabei in einer Zeit von ca. 1 ms eine Leistung von rund 10 kW in der Blitzröhre umgesetzt.

Aufgabe

4. Der Kondensator (C = 0,33 mF) eines Blitzgeräts soll eine Energie von 10 J speichern. Wie groß muß die Ladespannung sein?

1.2.2 Analogie der Energiespeicherung in der Federmasse und in einer Spule

Die Masse des Federpendels besitzt die kinetische Energie $\mathbf{W_{kin} = 0{,}5 \cdot m \cdot v^2}$, wobei die Geschwindigkeit v ja entsprechend dem Schwingungsgesetz (S 1,4) des Federpendels nicht konstant ist, sondern einer Sinusfunktion der Zeit folgt.

Läßt man in einer Spule mit der Induktivität L die Stromstärke in einer bestimmten Zeit t von 0 auf den Wert I ansteigen, so entsteht an den Enden der Spule ein Spannungsabfall U. Gemäß der Formel (E 5,2) $P = U \cdot I$ wird der Spule eine proportional mit der Zeit ansteigende Leistung zugeführt. Im Zeitintervall t hat diese Energie den Betrag $W_m = 0{,}5 \cdot U \cdot I \cdot t$. Die Spannung an der Spule hat den Betrag $U = L \cdot I/t$.

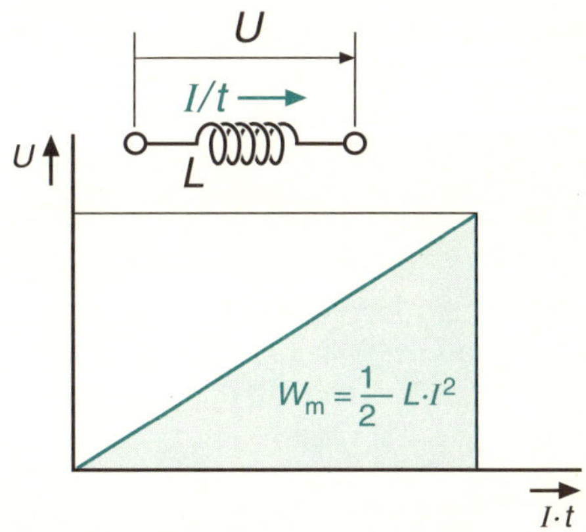

Bild 1.11: Spule mit Diagramm

Daraus folgt für den **Energieinhalt einer Spule** im Magnetfeld **(Gleichung S 1,7)**

$$\mathbf{W_m = 0{,}5 \cdot L \cdot I^2}$$

Die Speicherung von Energie im Magnetfeld einer Spule läßt sich nutzen, um mit einer niedrigen Batteriespannung hohe Spannungsspitzen zu erzeugen. In einer Versuchsanordnung ist eine Spule mit einer Induktivität von 1 H über einen Schalter mit einer 12 V-Batterie verbunden. Parallel zur Spule ist eine Glimmlampe geschaltet, die aber dunkel bleibt, da das in ihr enthaltene Edelgas Neon erst bei 100 V zündet. Schaltet man nun die Batterie ab, so leuchtet die Lampe kurz auf.

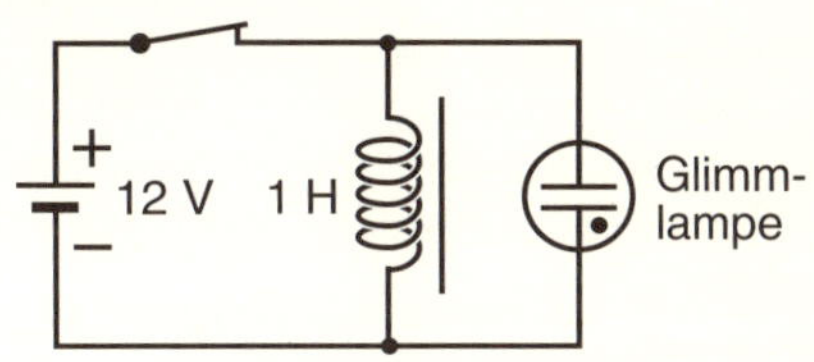

Bild 1.12: Selbstinduktions-Spannung

Entsprechend der Regel von Lenz (Elektrizitätslehre, Kap. 9.4) versucht das zusammenbrechende Magnetfeld der Spule den Spulenstrom von z.B. 100 mA aufrechtzuerhalten. Der Stromkreis ist nun aber sehr hochohmig, da ja nur die Glimmlampe parallelgeschaltet ist. Entsprechend der Formel $U = R \cdot I$ steigt daher die Selbstinduktionsspannung so stark an, daß der Strom fließen kann. In unserem Fall zündet bei $U_{ind} = 100$ V die Glimmlampe und es fließt so lange ein Strom, bis die Feldenergie von der Lampe in Licht und Wärme umgewandelt worden ist.

Aufgabe

5. An das Stromnetz ($U_{eff} = 2{,}3 \cdot 10^2$ V, $f = 50$ Hz) ist eine Spule ($L = 1{,}0$ H) angeschlossen. Wie groß ist die maximale in der Spule gespeicherte Feldenergie?

1.2.3 Der elektrische Schwingkreis

Entladung über einen ohmschen Verbraucher

Schließt man an den geladenen Kondensator oder die stromdurchflossene Spule einen Verbraucher ohne Speicherverhalten, z.B. eine Glüh- oder Glimmlampe, so entlädt sich der Kondensator bzw. die Spule relativ langsam, dabei erreicht die Entladestromstärke schließlich den Wert 0, dann enthält der Kondensator bzw. die Spule auch keine Energie. Die Entladezeit wird durch die Kapazität des Kondensators bzw. die Induktivität der Spule und durch den Widerstand des Verbrauchers bestimmt.

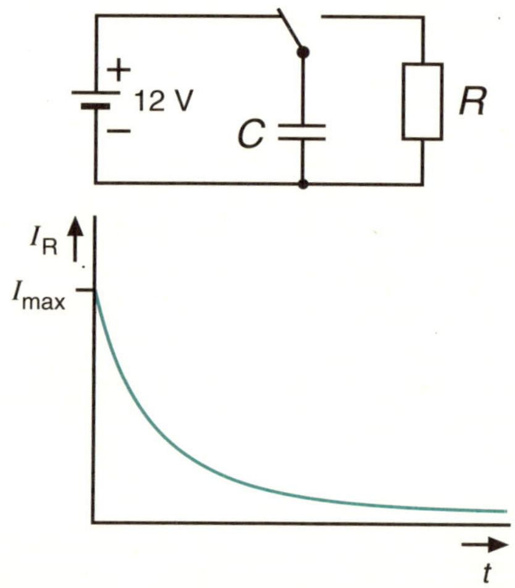

Bild 1.13: Kondensator mit Widerstand

Entladung des Kondensators über eine Spule

Statt eines Widerstands wird jetzt in den Entladestromkreis eine Spule mit Eisenkern eingefügt. An den Meßgeräten kann man nach dem Umlegen des Umschalters einen ganz anderen Verlauf von Strom und Spannung ablesen.

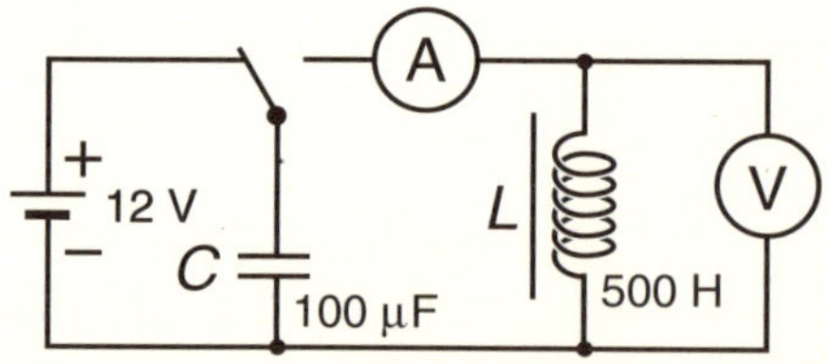

Bild 1.14: Schwingkreis mit Meßinstrumenten

Der Strom wie auch die Spannung führen eine gedämpfte Sinus- bzw. Cosinusschwingung aus. Durch die große Spuleninduktivität von 500 H und die ebenfalls relativ große Kapazität von 100 µF ergibt sich eine Periodendauer von 1,4 s, so daß die Meßinstrumente bequem abgelesen werden können. Es fällt auf, daß die Spannung den größten Wert erreicht, wenn die Stromstärke den Wert 0 erreicht und umgekehrt. Aus der Elektrizitätslehre wissen wir, daß demnach ein Phasenwinkel von $\varphi = \pi/2$ zwischen Spannung und Strom besteht.

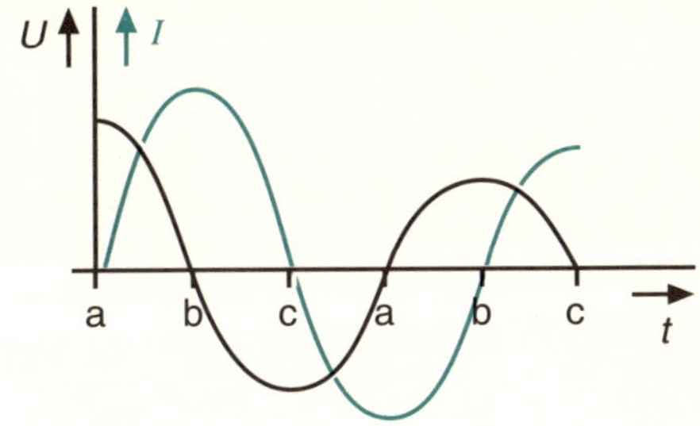

Bild 1.14 a

Für das Zustandekommen der Schwingungen ist offenbar wesentlich, daß die Spule die Energie aus dem Kondensator nicht in eine irreversible Energieform umwandelt, sondern in ihrem Magnetfeld speichert und anschließend wieder (größtenteils) an den Kondensator zurückliefert. Wegen der parallelgeschalteten Spule kann der Kondensator die Ladung aber nicht halten, sondern entlädt sich wieder über die Spule usw.
Zu Beginn der Entladung liegt am Kondensator und an der Spule die Spannung U_b.
(a) Die Entladung des Kondensators über die Spule kommt nur langsam in Gang, da die Selbstinduktion in der Spule den Stromanstieg verzögert. Bei fortschreitender Entladung sinkt die Kondensatorspannung, sie ist in jedem Moment gleich der Selbstinduktionsspannung in der Spule.
Ist der Kondensator ganz entladen ($U_C = U_L = 0$) (b), dann haben der Spulenstrom und das Magnetfeld ihr Maximum erreicht. Ohne äußere Spannung bricht das Magnetfeld nun zusammen und erhält damit den Spulenstrom aufrecht. Dadurch wird der Kondensator jetzt in umgekehrter Richtung aufgeladen. Dabei sinken die Stromstärke und das Magnetfeld allmählich auf 0 ab.
(c) Nun hat die Kondensatorspannung (und die elektrische Feldenergie) ihren Höchstwert erreicht. (Wegen der Verluste im Spulenwiderstand wird der Anfangswert nicht mehr ganz erreicht.)
Jetzt wiederholt sich der Vorgang in umgekehrter Richtung, bis wieder der Anfangszustand erreicht ist und sich eine weitere Periode anschließt. Wegen der Dämpfung klingen die Schwingungen nach wenigen Perioden auf 0 ab.

1.2.4 Vergleich der Schwingungen von Federpendel und elektrischem Schwingkreis

Wie bei den mechanischen Schwingungen haben wir den sinusförmigen Verlauf der Stromschwingungen bzw. den cosinusförmigen Verlauf der Spannungsschwingungen nur aus der Beobachtung von Meßinstrumenten abgeleitet. Für die mathematische Ableitung muß wieder eine Differentialgleichung aufgestellt werden.

Die Spannung an der Spule hat den Betrag (vgl. E 11,3):

$$U_L = \left(\frac{dI}{dt}\right) L$$

Die Stromstärke I wiederum läßt sich durch die zeitliche Änderung der Ladung ausdrücken (E 4,1):

$$I = \frac{dQ}{dt}$$

Damit gilt

$$U_L = \left(\frac{d^2Q}{dt^2}\right) L$$

Die Kondensatorspannung hat den Wert (E 3,2)

$$U_C = \frac{Q}{C}$$

Entsprechend den Kirchhoff-Regeln (Elektrizitätslehre, Kap. 6.2.1 und 6.3) ist die Summe der Spannungen im Schwingkreis immer gleich 0, also

$$U_L + U_C = 0$$

Somit hat die gesuchte Differentialgleichung diese Form:

$$\left(\frac{d^2Q}{dt^2}\right) L + \frac{Q}{C} = 0$$

Durch Integrieren ergibt sich daraus eine Lösung für die Funktion Q(t):

$$Q(t) = \hat{Q} \cdot \sin(\omega t + \varphi_0)$$

Der Phasenwinkel hat bei unseren Anfangsbedingungen ($Q(t = 0) = \hat{Q}$) den Wert $\varphi_0 = \pi/2$, also erhalten wir für $Q(t)$ folgende Funktion:

$$Q(t) = \hat{Q} \cdot \cos\omega t$$

Entsprechend ergeben sich daraus die Funktionen $U(t)$ und $I(t)$. Es gilt $U = Q/C$, also gilt auch

$$U(t) = \left(\frac{\hat{Q}}{C}\right) \cos\omega t$$

Der Spulenstrom eilt der Spulenspannung um den Phasenwinkel $\varphi = \pi/2$ nach, also gilt hier unter Verwendung der Gleichungen

$I(t) = \dfrac{U(t)}{R_L}$ und $R_L = \omega \cdot L$

$$I(t) = -\left(\frac{\hat{Q}}{(\omega LC)}\right) \sin\omega t = -\hat{I} \cdot \sin\omega t$$

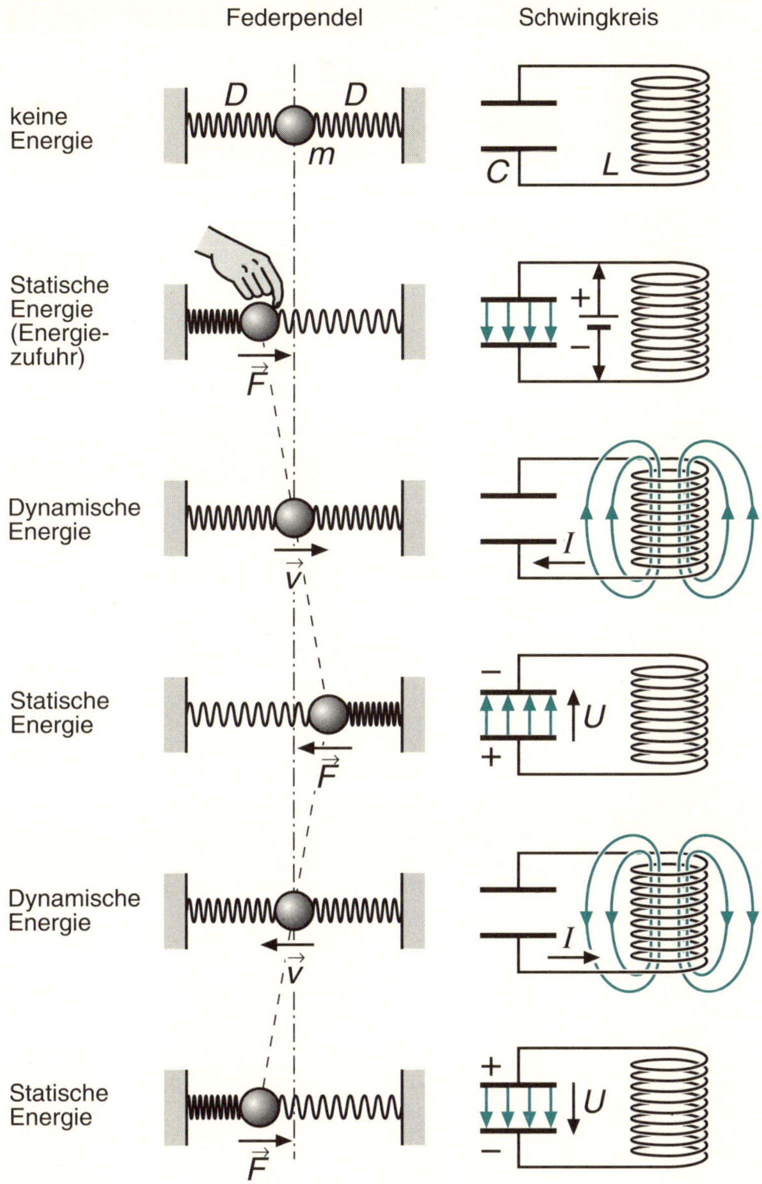
Federpendel
Schwingkreis
keine Energie
D
D
m
C
L
Statische Energie (Energie-zufuhr)
F
+
−
Dynamische Energie
v
I
Statische Energie
F
−
U
+
Dynamische Energie
v
I
Statische Energie
F
+
U
−

Bild 1.15

1.2.5 Schwingungsdauer und Eigenfrequenz des Schwingkreises

Bei der Eigenfrequenz des Schwingkreises liegen an der Spule und am Kondensator die gleiche Spannung U und durch die Spule und den Kondensator fließt der gleiche Strom I.

Also gilt für die Blindwiderstände X_C des Kondensators und X_L der Spule (s. Elektrizitätslehre, Kap. 11.4.2):

$$\frac{U}{I} = X_C = X_L \text{ bzw. } \frac{1}{\omega C} = \omega L$$

Daraus folgt

$$\omega^2 = \frac{1}{LC}$$

Und mit $\omega = 2\pi f$ folgt weiter für die **Eigenfrequenz eines Schwingkreises (Gleichung S 1,8a):**

$$f = \frac{1}{2\pi \sqrt{LC}}$$

Für die Periodendauer $T = 1/f$ der Eigenschwingung gilt dann entsprechend die **Thomsonsche Schwingungsformel (Gleichung S 1,8):**

$$T = 2\pi \sqrt{LC}$$

Diese Formel gilt nur für nicht oder schwach gedämpfte Schwingkreise.

Vergleicht man die Formeln S 1,5 für das Federpendel

$$T = 2\pi \sqrt{\frac{m}{D}}$$

und S 1,8 für den elektrischen Schwingkreis

$$T = 2\pi \sqrt{LC}$$

so entsprechen sich folgende Größen:

Federpendel	Masse m	Richtgröße D
Schwingkreis	Induktivität L	Kehrwert der Kapazität $\frac{1}{C}$

Aufgabe

6. Ein Schwingkreis mit der Induktivität $L = 1{,}30\ \text{mH}$ wird durch eine Rechteckspannung periodisch zu Eigenschwingungen angestoßen, die am Oszillografenschirm dargestellt werden. Dort läßt sich eine Periodendauer von 227 µs ablesen.
   a) Welche Kapazität besitzt der Schwingkreiskondensator?
   b) In die Spule wird ein Eisenkern eingeführt. Wird dadurch die Periodendauer größer oder kleiner?

Weitere Aufgaben

7. Skizzieren Sie ein System, mit dem sich durch elektrische Wechselströme mechanische Schwingungen erzeugen lassen.

8. Ein Schwingkreis soll auf die Eigenfrequenz $f = 801$ kHz abgestimmt werden, die Kreiskapazität beträgt 220 pF. Wie groß muß die Induktivität der Spule gewählt werden?

9. An einen (verlustlosen) Schwingkreis ($C = 10$ nF, $L = 1{,}0$ mH) wird kurzzeitig eine Gleichspannung von 10 V gelegt, mit der der Kondensator vollständig geladen wird. Dann wird der Schwingkreis sich selbst überlassen.
   a) Berechnen Sie die Eigenfrequenz der Schwingungen.
   b) Wie groß ist die maximale Stromstärke in der Spule?

10. An das Stromnetz ($U_{eff} = 2{,}3 \cdot 10^2$ V, $f = 50$ Hz) wird ein Schwingkreis angeschlossen, in dem ein Blindstrom von $I_{eff} = 1{,}0$ A fließt. Berechnen Sie die Größe von Kreisinduktivität und -kapazität.

Zusammenfassung der wichtigsten Formeln

- **Weg-Zeit-Gesetz des Federpendels (Gleichung S 1,1):** $s(t) = \hat{s} \cdot \cos\omega t$
- **Geschwindigkeit-Zeit-Gesetz des Federpendels (Gleichung S 1,2):** $v(t) = -\omega\hat{s} \cdot \sin\omega t$
- **Beschleunigung-Zeit-Gesetz des Federpendels (Gleichung S 1,3):** $a(t) = -\,\omega^2\hat{s} \cdot \cos\omega t$
- **Frequenz des Federpendels (Gleichung S 1,4):** $f = \frac{1}{2\pi}\sqrt{\frac{D}{m}}$
- **Schwingungsdauer des Federpendels (Gleichung S 1,5):** $T = 2\pi\sqrt{\frac{m}{D}}$
- **Energieinhalt eines Kondensators (Gleichung S 1,6):** $W_{el} = 0{,}5 \cdot C \cdot U^2$
- **Energieinhalt einer Spule (Gleichung S 1,7):** $W_m = 0{,}5 \cdot L \cdot I^2$
- **Eigenfrequenz eines Schwingkreises (Gleichung S 1,8 a):** $f = \frac{1}{2\pi\sqrt{LC}}$
- **Thomsonsche Schwingungsformel (Gleichung S 1,8):** $T = 2\pi\sqrt{LC}$

Folge 2: Ungedämpfte Schwingungen

Übersicht

2.1 Resonanz-Phänomene

Praktisch alle elastischen Körper können zu Eigenschwingungen angeregt werden; die Frequenz dieser Eigenschwingungen hängt von den elastischen Eigenschaften und von der Trägheit der beteiligten Massen ab. Bei Musikinstrumenten ist dieser Effekt erwünscht, in der Technik dagegen kann er zu Problemen führen. Wenn z.B. das Triebwerk oder andere ausgedehnte Teile einer Rakete durch den großen Schalldruck beim Start zu Eigenschwingungen angeregt werden, kann die Schwingungsamplitude der Metallteile so groß werden, daß die Festigkeit des Materials nicht mehr ausreicht und sich Risse bilden.

Bild 2.1: Vibrationstest an einem Treibstofftank. IABG, Ottobrunn.

Die Komponenten von Raketen, Satelliten, aber auch von Flugzeugen werden daher in speziellen Prüfinstituten auf ihre Schwingungseigenschaften untersucht. Dazu benutzt man elektromagnetische Wandler, wie wir sie im Prinzip schon in Lektion 1.1 kennengelernt haben. Die große Spule ist fest mit einer elastisch aufgehängten Metallplatte verbunden, die u. U. mehrere Quadratmeter Fläche besitzen kann. Auf dieser Platte wird der Prüfling, z.B. ein Raketentriebwerk, fest verschraubt. Dann wird der Spule ein starker Wechselstrom mit einstellbarer Frequenz zugeführt, so daß Spule, Tisch und Prüfling in entsprechende Schwingungen versetzt werden. Wird das System mit einer Eigenfrequenz des Prüflings angeregt, so treten sog. **Resonanzschwingungen** auf, die zu großen Schwingungsamplituden führen können. Um die Schwingungen registrieren zu können, sind an mehreren Stellen des Prüflings sog. Piezo-Sensoren, eine Art Mikrofone, angeklebt, die die mechanischen Schwingungen in elektrische Signale umwandeln. Diese Signale werden dem Meßcomputer zugeführt und können dort ausgewertet werden.

Resonanzphänomene kennen auch viele Autofahrer. Bei bestimmten Motordrehzahlen werden lose Teile im Handschuhfach oder auch Karosserieteile zu Resonanzschwingungen angeregt, die sehr lästig werden können. Auch die Fahrgäste von Linienbussen

kennen das Phänomen, daß bei der Leerlaufdrehzahl des Dieselmotors Haltestangen oder Sitze zu störenden Resonanzschwingungen angeregt werden.
Wir können in einem kleinen Experiment die Abhängigkeit dieser Resonanzschwingungen vom mechanischen Aufbau untersuchen. Die Karosserie eines Modellautos ist federnd an den Radachsen befestigt. Die Kotflügel bestehen aus schmalen Blechstreifen, die nur an einem Punkt mit der Karosserie verbunden sind. Schließlich ist noch ein dünner Draht von einigen Zentimetern Länge als Antennenmodell mit der Karosserie verbunden.

Auf die Karosserie ist ein kleiner Elektromotor montiert, der ein Rad mit einem exzentrisch befestigten Gewichtsstück antreibt. Wenn dieses Rad in Drehung versetzt wird, erzeugt die exzentrisch befestigte Masse eine um die Drehachse laufende Kraft, die das Modellauto in Schwingungen versetzt. Wenn wir die Motordrehzahl langsam steigern, gerät bei einer bestimmten Drehzahl die Karosserie in starke Resonanzschwingungen. Steigern wir die Drehzahl weiter, so klingen die Karosserieschwingungen ab, bei einer bestimmten Drehzahl beginnen nun aber die Kotflügel stark zu schwingen. Steigern wir die Drehzahl noch weiter, so nehmen die Schwingungen der Kotflügel wieder ab, dafür beginnt nun das freie Ende der Antenne stark zu schwingen.

Bild 2.2: Resonanz an Autoteilen

Aus der Formel (S 1,4) $f = ((1/2\pi))\sqrt{D/m}$ können wir uns die Reihenfolge der Resonanzerscheinungen erklären. Die Karosserie ist an weichen Federn mit kleiner Federkonstante D_1 aufgehängt und besitzt eine große Masse m_1, daher ist auch D_1/m_1 und damit f_{res1} klein. Die Kotflügel besitzen zwar ebenfalls eine kleine Federhärte D_2, aber die Masse m_2 ist sehr klein, daher ist $f_{res2} > f_{res1}$. Eine noch kleinere Masse hat schließlich die Antenne, außerdem ist ihre Federkonstante D_3 größer, daher gilt $f_{res3} > f_{res2}$.

Die Eigenfrequenz von schmalen Stahlblechstreifen, sog. **Blattfedern**, ist von ihrer Länge abhängig. Mit der Länge nimmt die Masse der Feder zu und die Federkonstante nimmt ab; wegen $f \sim \sqrt{D/m}$ nimmt also der Betrag der Eigenfrequenz mit der Länge ab. Diese Eigenschaft wird beim sog. **Zungenfrequenzmesser** genutzt. Eine Reihe von Blattfedern (den „Zungen“) mit von links nach rechts abnehmender Länge ist an einem Ende fest eingespannt. Die magnetisierten Blechzungen befinden sich zwischen den Polen eines Elektromagneten, der mit Wechselstrom gespeist wird.

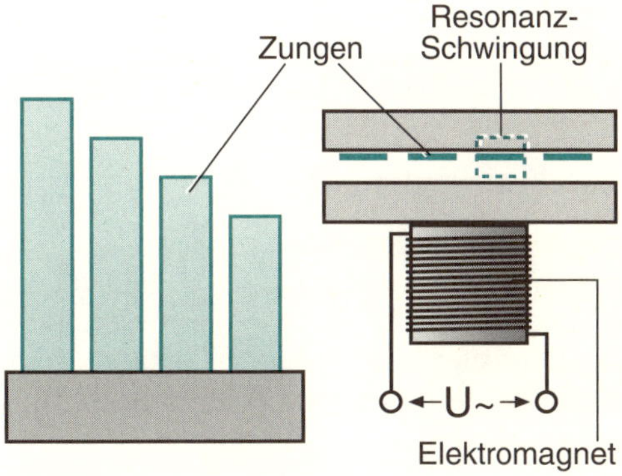

Bild 2.3: Zungenfrequenzmesser

Die dauermagnetischen Blattfedern werden wegen der wechselnden Polung des Elektromagneten zu Schwingungen angeregt. Stimmt die Frequenz des Wechselstroms mit der Eigenfrequenz einer der Zungen überein, so treten Resonanzschwingungen auf, und die Amplitude des freien Endes ist deutlich größer als die der benachbarten Zungen.

Ähnlich wie Schraubenfedern können auch Luftsäulen wegen der Elastizität des Luftpolsters zu Längsschwingungen angeregt werden. Davon macht man bei den Blasinstrumenten Gebrauch. Besonders übersichtlich ist die **Panflöte**, bei der eine Reihe von unterschiedlich langen einseitig verschlossenen Rohren nebeneinander montiert ist. Wird die Luft in einem solchen Rohr durch Anblasen der Rohrmündung zu Eigenschwingungen angeregt, so werden diese Schwingungen auf die umgebende Luft übertragen und breiten sich als Schall aus. Je nach Länge des Rohrs ist die Frequenz und damit die Tonhöhe unterschiedlich. Das gleiche Prinzip ist auch bei den Orgelpfeifen wirksam.

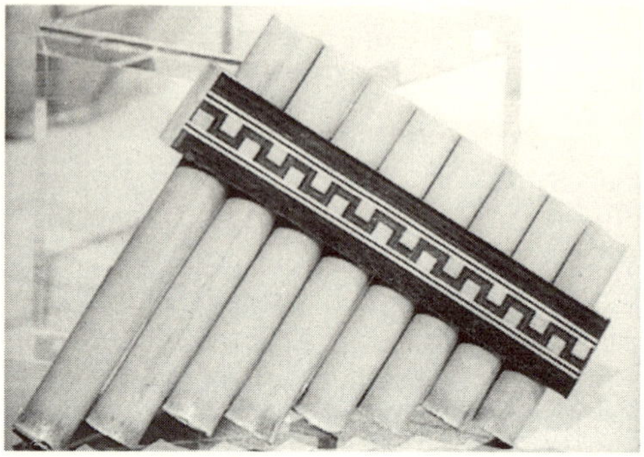

Bild 2.4: Panflöte

Zusammenfassung:

Wird ein elastischer Körper zu Eigenschwingungen angeregt, so spricht man von Resonanz.

Aufgabe

1. Ein Zungenfrequenzmesser für die amerikanische Netzfrequenz 60 Hz (Bereich 55 Hz bis 65 Hz) soll für die Überwachung der europäischen Netzfrequenz auf den Bereich 45 Hz bis 55 Hz umgebaut werden. Geben Sie eine möglichst einfache Methode an.

2.2 Ungedämpfte mechanische Schwingungen

2.2.1 Anregung durch erzwungene Schwingungen

Wie wir aus Folge 1 wissen, werden die Eigenschwingungen eines elastischen Körpers durch die unvermeidlichen Reibungsverluste gedämpft. Versetzt man z. B. den aus Folge 1.1.1 bekannten Schlitten zwischen zwei Schraubenfedern in Schwingungen, so nimmt die Amplitude mit der Zeit fortwährend ab. Schneller als mit dem Auge nimmt man dieses Abklingen mit der Video-Computer-Meßanlage wahr.

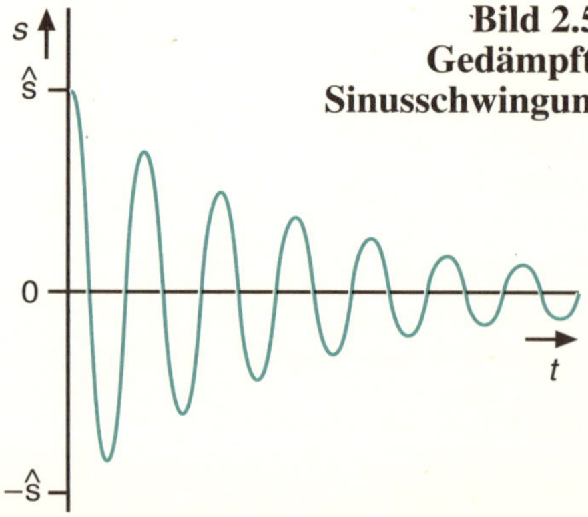

Bild 2.5: Gedämpfte Sinusschwingung

Besonders deutlich wird die Dämpfung, wenn an dem Schlitten eine Dämpfungsplatte angebracht wird. Bei jeder Bewegung des Schlittens wird durch die Luftreibung kinetische Energie in Wärme umgewandelt, die Höchstgeschwindigkeit und damit die kinetische Energie wird kleiner und entsprechend geht auch die Spannenergie in der Feder und damit die Amplitude zurück.

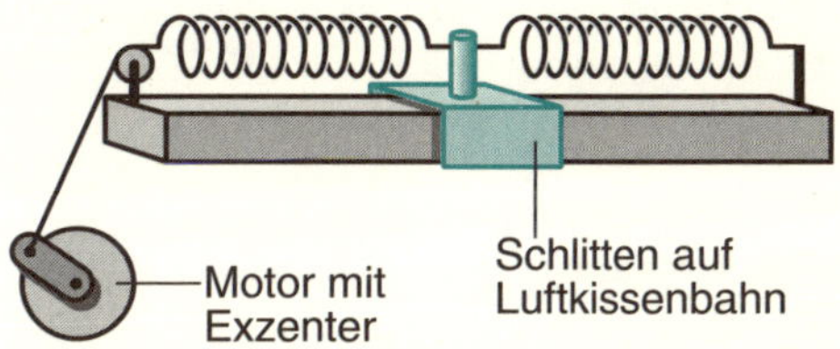

Bild 2.6: Federpendel mit Motor

Wenn wir nun dem Federpendel nach jeder Periode genau die Energie wieder zuführen, die durch die Reibung verlorengegangen ist, so müßte die Amplitude konstant bleiben. Bei der niedrigen Pendelfrequenz können wir das schon durch einfaches Anstoßen mit der Hand erreichen. Bequemer ist aber die periodische Anregung durch einen Motor mit Exzenterscheibe, an deren Stift das Ende einer der Federn angebracht ist. Wenn die Feder gerade zusammengedrückt ist, wird ihr von der Exzenterscheibe eine zusätzliche Kraft F entlang einer kleinen Strecke s zugeführt, die als zusätzliche Spannenergie $W_{Spann} = F \cdot s$ gespeichert und anschließend in die Schwingungsenergie übergeführt wird.

Bei der Versuchsdurchführung bemerken wir, daß sich die erwünschten ungedämpften Schwingungen tatsächlich einstellen, aber nur dann, wenn die Anregungsfrequenz der Exzenterscheibe mit der Eigenfrequenz des Federpendels übereinstimmt. Die Amplitude der Schwingung stellt sich dabei so ein, daß die zugeführte Energie durch die Luftreibung gerade wieder abgeführt wird.

Ändert man die Anregungsfrequenz, so führt das Federpendel sog. **erzwungene Schwingungen** aus, die aber bei weitem nicht die Amplitude der Resonanzschwingung erreichen. Die Abhängigkeit der Amplitude von der Anregungsfrequenz läßt sich in einer **Resonanzkurve** darstellen. Bei einer bestimmten Energiezufuhr ist die Amplitude im Resonanzfall um so höher - die Kurve also um so „spitzer" – je kleiner der Energieentzug durch die Dämpfung ist.

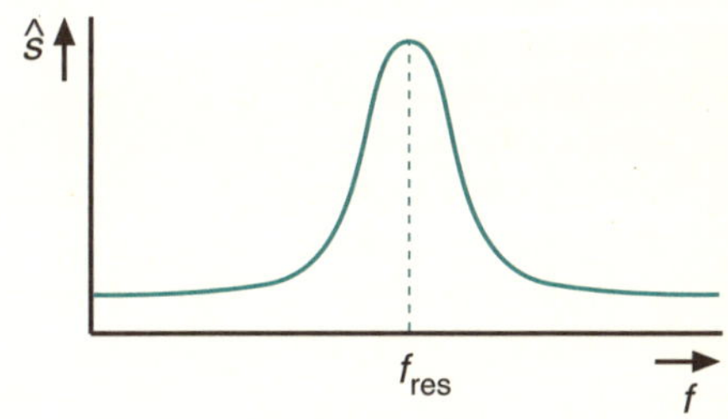

Bild 2.7: Resonanzkurve

Resonanzschwingungen können in der Technik erwünscht sein, z. B. wird die gedämpfte Schwingung eines Uhrenpendels durch Energiezufuhr aus der gespannten Uhrfeder zu einer ungedämpften Schwingung.

Werden Bauwerke in ihrer Resonanzfrequenz angeregt, so kann die Schwingungsamplitude so groß werden, daß das Bauwerk zerstört wird. Ein in der Physik besonders bekanntes Beispiel ist der Einsturz der Tacomah-Hängebrücke in den USA. Durch relativ schwache periodische Luftströmungen wurde die Brücke zu Eigenschwingungen angeregt, bis schließlich ein Teil der Brücke zerbrach und in den Fluß stürzte.

Zusammenfassung:

Durch periodische phasenrichtige Energiezufuhr an ein schwingungsfähiges System lassen sich ungedämpfte Schwingungen erzeugen.

Aufgabe

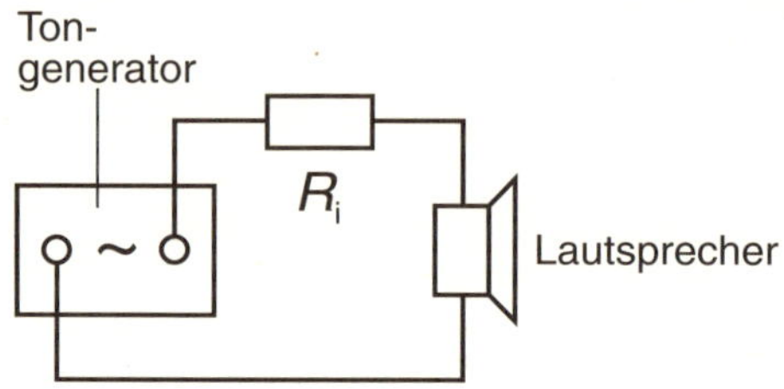

2. Ein Lautsprecher besteht aus einer elastisch aufgehängten Membran, die durch eine zentral befestigte, stromdurchflossene Spule zu Schwingungen angeregt wird (s. 1.1).
   a) Hat die Eigenfrequenz der Membran einen Einfluß auf die Tonwiedergabe des Lautsprechers?
   b) Wie kann die Dämpfung der Eigenresonanz durch den inneren Widerstand des Tonfrequenzgenerators beeinflußt werden?

2.2.2 Rückkopplungsschaltungen

Elektromechanische Rückkopplung

Die periodische Anregung eines Pendels durch erzwungene Schwingungen hat den Nachteil, daß die Anregungsfrequenz immer genau die Größe der Pendelfrequenz haben muß. Ändert sich die Pendelfrequenz beispielsweise durch eine Temperaturänderung der Feder oder durch eine beabsichtigte Änderung der Pendelmasse, so muß der Motor exakt nachgesteuert werden und diese Frequenz dann auch über lange Zeit einhalten. Eine einfachere Lösung besteht darin, daß sich das Pendel selbsttätig zum richtigen Zeitpunkt mit Energie aus einer externen Quelle versorgt. Wir verwenden als Energiequelle einen Akkumulator, der bekanntlich chemische Energie speichert, die beim Anschluß eines Verbrauchers in Stromarbeit umgewandelt wird. Zur Umwandlung der Stromarbeit in mechanische Arbeit – die dann dem Pendel zugeführt wird – dient ein Elektromagnet.

Wie die Skizze zeigt, ist die Pendelmasse über einen Seilzug mit einem Stabmagneten verbunden, der also synchron mitschwingt. Der Elektromagnet muß nun immer, wenn nach einer Schwingungsperiode der Stabmagnet sich wieder nach oben bewegt, so vom Gleichstrom aus der Batterie durchflossen werden, daß oben ein Nordpol entsteht. Dann wird der Stabmagnet abgestoßen und die Abstoßungskraft F längs einer kurzen Wegstrecke s wird dem Pendel zum Ausgleich der Dämpfungsverluste zugeführt.

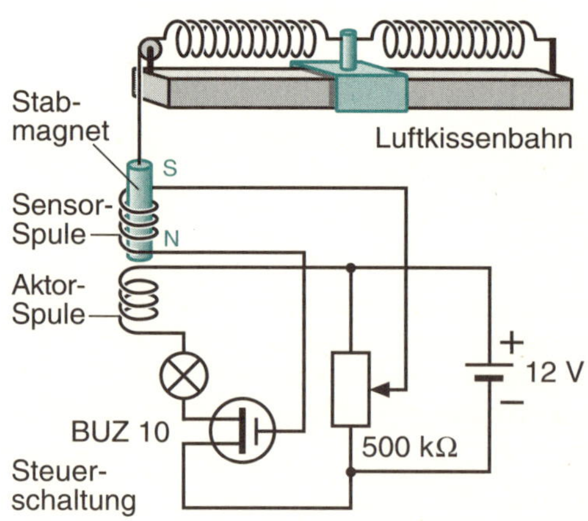

Bild 2.8: Rückkopplungsschaltung mit Federpendel

Damit nun die Abstoßung immer zum richtigen Zeitpunkt erfolgt, benötigt man einen **Sensor**, der im richtigen Augenblick den Stromfluß durch den Elektromagneten veranlaßt. Dazu verwenden wir eine Induktionsspule, in die der Nordpol des Stabmagneten eintaucht. Die Induktionsspule ist zwischen einen Spannungsteiler und den Gate-Anschluß eines MOSFETs (s. Elektrizitätslehre, Kapitel 6.4.2) geschaltet.

Der Spannungsteiler ist so eingestellt, daß gerade noch kein Strom durch die Drain-Source-Strecke fließen kann. Die Spule ist so geschaltet, daß beim **Annähern** des Stabmagneten am Gate eine **negative Spannung** auftritt, so daß der MOSFET **gesperrt** bleibt. Bewegt sich nun der Stabmagnet nach seiner größten Auslenkung wieder nach oben, so tritt am Gate eine **positive Induktionsspannung** auf, die den Transistor **öffnet**. Durch die Drain-Source-Strecke und damit auch durch den Elektromagnet fließt kurzzeitig ein Strom, der von dem in Reihe geschalteten Lämpchen angezeigt wird. Da bei dieser Schaltung ein Signal – der Strom durch die Drain-Source-Strecke – über das Pendel und die Induktion auf die Gate-Elektrode **zurückgekoppelt** wird, spricht man von einer **Rückkopplungsschaltung**. Wird die Batterie abgeschaltet, so kommen die Schwingungen rasch zum Erliegen.

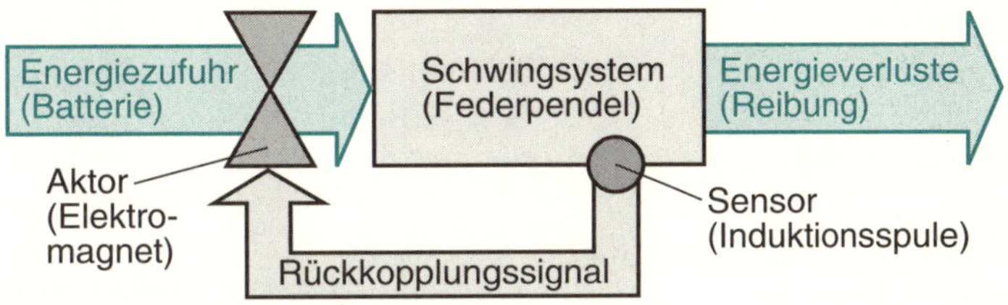

Bild 2.9: Rückkopplungssystem

Jede Rückkopplungsschaltung läßt sich durch das nebenstehende Prinzipschema darstellen.
Das **Schwingsystem** (hier ein Federpendel) wird durch **Energieverluste** (hier Luftreibung) gedämpft. Diese Dämpfung läßt sich durch **phasenrichtige Zufuhr von Energieportionen** aus einer **Energiequelle** (hier Batterie) ausgleichen. Um die Energiezufuhr phasenrichtig zu steuern, benötigt man einen **Sensor** (hier Induktionsspule) für den Schwingungszustand, der über ein Stellglied (Transistor) den **Aktor** (hier Elektromagnet) steuert.

Elektrische Rückkopplung

Noch einfacher als beim obigen Beispiel muß es sein, einem **gedämpften Schwingkreis** durch eine geeignete Rückkopplungsschaltung phasenrichtig Energie zuzuführen. Damit wir die Schwingungen mit gewöhnlichen Zeigerinstrumenten verfolgen können, verwenden wir einen Schwingkreis, dessen Spule eine Induktivität von $L_1 = 500$ H und dessen Kondensator eine Kapazität von $C_1 = 100$ µF hat. Damit erhalten wir eine Periodendauer $T = 1{,}4$ s.
Von Nachteil ist allerdings, daß auf den Kern der Spule keine geeignete Induktionsspule gewickelt ist, mit der die Feldänderung im Kern in ein Spannungssignal zur Steuerung der Energiezufuhr umgewandelt werden könnte. Die Spule hat aber eine Mittelanzapfung, so daß doch die Möglichkeit besteht, ein phasenrichtiges Signal für die Steuerung eines MOSFET zu gewinnen. Man verwendet dazu die untenstehende **Dreipunktschaltung**. (Sie führt diesen Namen, da die Spule nur **drei** Anschlüsse hat, im Gegensatz zu den vier Anschlüssen bei zwei getrennten Spulen.)

Der Spannungsteiler ist so eingestellt, daß schon beim Einschalten ein geringer Strom vom Pluspol (technische Stromrichtung!) über die Spule und durch den Transistor fließt. Durch den Stromanstieg in der Spule entsteht in ihr eine Induktionsspannung, die – entsprechend der Lenzschen Regel – den Stromfluß zu verhindern sucht. D. h. am Drain-Anschluß entsteht ein Minuspol, am Abgriff entsteht ein Pluspol. Die Spule wirkt als Transformator mit dem Übersetzungsverhältnis 1:2, so daß am Kondensator C_1 die doppelte Induktionsspannung auftritt. Ohne Rückkopplung zum Gate (kein Koppelkondensator C_2) fließt nur der geringe Draingleichstrom durch die Spule, die gedämpfte Schwingung im Kreis klingt rasch ab. (Dieser Gleichstrom ist zur Energiezufuhr nicht geeignet, da er einmal **mit** dem Spulenstrom, in der nächsten Halbperiode aber **gegen** den Spulenstrom fließt.)

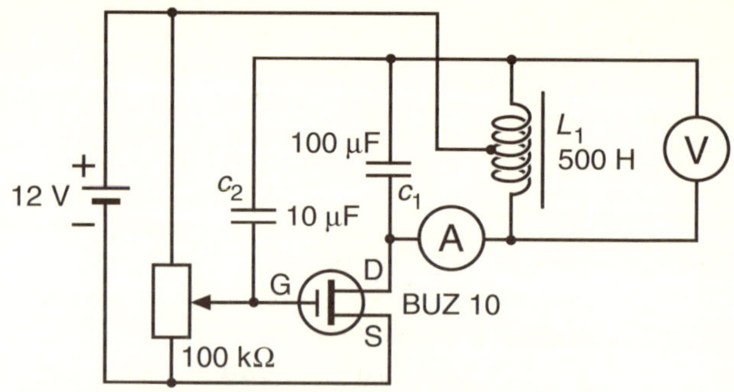

Bild 2.10: Rückkopplungs-Schaltung mit Schwingkreis

Schaltet man nun den Koppelkondensator C_2 zwischen das obere Ende des Schwingkreises und das Gate, so wird die Kondensatorwechselspannung auf das Gate übertragen. (Der Kondensator soll nur die zu hohe Draingleichspannung vom Gate fernhalten.) Bei negativer Spannung am oberen Schwingkreisanschluß bzw. am Gate wird der Transistor gesperrt, so daß er unwirksam bleibt. Bei positiver Gatespannung wird der Transistor durchgeschaltet, so daß die volle Batteriespannung an den Spulenanschlüssen liegt. Sie wird durch die Transformatorwirkung der angezapften Spule auf den doppelten Wert hochtransformiert, so daß der Kondensator wieder auf den anfänglichen Spannungswert $2 \cdot U_b$ aufgeladen wird. Die durch den Widerstand der Spule (300 Ω) bedingte Dämpfung des Schwingkreises wird so aufgehoben. Wie die Meßinstrumente zeigen, entstehen **ungedämpfte elektrische Schwingungen**. Eine solche Schaltung zur Erzeugung von ungedämpften Schwingungen bezeichnet man als **Oszillator**, in unserem speziellen Fall als Sinusoszillator.

Wenn wir eine Spule mit kleinerer Induktivität L_2 und/oder anstelle von C_1 einen Kondensator mit kleinerer Kapazität C_3 in den Schwingkreis einbauen, muß wegen $f \sim 1/\sqrt{L \cdot C}$ die Frequenz größer werden. Wenn wir die Spule mit $L_1 = 500$ H durch $L_2 = 50$ mH ersetzen, ist ein Faktor $\sqrt{500/0{,}05} = 100$ zu erwarten, also statt $f_1 = 1/T = 1/1{,}4$ Hz $= 0{,}7$ Hz müßte der Oszillator mit $f_2 = 70$ Hz schwingen. Wenn wir ferner den Kondensator $C_1 = 100$ µF durch einen Kondensator $C_3 = 1$ µF ersetzen, können wir erwarten, daß die Frequenz um den Faktor $\sqrt{100/1} = 10$ ansteigt, also $f_3 = 700$ Hz. (Der genaue Wert ist 712 Hz.)

Wir fügen statt des Drehspul-Amperemeters, das Wechselströmen mit solch hoher Frequenz nicht folgen kann, einen **Lautsprecher** mit niedrigem Widerstand in den Schwingkreis. Nach dem Einschalten der Betriebsspannung hören wir aus dem Lautsprecher tatsächlich einen

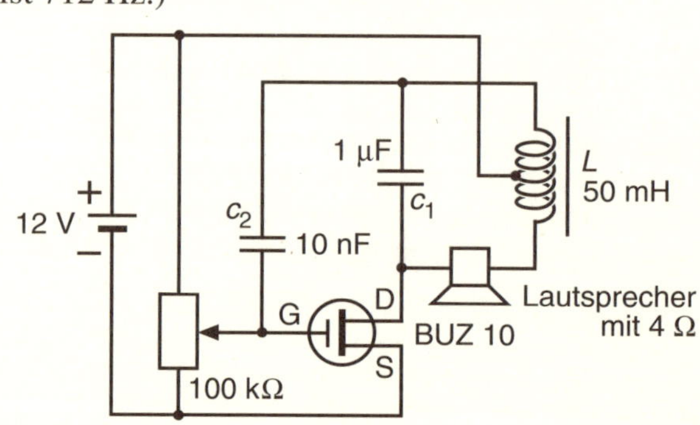

Bild 2.11: Rückkopplungs-Schaltung mit Lautsprecher

harmonischen Ton, der auf eine Sinusschwingung hindeutet. Schalten wir parallel zum Schwingkreiskondensator den Eingang eines Oszillografen, so zeigt sich der nahezu sinusförmige Spannungsverlauf. Eine Auswertung der Periodendauer ergibt $T_3 = 1{,}4$ ms, d.h., der errechnete und der gemessene Wert von f_3 stimmen überein.

Wir haben damit einen einfachen Tongenerator aufgebaut. Die Frequenz können wir z.B. ändern, indem wir das Eisenjoch der Spule schließen und damit die Induktivität von L_2 vergrößern. Erwartungsgemäß hören wir einen tieferen Ton, die Schwingkreisfrequenz sinkt.
Durch weiteres Verkleinern von Induktivität und Kapazität des Schwingkreises lassen sich Schwingungen mit weitaus höheren Frequenzen erzeugen. Den Bereich von $20\text{ Hz} < f < 20\text{ kHz}$ bezeichnet man als **Tonfrequenzbereich**, Schwingungen mit Frequenzen $f > 20$ kHz als **Hochfrequenzschwingungen**.

Aufgaben

3. Welche Auswirkungen auf die Schwingung sind zu erwarten, wenn die Rückkopplung vom Schwingkreis auf das Gate des Verstärkertransistors a) größer, b) kleiner gemacht wird?
4. a) Ändert sich durch das Einfügen des Lautsprechers die Dämpfung des Schwingkreises?
   b) Wie läßt sich diese Dämpfung ausgleichen?

VHF-Oszillator mit Transistor

Für sehr hohe Frequenzen verwendet man häufig eine Schaltung, bei der keine Anzapfung der Spule benötigt wird. Im nebenstehenden Beispiel wird ein Teil der Hochfrequenzspannung durch den Kondensator C_2 phasengleich vom Kollektor zum Emitter übertragen. Wenn nämlich die Emitterspannung gegenüber dem Basisanschluß steigt, sinkt der Emitter- bzw. der fast gleich große Kollektorstrom. D. h. der Spannungsabfall am Kollektorschwingkreis wird kleiner, die Kollektorspannung steigt ebenfalls, es handelt sich um die gewünschte **positive Rückkopplung**, die die Schwingung in Gang hält. Mit der nebenstehend angegebenen Dimensionierung von L und C_1 erhält man VHF(Very High Frequency)-Schwingungen mit einer Frequenz von 150 MHz. Sie lassen sich z.B. mit einem Lämpchen nachweisen, an das eine Spule L' von 2 Windungen gelötet ist. Beim Annähern an Spule L beginnt das Lämpchen wegen der Induktionswirkung der Hochfrequenzschwingungen zu leuchten. Die Kondensatoren C_3, C_4 und C_5 sorgen nur dafür, daß die Schaltungspunkte gegenüber dem Minuspol der Schaltung keinen Wechselspannungswiderstand besitzen.

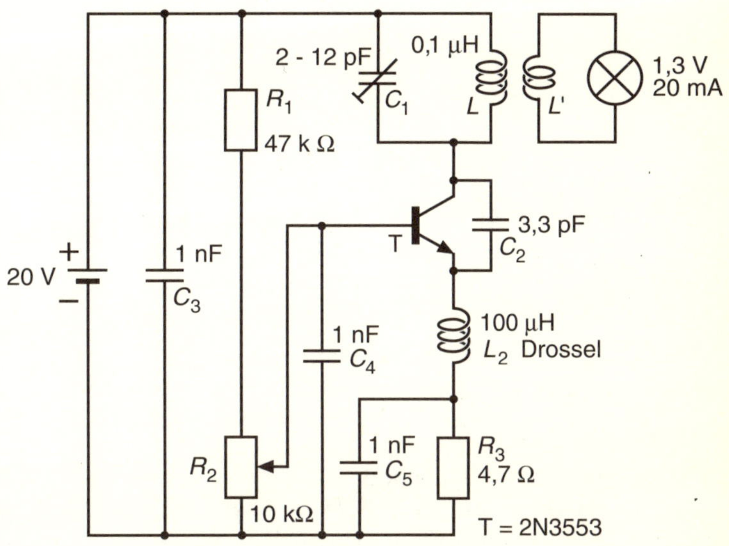

Bild 2.12: Schaltung des VHF-Oszillators

Aufgabe

5. Wie ändert sich Ihrer Meinung nach die Stromaufnahme der Oszillatorschaltung, wenn man der Schwingkreisspule eine Sekundärspule mit angeschlossenem Lämpchen nähert?

Quarzoszillatoren

Die Schwingungserzeugung durch einen LC-Oszillator hat den Vorteil, daß sich die Frequenz durch Verändern der Kreisinduktivität (z. B. durch Einführen eines Eisenkerns in die Spulenöffnung) oder der Kapazität (Verwendung eines Drehkondensators) leicht verändern läßt. Es gibt aber auch Anwendungsfälle, bei denen eine feste, lange Zeit stabile Frequenz benötigt wird. Beispiele dafür sind Rundfunksender, auch kleinere Funkgeräte oder die Schwingungserzeuger von elektronischen Uhren, von denen eine außerordentlich gute Frequenzstabilität verlangt wird, damit die Uhr nicht ständig nachgestellt werden muß.
Gewöhnliche Schwingkreise sind dafür ungeeignet, da die Induktivität von Luftspulen mit steigender Temperatur zunimmt und die Dielektrizitätszahl der Isolierschicht von Kondensatoren ebenfalls von der Temperatur abhängt. Man verwendet dann – ähnlich wie im Versuch in Abschnitt 2.2.2 – **elektromechanische Bauelemente**, bei denen durch Wechselspannungen mechanische Schwingungen angeregt werden, die ihrerseits wieder elektrische Steuersignale erzeugen.

Ein geeignetes, kompaktes Bauelement ist z.B. ein **Schwingquarz**. Stäbchen oder Scheiben, die aus bestimmten natürlichen oder künstlich gezüchteten Kristallen geschnitten wurden, verformen sich beim Anlegen einer elektrischen Gleichspannung, da sich die Molekülgruppen durch die Feldkräfte gegeneinander verschieben. Führt man einem solchen Quarz eine Wechselspannung zu, so beginnt er mit dieser Frequenz zu schwingen und sendet z. B. im Tonfrequenzbereich hörbaren Schall ab. (Anwendung findet dieser Effekt z.B. bei den Piezo-Lautsprechern.)

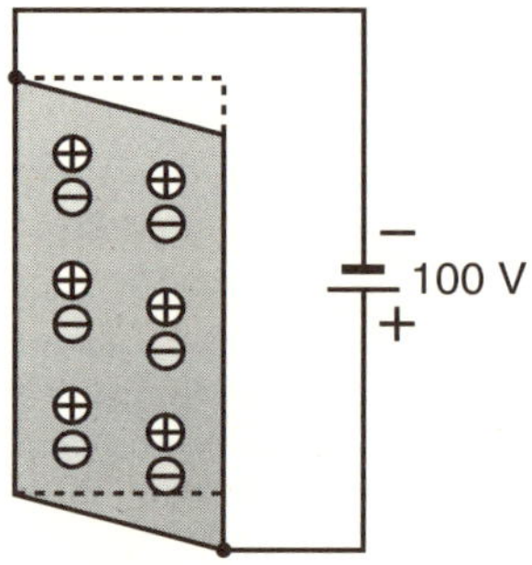

Bild 2.13: Schwingquarz mit Spannung

Verformt man andererseits solch einen Quarz durch eine mechanische Kraft, so entsteht durch die Verschiebung von Dipolmolekülen an seinen Enden eine elektrische Spannung. Wird der Quarz z.B. durch Schall in Schwingungen versetzt, so entsteht an seinen Enden eine Wechselspannung. (Anwendung findet dieser Effekt z.B. bei den Kristallmikrofonen.)
Ein Schwingquarz kann also durch eine Wechselspannung zu mechanischen Eigenschwingungen angeregt werden, die im Resonanzfall – ähnlich wie bei dem

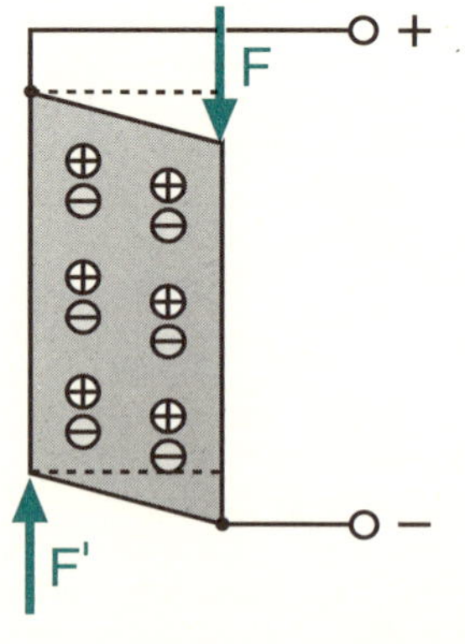

Bild 2.14: Schwingquarz wird verformt

Federpendel in 2.2.2 – eine besonders große Amplitude erreichen. Zugleich ist der Schwingquarz ein kleiner Wechselspannungsgenerator, der an seinen Enden eine Wechselspannung erzeugt, die der angelegten Spannung entgegengerichtet ist.

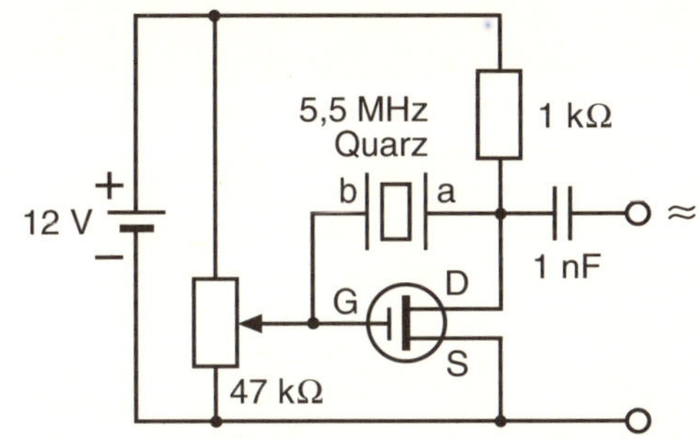

Bild 2.15: Schaltung Quarzoszillator

Die nebenstehende Schaltung zeigt einen einfachen Quarzoszillator. Der Spannungsteiler am Gate des MOSFET ist so eingestellt, daß ein kleiner Strom durch die Drain-Source-Strecke fließen kann, der am Arbeitswiderstand R_l einen Spannungsabfall von $U_b/2$ erzeugt. Beim Einschalten der Betriebsspannung liegt eine positive Spannung am Anschluß *a* des Schwingquarzes. Er verbiegt sich dadurch und erzeugt an seinen Enden eine Gegenspannung, so daß der Gate-Anschluß *b* kurzzeitig eine negative Spannung erhält. Der Transistorstrom sinkt, so daß die Spannung am Drain-Anschluß nahezu den Wert der Batteriespannung erreicht. Der Quarz schwingt nun in seine Ruhelage zurück, so daß auch die von ihm erzeugte Spannung den Wert Null erreicht. Gate- und Drainspannung erreichen wieder ihren Ruhewert.

Durch die kinetische Energie des Plättchens schwingt es über die Ruhelage hinaus, so daß nun am Anschluß *b* eine positive Spannung entsteht. Dadurch fließt ein zunehmender Strom durch den Transistor, die Drainspannung sinkt bis nahezu auf den Wert Null. Der Quarz schwingt dann in seine Ruhelage zurück, so daß Gate und Drainspannung kurzzeitig ihren Ruhewert erreichen. Der Quarz schwingt nun weiter in die beim Einschalten bewirkte Richtung, dabei wird das Gate wieder negativ, die Spannung am Drainanschluß steigt an. Durch diesen Spannungsanstieg am Quarz wird er zusätzlich durchgebogen, so daß Energieverluste – z.B. durch die Abstrahlung von Schallschwingungen – ausgeglichen werden. Diese winzigen Energieportionen werden letztlich der Batterie entnommen.
Damit die empfindlichen Schwingquarze vor Umwelteinflüssen wie Luftfeuchtigkeit geschützt sind, werden sie luftdicht in ein Gehäuse eingebaut. Häufig wird das Gehäuse auch evakuiert, damit keine Dämpfung des Quarzes durch Schallabstrahlung eintritt.

Aufgabe

6. Eine Quarz-Armbanduhr hat die geringste Gangabweichung, wenn sie ständig am Arm getragen wird. Von welcher physikalischen Größe wird demnach die Resonanzfrequenz des Quarzes wesentlich beeinflußt?

2.2.3 Erzeugung von nichtsinusförmigen Schwingungen

Sägezahngenerator

Der Kondensator C in der nebenstehenden Schaltung wird über den Widerstand R aus der Batterie aufgeladen, bis schließlich die Kondensatorspannung den Wert der Batteriespannung erreicht und kein Ladestrom mehr fließt. (Spannungsverlauf *a*) Wir schalten nun parallel zum Kondensator eine sog. **Vierschicht-Diode**. Dieses Halbleiterbauelement sperrt den Strom bis zu einer typischen „Zünd"-Spannung, z.B. $U_Z = 6$ V. Dann wird die Diode leitend und zwar sehr niederohmig, so daß der Kondensator schlagartig entladen wird und die Kondensatorspannung praktisch auf 0 V absinkt (Spannungsverlauf *b*). Wenn der vom Widerstand gelieferte Strom kleiner als der sog. Haltestrom der Diode ist, bleibt die Vierschichtdiode nicht leitend, sondern wird wieder gesperrt. Die Spannung am Kondensator steigt wieder, bis die Diode erneut zündet usw. Die Spannung am Kondensator steigt dabei nahezu proportional mit der Zeit an und fällt beim Entladen in sehr kurzer Zeit ($\Delta t_2 \approx 1$ µs) wieder ab. Die Periodendauer hängt also im wesentlichen von der **Lade**- und kaum von der Entladezeit des Kondensators ab. Die Ladezeit wird von der Kapazität des Kondensators und vom Ladestrom durch den Widerstand bestimmt. Je kleiner die Kapazität und der Widerstand sind, desto kürzer ist die Ladezeit Δt_1, desto höher ist auch die Frequenz der **Sägezahnschwingung**.

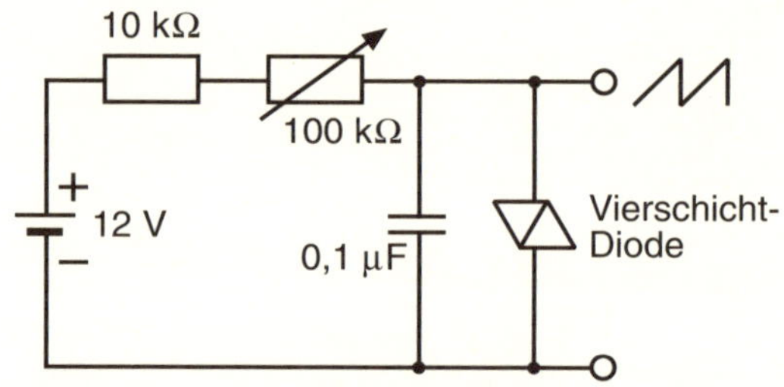

Bild 2.16: Sägezahngenerator

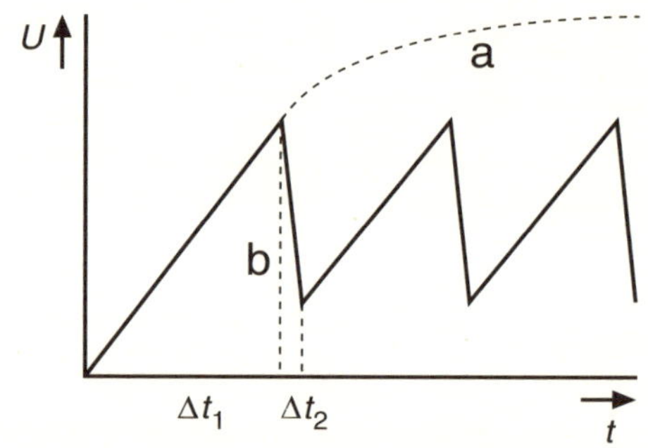

Bild 2.17: Sägezahnschwingung

Erzeugung von nichtperiodischen Schwingungen

In der Nachrichtentechnik werden Informationen häufig als Folge von unterschiedlichen elektrischen Spannungen übertragen, d.h. als elektrische Schwingung. Der zeitliche Abstand der Spannungssignale ist dabei je nach Information unterschiedlich. Eine Folge von gleichen Signalen enthält ja nur eine Information, z. B. „Frequenz ist 50 Hz von Zeit 1 bis Zeit 2". In der **Digitaltechnik** werden Nachrichten als Folge von kurzen Rechteckimpulsen übertragen. Zahl und Abstand der Impulse in einer bestimmten Zeit werden dabei vom Übertragungscode festgelegt. Im international üblichen Code ASCII (**A**merican **S**tandard **C**ode for **I**nformation **I**nterchanche) hat z.B. der Buchstabe K die nebenstehend gezeigte Impulsfolge.

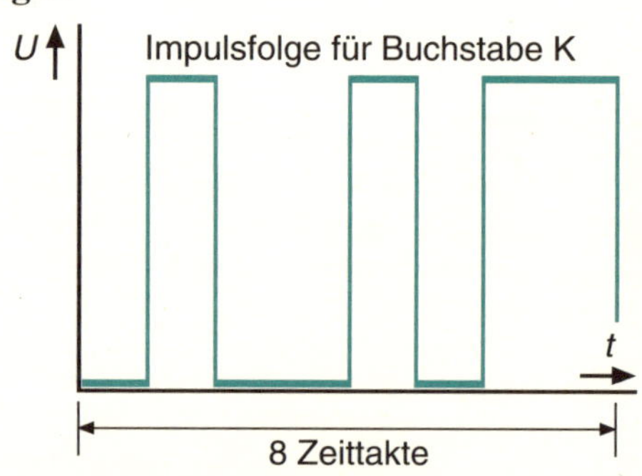

Bild 2.18: Digitalsignale

Auch in der z.B. beim **Fernsehen** noch üblichen **Analogtechnik** bestimmt der Nachrichteninhalt die Form und zeitliche Folge der elektrischen Schwingungen. In der Videokamera befindet sich eine Sensorfläche, die im Prinzip aus einigen 100.000 winzigen Solarzellen besteht. Je nach Beleuchtungsstärke liefert solch eine Solarzelle eine Spannung zwischen 0 und ca. 0,5 V. Mit einem Fotoobjektiv wird der Aufnahmegegenstand – hier nur ein weißer Streifen – auf die Sensorfläche projiziert. Die Zellen, auf denen der Streifen abgebildet wird, liefern eine relativ große Spannung, die dunklen Zellen liefern praktisch keine Spannung. Die Photozellen werden durch einen elektronischen Schalter Zeile für Zeile von rechts nach links abgetastet, die Fotospannungen der lichtempfindlichen Zellen werden dann nacheinander als sog. **Videosignal** von der Kamera zum Videorecorder o. ä. übertragen. Der auffällige negative Impuls am Anfang jeder Zeile ist das sog. Synchronsignal. Es trägt zum Informationsgehalt des Bildes nichts bei, sondern steuert den Gleichlauf von Kamera und Fernsehempfänger. Danach ist die Videospannung 0 V, bis die erste helle Zelle abgetastet wird. (*a*) Die Spannung springt auf einen hohen Wert und bleibt dort je nach Helligkeit, bis wieder eine dunklere Zelle abgetastet wird. (*b*) Bei dem in Europa üblichen PAL-Fernsehsystem werden so Frequenzanteile bis zu 5 MHz erzeugt.

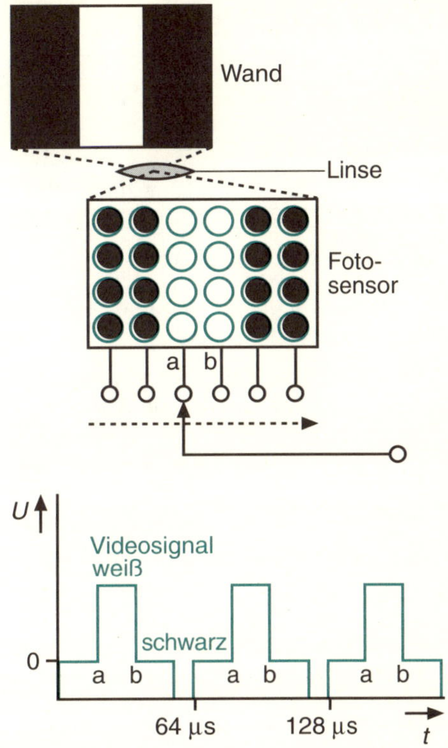

Bild 2.19: Videokamera mit Videosignal

Aufgaben

7. Das Abtasten einer PAL-Fernsehzeile hat eine Dauer von 64 µs.
   a) Welche Frequenz hat eine Sinusschwingung von gleicher Periodendauer?
   b) Wieviele Perioden durchläuft in dieser Zeit eine Sinusschwingung mit 5,0 MHz?
8. Stellen Sie die Rückkopplungschaltung von Abschnitt 2.2.2 (Elektrische Rückkopplung) als System dar und kennzeichnen Sie die wesentlichen Komponenten!
9. Geben Sie je ein Beispiel an, bei dem durch Resonanz a) unerwünschte b) erwünschte mechanische Schwingungen erzeugt werden!
10. Welche wichtige Funktion hat der Quarz in einer Quarzuhr?
11. Ein Sägezahngenerator soll so ergänzt werden, daß er eine Sinusschwingung liefert. Entwerfen Sie eine geeignete Schaltung!

Folge 3: Schwingung und Welle

Übersicht

3.1 Von der Schwingung zur Welle

Bereits in den vorhergehenden Folgen haben wir Schwingungen von einem Erregungszentrum aus auf einen ausgedehnten Körper übertragen, z. B. bei der Anregung einer Membran durch eine Schwingspule oder bei der Anregung eines Federpendels durch einen periodisch abgestoßenen Stabmagneten. Dabei bewegten sich alle Punkte des angeregten „starren" (also nicht verformbaren) Körpers mit gleicher Geschwindigkeit, so daß ihre Bewegung mit dem gleichen Weg-Zeit-Gesetz – z.B. $s(t) = \hat{s} \cdot \sin\omega t$ – beschrieben werden konnten.

Aus Erfahrung wissen wir aber, daß diese Übertragung von Schwingungen meist nicht ohne Verzögerung vor sich geht. Stoßen wir z.B. die Oberfläche einer Pfütze mit einem Stöckchen an, so gerät sie in Schwingungen. Es schwingt aber nicht die ganze Wasseroberfläche zeitgleich mit, sondern die Schwingung breitet sich mit einer relativ geringen Geschwindigkeit mit einer kreisförmigen Front gleichmäßig in alle Richtungen aus.

Bild 3.1

Besonders anschaulich lassen sich solche Schwingungen der Wasseroberfläche in einem Wellenbad beobachten. Das Wasser im Becken (s. Bild 3.2) wird entweder durch eine große, periodisch bewegte Scheibe oder durch die außerhalb des Beckens angebrachten Kolben von Wasserpumpen in Bewegung gesetzt. Da sich Wasser praktisch nicht zusammedrücken läßt, weicht die Wasseroberfläche in der Nähe des Erregungszentrums nach oben aus. Wenn die Wasseroberfläche unter dem Einfluß der

Gewichtskraft wieder in die Ruhelage zurückkehrt, muß dafür die daneben gelegene Wasserschicht nach oben gedrückt werden, d.h., der „Schwingungsberg" wandert vom Erregungszentrum weg. Bei der Rückbewegung der Scheibe bzw. der Pumpenkolben bewegen sich die Wasserteilchen des Erregungszentrums weiter bis unter den mittleren Wasserspiegel, so daß ein „Wellental" entsteht. Schließlich wird ein unteres Maximum erreicht, und die Wasserteilchen wandern wieder nach oben.

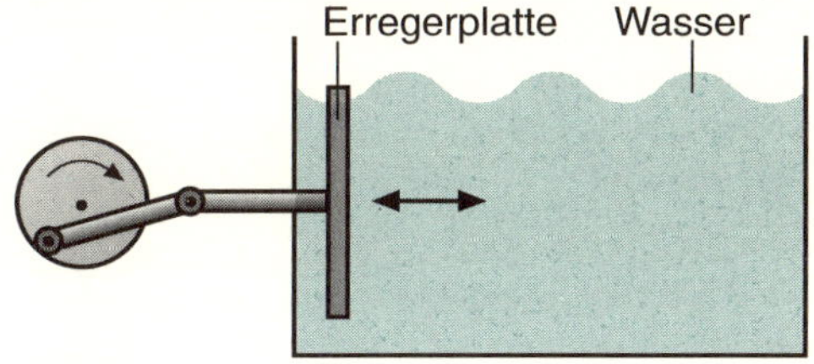

Bild 3.2

Wenn keine weitere Energie zugeführt wird, kommt das Erregungszentrum zur Ruhe, da seine kinetische Energie auf den davonwandernden Wellenberg übertragen wurde. Wird das Erregungszentrum dagegen weiterhin periodisch angeregt, so bewegen sich fortlaufend Schwingungsberge und Schwingungstäler von ihm weg. Diese Schwingungen, die sich mit endlicher Geschwindigkeit von einem Zentrum fortbewegen, bezeichnet man als **Wellen**. Mit dem Auge kann man kaum verfolgen, ob sich dabei auch das Wasser vom Erregungszentrum weg- und zurückbewegt. Wirft man in das Wasserbecken einen Ball oder entsprechend in die Pfütze einige Korken, so zeigt sich, daß sich die Wasseroberfläche nur nach oben und unten, nicht aber seitlich bewegt. Die Schwingung findet also nur quer zur Ausbreitungsrichtung statt, man spricht bei diesen Oberflächenwellen von Quer- oder **Transversalwellen**.

Im Zusammenhang mit dem Tongenerator (s. Folge 2.2.1) haben wir eine andere Art von Wellen kennengelernt. In den Schwingkreis des Tongenerators ist die Schwingspule eines Lautsprechers eingefügt, die eine Membran aus Pappe zu Schwingungen anregt. Diese Schwingungen werden an die Moleküle der umgebenden Luft übertragen und breiten sich in Form einer kugelförmigen Welle in alle Richtungen aus. Die am Trommelfell eines Zuhörers befindliche Luftteilchen regen dann das Trommelfell zu Schwingungen an, die letztlich von den Gehörnerven an das Gehirn zur Sinneswahrnehmung weitergeleitet werden. Daß auch hier die Wellen eine endlich kleine Ausbreitungsgeschwindigkeit besitzen, läßt sich besonders anschaulich bei einem Gewitter beobachten. Der Donner ist häufig erst einige Sekunden nach dem ihn verursachenden Blitz wahrzunehmen.

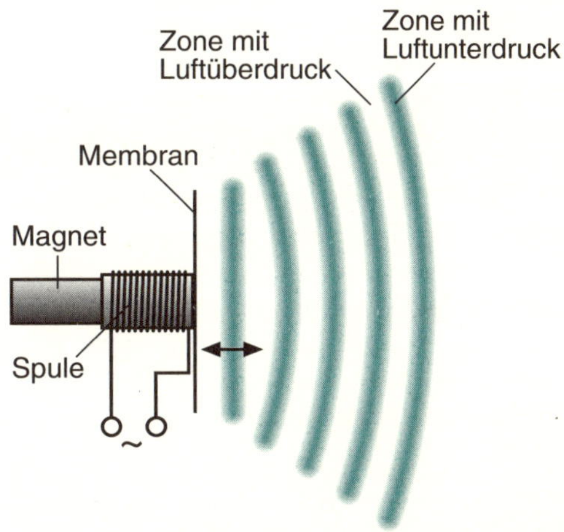

Bild 3.3: Lautsprecher mit Schallwelle

Wir studieren die Übertragung dieser sog. **Schallwellen** mit einem einfachen Experiment. Eine Stimmgabel, wie sie Musiker zum Stimmen ihrer Instrumente benutzen, dient als Sender von Schallwellen, eine zweite gleichartige als Empfänger. Da die Oberfläche der Stimmgabeln recht klein ist, setzen wir sie auf sog. Resonanzkästen, deren Oberfläche zu Resonanzschwingungen angeregt werden und dabei ein größeres Luftvolumen in Schwingung versetzen. Wird die Sende-Stimmgabel angeschlagen, so kommt auch die Empfänger-Stimmgabel zum Klingen, da sie durch die sich ausbreitende Schallwelle zu Resonanzschwingungen angeregt wurde. Unterbindet man die Ausbreitung der Welle in Richtung Empfänger durch ein Schaumstoffpolster, so gibt es keine Empfangsschwingungen.

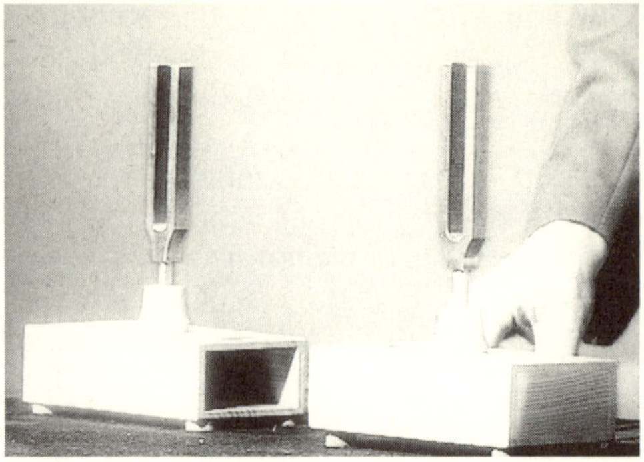

Bild 3.4

Ein Modellexperiment zeigt, daß sich die Schallwellen in ihrer Schwingungsrichtung von den Oberflächenwellen unterscheiden. In einer Rinne befinden sich hintereinander eine Reihe von Scheibenmagneten, deren gleichartig angeordnete Pole sich gegenseitig abstoßen. Sie nehmen also voneinander einen möglichst großen Abstand ein. Diese Magnete entsprechen den Luftmolekülen, die allerdings nicht durch magnetische, sondern durch die elektrischen Abstoßungskräfte ihrer Atomhüllen miteinander wechselwirken. Stößt man nun die erste Magnetscheibe an, so nimmt die Abstoßungskraft auf die nächste Scheibe bei der Annäherung zu. Mit Verzögerung (wegen der Massenträgheit) setzt sich die zweite Scheibe in Bewegung und überträgt entsprechend ihre Schwingung auf die dritte Scheibe usf. Insgesamt sieht man eine **Verdichtung** durch die Reihe der Scheiben wandern, die danach wieder ihre Ruhelage einnehmen. Wird die erste Scheibe periodisch angeregt, so wandern nacheinander Verdichtungen und Verdünnungen durch die Reihe der Scheibenmagnete.

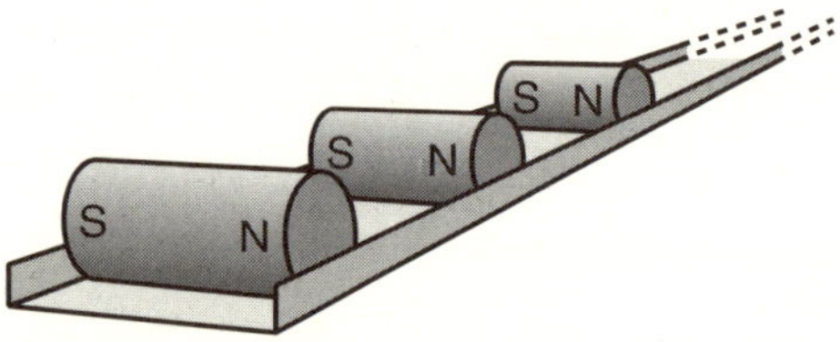

Bild 3.5: Scheibenmagnete in einer Rinne

Entsprechend bestehen auch die Schallwellen aus periodischen Verdichtungen und Verdünnungen – bzw. Druckschwankungen – der Luft. Sie breiten sich aber nicht nur linear, sondern allseitig aus und erreichen in größerem Abstand von der Schallquelle meist die Form einer Kugelwelle.
Da sich die Luftteilchen nicht quer, sondern längs der Ausbreitungsrichtung bewegen, spricht man bei Schallwellen von Längs- oder **Longitudinalwellen**.

Zusammenfassung:

Eine Schwingung, die sich mit endlicher Geschwindigkeit in den umgebenden Raum ausbreitet, bezeichnet man als Welle.

Aufgabe

1. Auf Volksfesten findet man häufig eine sog. Berg- und Talbahn, bei der die Wagen periodisch auf- und abwärts fahren. Handelt es sich hierbei um eine Welle?

3

3.2 Transversalwellen

3.2.1 Oberflächenwellen

Für das weitere Studium der Eigenschaften von Wellen betrachten wir zunächst nur Transversalwellen. Besonders geeignet ist dafür eine Abwandlung der oben erwähnten Pfütze, die sog. **Wellenwanne**. In einer flachen Glaswanne befindet sich eine dünne Schicht Wasser. In die Wasserschicht ragt ein Rohr, das ebenfalls mit Wasser gefüllt ist. Das Wasser im Rohr kann durch den Kolben einer an der anderen Seite angebrachten Pumpe in periodische Schwingungen versetzt werden. Diese Schwingungen übertragen sich auf die Wasserschicht und versetzen die Oberfläche an der Rohrmündung ebenfalls in Schwingungen. Diese Schwingung breitet sich vom Erregungszentrum allseitig in Form einer Kreiswelle aus. Am Rand des Beckens sorgen Schaumstoffpolster dafür, daß die Energie der Schwingungen durch Reibung in Wärme verwandelt wird.

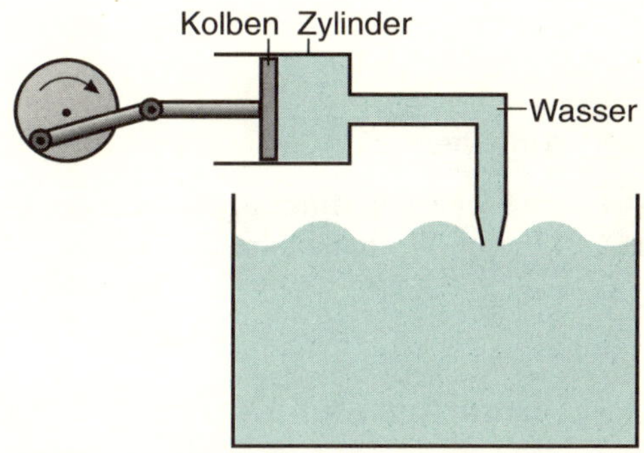

Bild 3.6: Wellenwanne mit Erreger

Die Wassermoleküle haben im Ruhezustand voneinander einen Abstand, der durch das Gleichgewicht von anziehenden Gravitationskräften und abstoßenden elektrischen Kräften der Atomhüllen bestimmt wird. Es handelt sich also um durch Feldkräfte gekoppelte Massenteilchen. Eine Auslenkung eines Teilchens stört dieses Gleichgewicht, wegen der Massenträgheit folgen die benachbarten Teilchen dieser Auslenkung nur verzögert. Die Wasserteilchen können praktisch nur senkrecht zur Oberfläche schwingen, daher sind diese Oberflächenwellen zweidimensionale **Kreiswellen**.

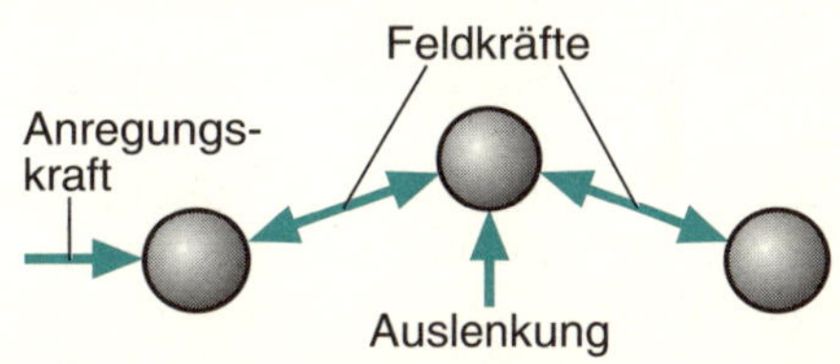

Bild 3.7: Gekoppelte Teilchen

Wir tauschen nun den Erreger gegen eine Ausführung aus, bei der das Wasser durch viele kleine Öffnungen im Rohr entlang der ganzen Rohrlänge zu Schwingungen angeregt wird. Die Welle hat nun eine ebene Front und breitet sich nur in einer Richtung senkrecht zum Erreger aus. Alle Wellenberge und Wellentäler dieser **ebenen Welle** sind Geraden senkrecht zur Ausbreitungsrichtung.

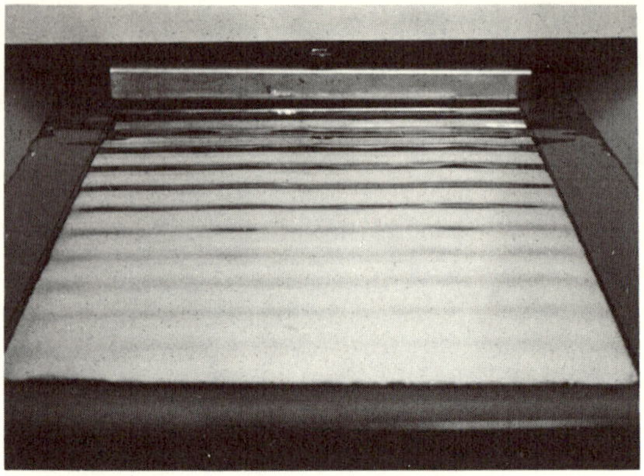

Bild 3.8: Wellenwanne mit Planwelle

Aufgabe

2. Welche Bedingungen muß ein Medium erfüllen, damit sich in ihm mechanische Wellen ausbreiten können?

3.2.2 Eindimensionale Transversalwellen

Wenn man aus der ebenen Transversalwelle einen dünnen Streifen herausschneidet, erhält man eine **eindimensionale Transversalwelle**. Solch eine Welle können wir auch an einer Feder erzeugen, in die in jeweils gleichen Abständen Kugeln als Masseteilchen eingefügt sind. Ähnlich wie bei der Wasseroberfläche sind also Teilchen mit Massenträgheit durch elastische Kräfte miteinander gekoppelt. Regt man ein Ende durch eine kurze Auslenkung zu einer Halbschwingung an, so breitet sich die Störung entlang der Feder bis zum anderen Ende aus. Die Reibung auf der Auflagefläche der Feder sorgt dafür, daß die Schwingungsenergie aufgezehrt wird.

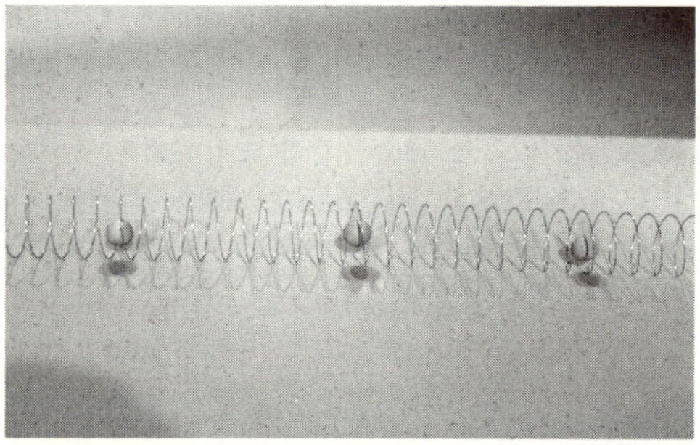

Bild 3.9: Feder mit Masseteilchen

Wenn nun das eine Ende zu periodischen Sinusschwingungen angeregt wird, so breitet sich entlang der Feder eine **sinusförmige Transversalwelle** aus. Durch die Massenträgheit schwingen die weiter vom Erregungszentrum entfernten Kugeln gegenüber dem Erregungszentrum mit Verspätung. Zwei benachbarte Teilchen schwingen in gleicher Weise sinusförmig, aber mit unterschiedlichem Phasenwinkel. Die Differenz zwischen den Phasenwinkeln φ_1 und φ_2 bezeich-

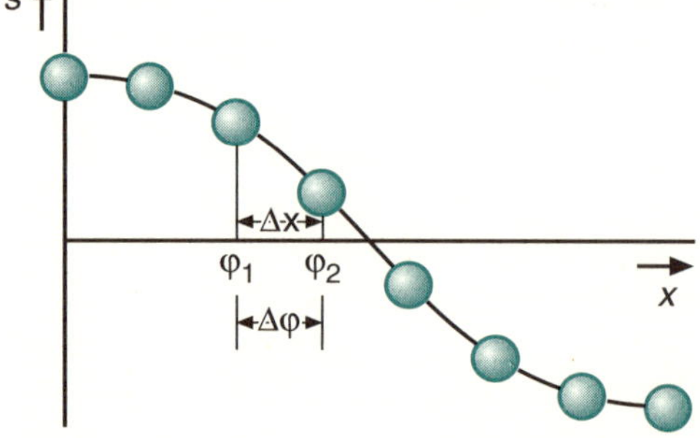

Bild 3.10

net man als Phasendifferenz. Das im Abstand Δx befindliche Nachbarteilchen benötigt für den Übergang von Phase φ_2 zu Phase φ_1 eine bestimmte Zeit Δt.

Die Geschwindigkeit $\Delta x / \Delta t$, mit der sich eine bestimmte Phase, z.B. φ_1, ausbreitet, bezeichnet man als **Ausbreitungsgeschwindigkeit c der Welle für eine bestimmte Phase:**

$$c = \frac{\Delta x}{\Delta t}$$

Wir betrachten nun zwei Teilchen, zwischen denen die Zeitdifferenz so groß ist, daß sie wieder in gleicher Phase schwingen. Den kürzesten Abstand zwischen zwei Teilchen mit gleicher Phase bezeichnet man als **Wellenlänge** λ („Lambda"). Die Zeitdifferenz, in der das benachbarte Teilchen die gleiche Phase erreicht hat, ist gleich der **Periodendauer *T***.

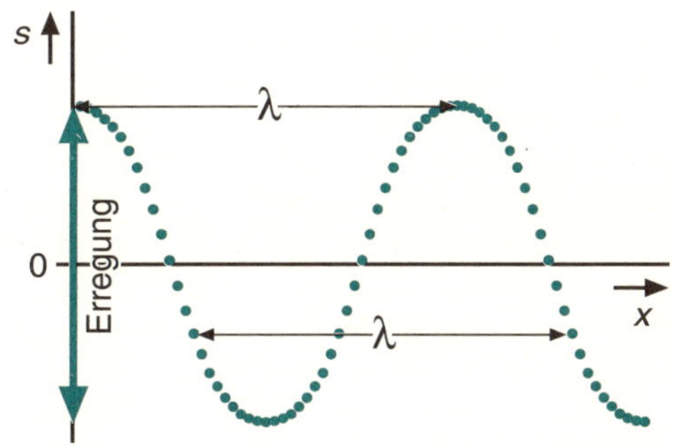

Bild 3.11: Teilchen mit gleicher Phase

Für die Ausbreitungsgeschwindigkeit c erhalten wir dann die Beziehung

$$c = \frac{\lambda}{T}$$

bzw. mit $f = 1/T$ für **die Ausbreitungsgeschwindigkeit einer Welle (Gleichung S 3,1):**

$$c = \lambda \cdot f$$

3.2.3 Messung der Ausbreitungsgeschwindigkeit

Besonders einfach läßt sich das Ausbreitungsverhalten von Wellen an einer sog. **Wellenmaschine** studieren. Es handelt sich dabei um eine Reihe von Kunststoffrädern mit je einem farbigen Markierungspunkt, die auf einer gemeinsamen Achse jedes für sich drehbar angeordnet sind. Alle Räder sind durch zwei Gummischnüre, die parallel zur Achse durch Bohrungen in den Rädern geführt sind, elastisch miteinander gekoppelt. Lenkt man das erste Rad um einen bestimmten Winkel aus seiner Ruhelage und gibt es dann frei, so beginnt eine gedämpfte **Drehschwingung**. Bei nicht zu großen Auslenkungen kann man an dem Markierungspunkt eine entsprechende Sinusschwingung beobachten. Die Drehschwingung des ersten Rads wird durch die Gummischnüre verzögert auf das zweite Rad geleitet, das mit einem bestimmten Phasenwinkel φ die gleiche Schwingung durchführt wie das erste Rad. Mit einer weiteren, gleich großen Verzögerung

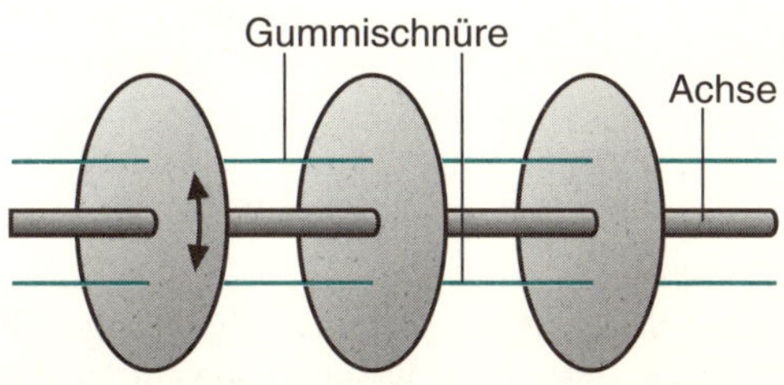

Bild 3.12: Prinzip der Wellenmaschine

beginnt auch das dritte Rad zu schwingen usf. An den Markierungspunkten beobachtet man das Bild einer nach rechts fortschreitenden, sinusförmigen **Transversalwelle**.

An den letzten Rädern sind Blechstreifen angebracht, sog. Dämpfungsfahnen, die in ein Wasserbecken tauchen und so die Schwingungsenergie in Reibungswärme verwandeln. Auf diese Weise werden störende Reflexionen am Ende der Gummischnüre vermieden.
An zwei Rädern im Abstand $\Delta x = 1{,}0$ m werden nun Fähnchen befestigt, die bei einer Auslenkung den Strahl einer Lichtschranke unterbrechen. Bei der Unterbrechung durch die linke Fahne wird eine elektronische Stoppuhr gestartet, und bei der Unterbrechung durch die zweite Fahne wird sie gestoppt. So kann die Laufzeit einer Auslenkung durch die Wellenmaschine gemessen werden. Für die Fahnen im Abstand $\Delta x = 1{,}0$ m erhält man eine Laufzeit $\Delta t = 1{,}0$ s, d.h., die Ausbreitungsgeschwindigkeit hat den Wert $c = 1{,}0 \text{ m}/1{,}0 \text{ s} = 1{,}0 \text{ m/s}$. Regt man die Wellenmaschine nun durch den angebauten Motor mit einer Frequenz von 2,0 Hz an, so kann eine Wellenlänge $\lambda = 0{,}5$ m gemessen werden; $0{,}5 \text{ m} \cdot 2 \text{ Hz} = 1 \text{ m/s}$, d.h., die Formel $c = \lambda \cdot f$ ist im Rahmen der Meßgenauigkeit bestätigt. Regt man nun die Wellenmaschine mit größeren Frequenzen an, so drängen sich die Wellenberge und Täler näher zusammen, d.h., die Wellenlänge wird kleiner, $\lambda \sim 1/f$. Damit bleibt das Produkt $\lambda \cdot f$ konstant, die Ausbreitungsgeschwindigkeit hängt nicht von der Frequenz ab.

Aufgabe

3. Ein Lautsprecher strahlt eine Schwingung mit der Frequenz 1,5 kHz ab. Schallwellen haben in Luft bei Zimmertemperatur eine Geschwindigkeit von $3{,}4 \cdot 10^2$ m/s. Berechnen Sie die Wellenlänge!

3.2.4 Die Wellengleichung

Die Ausbreitung der Transversalwelle in einem eindimensionalen Träger, z.B. in der Wellenmaschine, kann durch eine Funktionsgleichung beschrieben werden, die sog. Wellengleichung. Die momentane Auslenkung jedes Teilchens in dem Träger kann damit zu jedem Zeitpunkt beschrieben werden.

Wir beobachten ein bestimmtes Teilchen, das im Abstand x von der Anregungsstelle schwingt, und berechnen die zeitliche Verzögerung Δt dieser Schwingung gegenüber der Erregerschwingung (s.a. 3.2.2):

$$c = \frac{x}{\Delta t} \Leftrightarrow \Delta t = \frac{x}{c}$$

Die Schwingung des Teilchens an der Erregerstelle wird beschrieben durch die Schwingungsgleichung

$$s_1(t) = \hat{s} \cdot \sin\omega t$$

Die verzögerte Schwingung des beobachteten Teilchens läßt sich beschreiben durch die Gleichung

$$s_2(t) = \hat{s} \cdot \sin\omega(t - \Delta t)$$

Denn hier laufen die Phasen der Erregerschwingung um die Zeitspanne Δt später als beim Erreger ab.

Mit $s(t) = \hat{s} \cdot \sin\omega(t - \Delta t)$ und $\Delta t = x/c$ erhalten wird dann die **Wellengleichung (S 3,2):**

$$s(t) = \hat{s} \cdot \sin\omega(t - \frac{x}{c})$$

Spezialfälle:

1. Man beobachtet ein einzelnes Teilchen an einem bestimmten Ort, d.h. x = const. und damit gilt auch x/c = const. Die Auslenkung $s(t)$ ist eine Sinusfunktion der Zeit, das Teilchen folgt einer Sinusschwingung mit konstanter Verzögerung $\Delta t = x/c$ gegenüber der Erregerschwingung.
2. Für einen bestimmten Zeitpunkt t ist die Auslenkung $s(x)$ der Teilchen im Wellenträger eine Sinusfunktion der Entfernung von der Erregungsstelle. Dieses Bild erhält man z.B., wenn alle Teilchen der Wellenmaschine durch eine gemeinsame Bremse zum gleichen Zeitpunkt angehalten werden.

Bild 3.13: Wellenmaschine

3

Aufgabe

4. Eine bestimmte mechanische Transversalwelle wird durch die Gleichung $s = 0{,}05\ \text{m} \cdot \sin\,[10\ \text{s}^{-1}\ (t - x/(2\ \text{ms}^{-1}))]$ beschrieben.
   a) Bestimmen sie ihre Amplitude, Frequenz, Schwingungsdauer und Wellenlänge!
   b) Wie groß ist die Auslenkung eines Teilchens, das 0,5 m vom Erregungszentrum entfernt ist, 1,5 s nach Beginn der Schwingung?

3.3 Elektromagnetische Schwingungen

3.3.1 Vom Schwingkreis zur Antenne

Aus Folge 2.2.2 wissen wir, daß durch die gesteuerte Zufuhr von Energie in einem Schwingkreis ungedämpfte Schwingungen von Strom bzw. Spannung stattfinden können. Dabei wird die Schwingungsenergie wechselweise als magnetische Feldenergie in der Spule und als elektrische Feldenergie im Kondensator gespeichert.

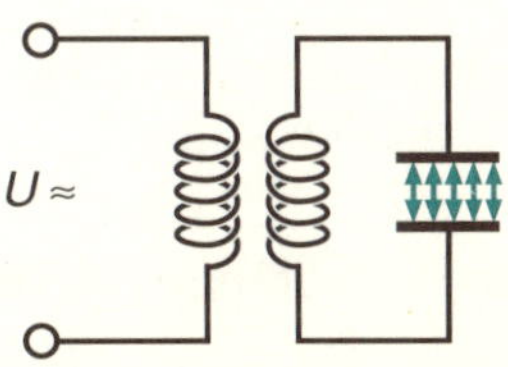

Bild 3.14: Schwingkreis mit Anregung

Verkleinert man die Werte der Schwingkreisinduktivität L und/oder der Schwingkreiskapazität C, so nimmt die Frequenz entsprechend der Formel S 1,8a zu, man erhält schließlich **Hochfrequenzschwingungen**.

Ein Federpendel kann durch die Kopplung über die Gravitationskraft an andere Materieteilchen Energie weitergeben, so daß sich ein Teil der Schwingungsenergie mit Hilfe einer Welle in den Raum ausbreitet. Die auf diese Weise dem Federpendel verloren gegangene Energie muß über eine gesteuerte Energiezufuhr nachgeliefert werden, sonst klingt die Schwingung rasch ab.

Auch die Feldenergie der Spule bzw. des Kondensators kann – wie wir wissen – auf Materieteilchen übertragen werden, sofern sie elektrisch geladen sind. Ladungen erhalten in einem elektrischen Feld Bewegungsenergie, ein magnetisches Wechselfeld induziert in einem elektrischen Leiter eine Wechselspannung, in einem angeschlossenen Verbraucher wird die Schwingungsenergie in Wärme umgewandelt. Als Wechselwirkungspartner kommen in erster Linie die leicht beweglichen Elektronen in einem Leiter in Frage.

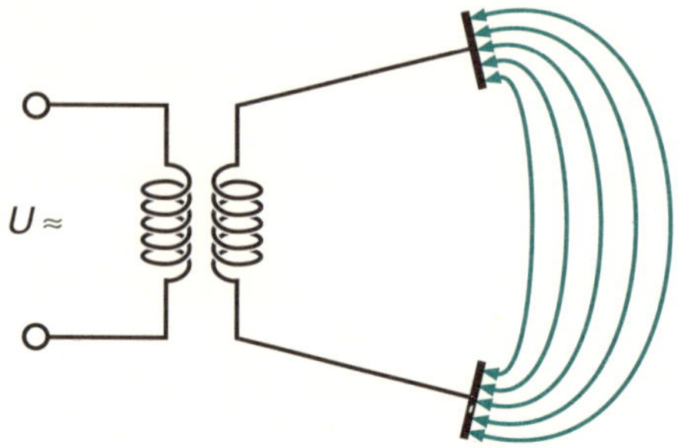

Bild 3.15: Halboffener Schwingkreis

Damit beispielsweise ein elektrisches Wechselfeld in den umgebenden Raum hinausgreifen kann, muß es räumlich ausgedehnt sein. Zwischen den Platten eines gewöhnlichen Kondensators nimmt das Feld ein sehr kleines Volumen ein, so daß praktisch keine Wechselwirkung mit der Umgebung möglich ist. Wenn wir nun aber die Platten des Kondensators auseinanderziehen, so erhalten wir ein ausgedehntes elektrisches Wechselfeld. In der Rundfunktechnik wird solch ein ausgedehnter Kondensator als **Antenne** bezeichnet, die zusammen mit der Kreisspule Eigenschwingungen ausführen kann. Wie wir aus Erfahrung wissen, breiten sich diese Schwingungen als Radiowellen in den Raum aus und können mit Funkempfängern nachgewiesen werden.

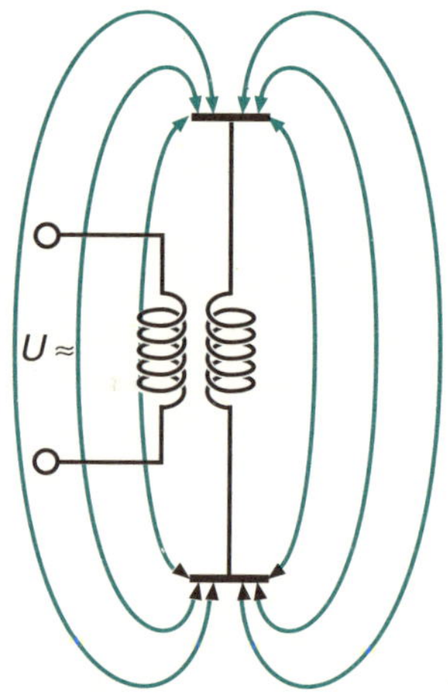

Bild 3.16: Offener Schwingkreis

3.3.2 Der halboffene Schwingkreis

Wenn man die Spule eines Schwingkreises systematisch verkleinert, erhält man schließlich nur noch ein U-förmiges Drahtstück: eine halbe Windung, die aber ebenfalls noch eine Induktivität L besitzt. Ebenso können wir die Platten des offenen Kondensators immer weiter verkleinern, bis schließlich nur noch die parallelen Anschlußdrähte übrigbleiben. Die Schenkel dieses Drahtbügels haben immer noch eine Kapazität C.

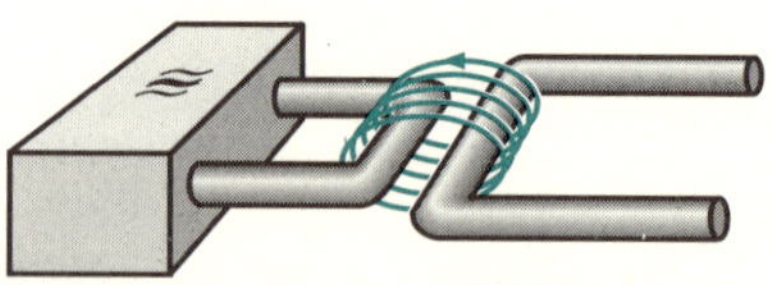

Bild 3.17

Wir prüfen nun, ob dieser extrem vereinfachte Schwingkreis zu Eigenschwingungen angeregt werden kann. Wir benutzen dazu einen Oszillator mit einer Schaltung ähnlich der in Folge 2.2.2 beschriebenen. Der Schwingkreis dieses Oszillators besteht ebenfalls nur noch aus einem U-förmigen Bügel mit der Eigenfrequenz $f = 434$ MHz. Wir legen unseren zweiten Bügel einige Millimeter entfernt neben den Schwingkreis, so daß seine Leitungselektronen in den Bereich des magnetischen Wechselfelds gelangen.

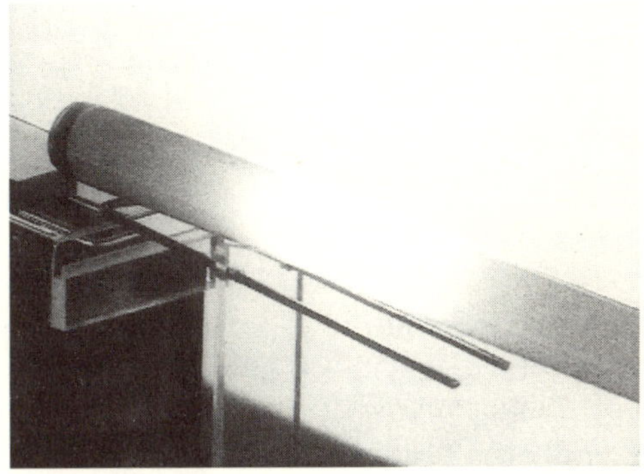

Bild 3.18

Wir prüfen nun, ob sich zwischen den Enden des Bügels ein **elektrisches Wechselfeld** ausbildet. Dazu ist eine kleine Leuchtstofflampe besonders geeignet. Wir sorgen durch eine kurze Hochspannungsentladung (z.B. mit einem geriebenen Kunststoffstab) dafür, daß in der Leuchtstoffröhre genügend Ionen vorhanden sind. Wenn die Lampe dabei parallel nahe an den Bügel gehalten wird, leuchtet die Röhre in der Nähe der Schenkelenden auf – dort, wo die größte Spannung an den „Kondensatorplatten" zu erwarten ist. Die Ionen des Füllgases in der Lampe werden durch das elektrische Wechselfeld offenbar in Schwingungen versetzt. Die zugeführte Bewegungsenergie ist so groß, daß bei Stoßprozessen die Hüllelektronen ihre Plätze wechseln und dabei Lichtwellen aussenden.

Bild 3.19

Zum Nachweis des **magnetischen Wechselfelds** sind wir auf die Induktion angewiesen. Wir benutzen dazu eine Drahtwindung von ca. 1 cm Durchmesser, an deren Ende ein Miniaturglühlämpchen angeschlossen ist. Nähern wir die Drahtwindung den Enden des Bügels, so ist keine Induktion festzustellen, nahe der Mitte des Bügels dagegen leuchtet das Lämpchen hell auf, dort fließt offensichtlich ein Hochfrequenzstrom, der ein entsprechendes Hochfrequenz-Magnetfeld erzeugt.

Systematische Untersuchungen zeigen, daß die Schwingungen in unserem Bügel bei einer bestimmten Länge der Schenkel am stärksten sind, der Bügel wird dann – wie jeder andere Schwingkreis – mit seiner Eigenfrequenz angeregt, und es werden **Resonanzschwingungen** angeregt.

Feldverteilung des halboffenen Schwingkreises

Ähnlich wie beim Schwingkreis mit konzentrierter Induktivität L und konzentrierter Kapazität C lassen sich vier Phasen einer Periode der Eigenschwingung unterscheiden:

1. Viertelperiode
Der Hochfrequenzstrom erreicht seinen Scheitelwert, zugleich maximale magnetische Feldstärke. (Die Stromstärke ist in der Mitte am größten und nimmt nach den Enden zu ab, da sich hier die Elektronen ja stauen.)

2. Viertelperiode
Die Ladungen werden an den Enden des Bügels angehäuft, das elektrische Feld erreicht sein Maximum.

3. Viertelperiode
Maximaler, gegenüber der 1. Viertelperiode entgegengesetzt gerichteter Strom, maximales, gegenüber der 1. Viertelperiode entgegengesetzt gerichtetes Magnetfeld.

4. Viertelperiode
Die Enden des Bügels sind wieder maximal aufgeladen, aber entgegengesetzt zur 2. Viertelperiode.

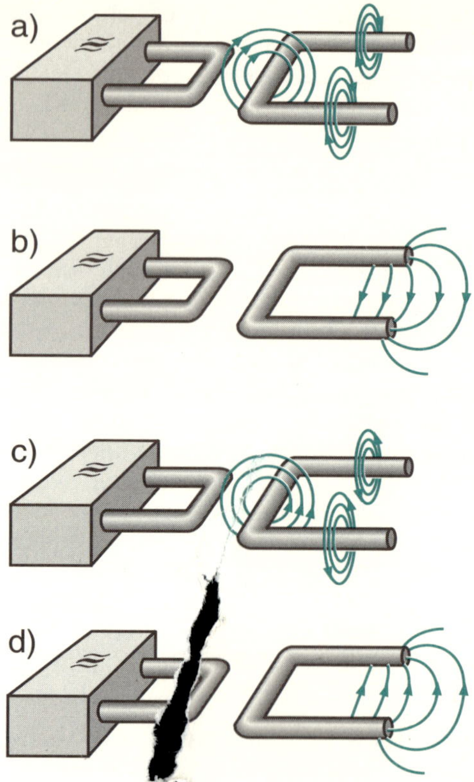

Bild 3.20 a–

3.3.3 Der elektrische Dipol

Wenn wir den halboffenen Schwingkreis zu einem geraden Drahtstück auseinanderbiegen, besitzt er immer noch eine gewisse Induktivität L und zwischen den Drahtenden eine Kapazität C. Wir können also erwarten, daß sich auch dieses gerade Leiterstück zu Resonanzschwingungen anregen läßt. Wenn wir das Drahtstück in die Nähe des Oszillatorkreises bringen und die vorgezündete Leuchtstoffröhre parallel dazu halten, leuchtet sie an den Enden des Drahtes auf; d.h., dort sind die Maxima des hochfrequenten elektrischen Wechselfeldes. Auch hier finden wir bei einer bestimmten Länge des Drahtes maximale elektrische Schwingungen, also eine **Resonanz**.

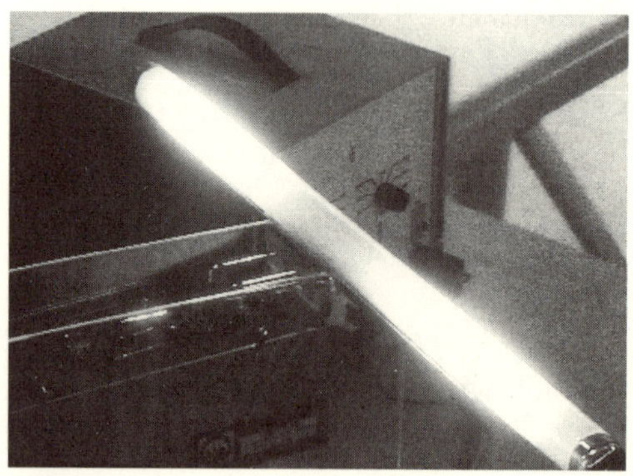
Bild 3.21

Dieser gestreckte elektrische Schwingkreis wird als **Dipol** bezeichnet. Analog zum geschlossenen bzw. halboffenen Schwingkreis lassen sich auch hier typische Abschnitte einer Schwingungsperiode unterscheiden:

1. Viertelperiode
Am oberen Ende des Dipols sind Elektronen angehäuft, unten herrscht Elektronenmangel, der Schwingkreiskondensator ist geladen.

a)
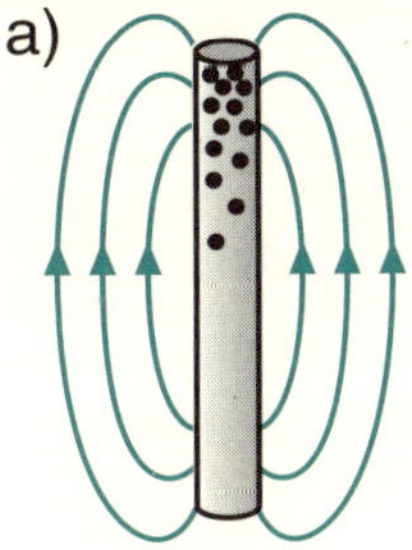

3

2. Viertelperiode
Der Kondensator entlädt sich, die Elektronen strömen von oben nach unten. Das Maximum der Stromstärke findet sich in der Mitte des Dipols. Der Strom erzeugt ein Magnetfeld mit einem Maximum in der Dipolmitte, seine Feldlinien bilden konzentrische Kreise in Ebenen senkrecht zum Dipol.

b)
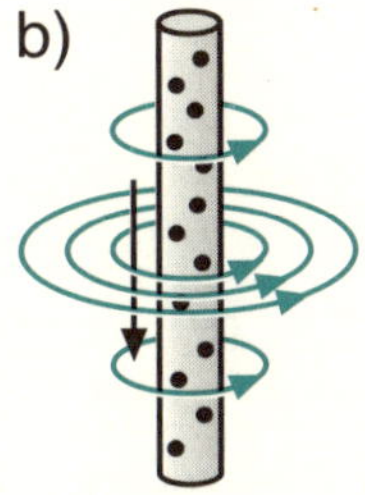

3. Viertelperiode
Nach seinem Maximum bricht das Magnetfeld zusammen und treibt entsprechend der Lenzschen Regel die Elektronen weiter nach unten. Am unteren Ende des Dipols entsteht ein Elektronenüberschuß, oben eine positive Überschußladung. Der Kondensator ist gegenüber Phase 1 entgegengesetzt aufgeladen.

c)
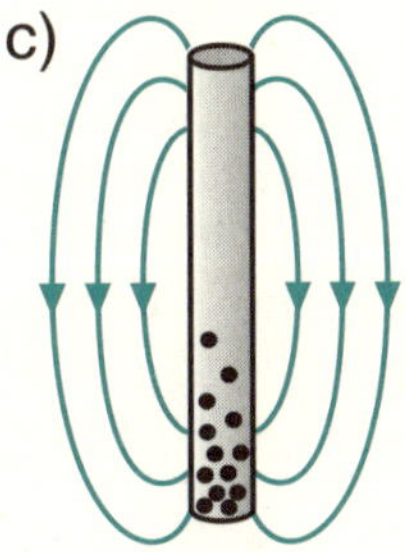

4. Viertelperiode
Der Kondensator ist wieder vollständig entladen, der Strom und sein Magnetfeld haben ihr Maximum erreicht. Die Richtung des Stroms ist entgegengesetzt zu Phase 2.

d)

Bild 3.22 a–d

Mißt man mit geeigneten Meßgeräten die Verteilung der Hochfrequenzspannung bzw. der elektrischen Feldstärke und der Stärke des Hochfrequenzstroms bzw. der magnetischen Feldstärke, so erhält man den nebenstehend abgebildeten qualitativen Verlauf.

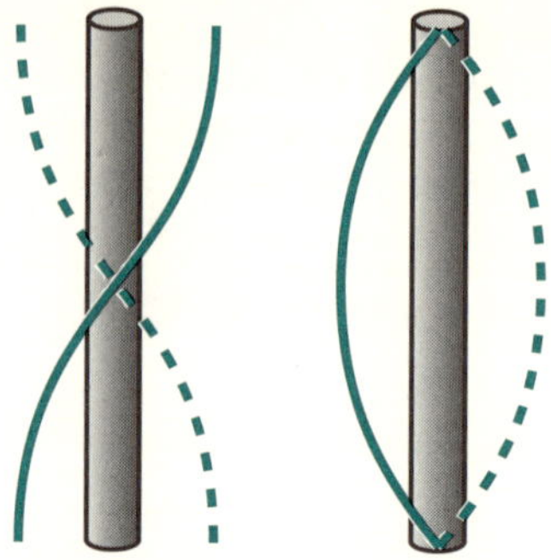

Bild 3.23

3.4 Elektromagnetische Wellen

3.4.1 Nachweis der elektromagnetischen Wellen

Das elektrische Wechselfeld zwischen den Enden des Dipols reicht relativ weit in den umgebenden Raum. Wir können daher annehmen, daß in einem zweiten, benachbarten Dipol durch Influenz die Leitungselektronen in Schwingungen versetzt werden und dort ein Hochfrequenz-Wechselstrom erzeugt wird.

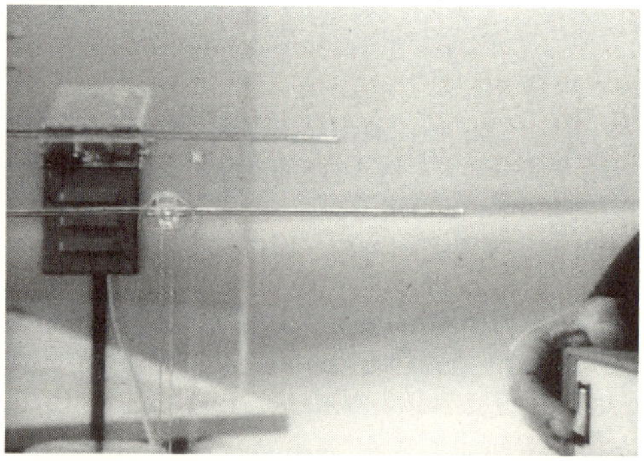

Bild 3.24: Oszillator mit Sende- und Empfangsdipol

Wir nähern dem ersten Dipol einen zweiten, gleichartigen, in dessen Mitte ein Lämpchen zum Nachweis des Wechselstroms eingefügt ist. In einer Entfernung von etwa 1 dm beginnt das Lämpchen zu leuchten und wird beim Annähern noch wesentlich heller. Diese Situation entspricht der Ausbreitung mechanischer Wellen, bei der die Schwingung durch Gravitationskräfte vom Erreger auf benachbarte Teilchen übertragen wird. Bei den Dipolen erfolgt die Kopplung durch die **Coulomb-Kräfte** zwischen den Leitungselektronen von Erreger-Dipol und Empfangs-Dipol.

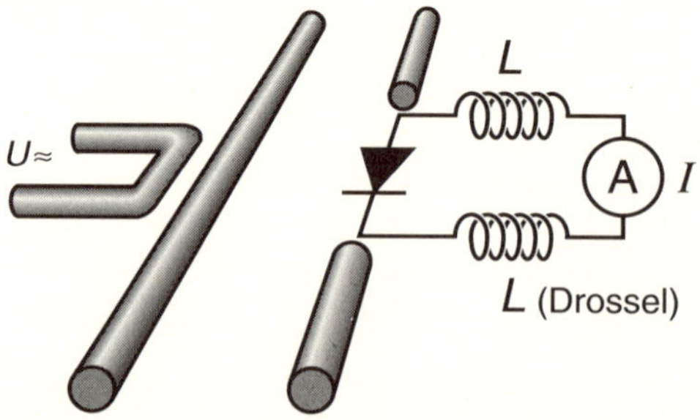

Bild 3.25: Empfangsdipol mit Gleichrichter und Meßinstrument

Wir ersetzen nun unser Lämpchen durch ein empfindlicheres Nachweis-Instrument. In den Dipol wird eine Halbleiter-Diode eingefügt, parallel dazu wird ein Drehspulinstrument von etwa 100 µA Vollausschlag geschaltet. Die Diode läßt den Wechselstrom nur in einer Richtung passieren, in der anderen Richtung fließt er durch das Meßinstrument. Dieser pulsierende Gleichstrom kann von dem Instrument angezeigt werden. Während das Lämpchen nur eine Hf-Leistung

$P > 10$ mW anzeigen konnte, kann mit dem Instrument noch eine Hochfrequenzleistung von $P > 10$ µW nachgewiesen werden. Wir entfernen nun den Dipol mit der Diode so weit vom Erreger-Dipol, daß dessen elektrisches Nahfeld praktisch gleich Null sein müßte. Schalten wir nun den Oszillator wieder ein, so lassen sich überall im Raum Hochfrequenzschwingungen nachweisen; allerdings muß dazu der Empfangsdipol parallel zum Erregerdipol stehen.

Offensichtlich breiten sich elektrische Hochfrequenzfelder auch ohne die Vermittlung von Ladungen in den umgebenden Raum aus. (Im Prinzip könnten geladene Luftmoleküle als Wellenmedium in Frage kommen. Weitergehende Untersuchungen zeigen aber, daß sich die elektrischen Schwingungen auch im **Vakuum** ausbreiten.)
In der **Elektrostatik** beginnen und enden elektrische Feldlinien stets an **Ladungen**. Hier dagegen breiten sich offensichtlich elektrische Felder ohne die dazugehörigen Ladungen in den Raum aus.

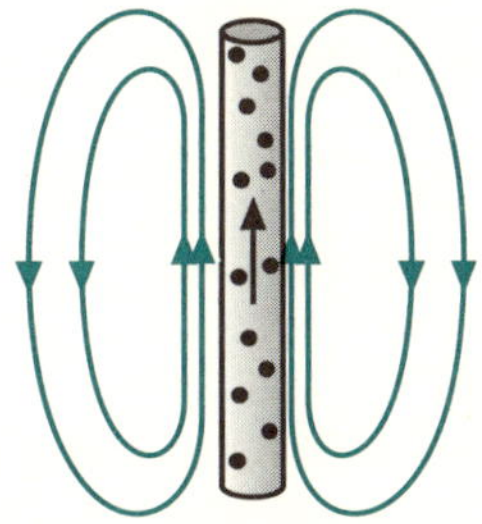

Bild 3.26: Abschnürung der Feldlinien vom Dipol

Ursache dafür ist die Trägheit des elektrischen Feldes. Das relativ ausgedehnte elektrische Feld des Dipols (endliche Ausbreitungsgeschwindigkeit mit der Lichtgeschwindigkeit c) kann während einer Halbperiode der Hochfrequenzschwingung der Ladungsverschiebung nur teilweise folgen. Bevor das Feld ganz abgebaut ist, sind die Ladungen im Dipol gleichmäßig verteilt, die „übriggebliebenen" Feldlinien werden abgeschnürt und ihre Enden verbinden sich zu geschlossenen Kurven. Der dem Dipol zugewandte Teil der geschlossenen Feldlinien hat die gleiche Orientierung wie die in der nächsten Halbperiode aus dem Dipol hervorquellenden Feldlinien, die freien elektrischen Feldlinien werden in den Raum hinausgedrängt.

Wie wir noch sehen werden, lösen sich in ähnlicher Weise auch die ringförmigen Magnetfeldlinien vom Dipol. Mit geeigneten Empfängern läßt sich ein Wechselspiel von elektrischen und magnetischen Feldern nachweisen, die sich nahezu kugelförmig in den Raum ausbreiten. Man spricht von einer **elektromagnetischen Welle**.

3.4.2 Analyse der Wellenausbreitung

Abstrahlung der elektrischen Feldenergie

In Abschnitt 3.3.3 haben wir die Feldverteilung während einer Periode der Hochfrequenzschwingung ohne Ablösung vom Dipol untersucht. Nun berücksichtigen wir die Ablösung und auch die nachfolgende Periode. (Wegen der Übersicht sind nur zwei Feldlinien dargestellt, außerdem zeigt die Grafik nur einen ebenen Schnitt und nicht die allseitige Ausbreitung.)

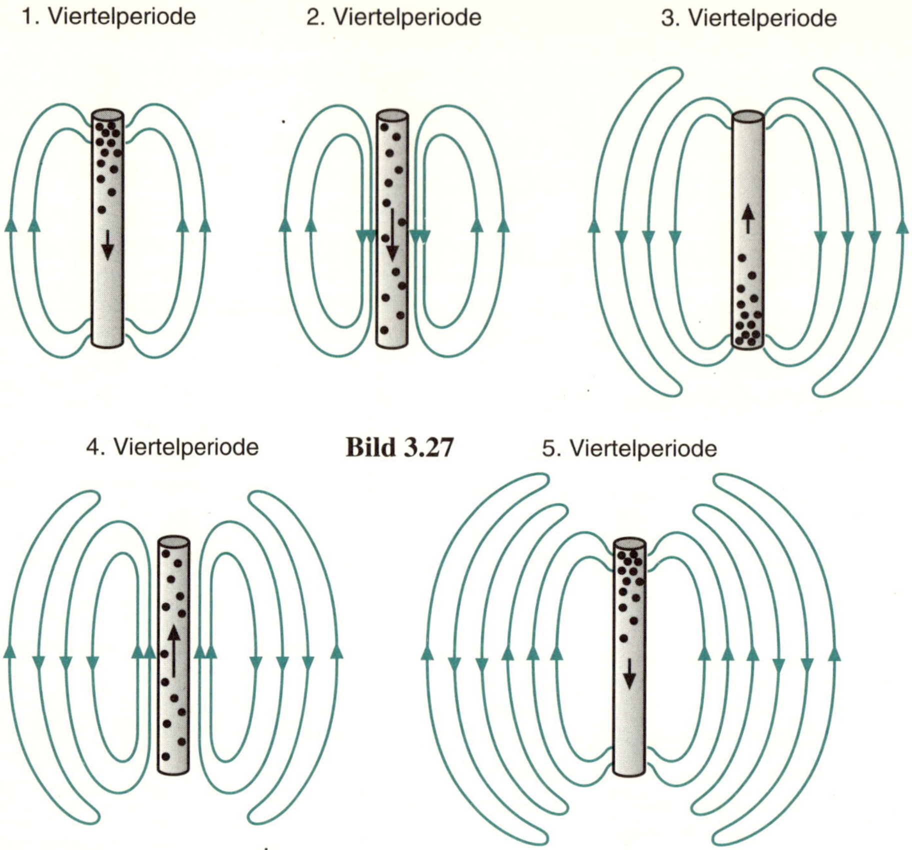

Bild 3.27

Im Gegensatz zur Darstellung in Abschnitt 3.3.3 wird bei der Entladung der Dipolenden ein Teil der elektrischen Feldenergie abgestrahlt, der sich mit Lichtgeschwindigkeit in den Raum ausbreitet; der andere Teil wird in magnetische Feldenergie umgewandelt. Zur Aufrechterhaltung einer ungedämpften Schwingung im Sendedipol muß aus dem Oszillator Sendeenergie nachgeliefert werden.

Abstrahlung der magnetischen Feldenergie

Auch die Energie des magnetischen Feldes wird wegen seiner Trägheit nicht mehr vollständig in elektrische Feldenergie zurückverwandelt, ein Teil breitet sich mit Lichtgeschwindigkeit in den umgebenden Raum aus.

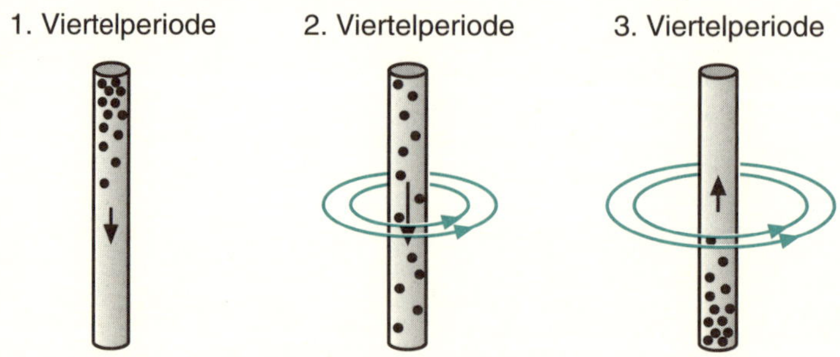

Bild 3.28

Abstrahlung der elektromagnetischen Welle

Bild 3.29

In einiger Entfernung vom Dipol sind die elektrischen und die magnetischen Felder räumlich phasengleich, d. h., elektrische und magnetische Maxima fallen zusammen. Die elektrische und die magnetische Feldrichtung stehen dabei stets senkrecht aufeinander. Die sich ausbreitende elektromagnetische Welle hat die Form einer Kugelwelle, allerdings wird in Richtung der Dipolachse keine Energie abgestrahlt. Die Strecke, um die ein Maximum oder Minimum der Welle fortgeschritten ist, während im Dipol eine Periode der Hochfrequenzschwingung abläuft, ist die Wellenlänge λ (s. auch Abschnitt 3.2.2) Die elekromagnetische Welle breitet sich mit einer Geschwindigkeit c aus.

Wie für mechanische Wellen gilt auch für die elektromagnetische Welle der Zusammenhang (S 3,1):

$$c = f \cdot \lambda$$

Genaue Messungen von Sendefrequenz und Wellenlänge ergeben für c den Wert $\mathbf{c = 300\,000}$ **km/s**, das ist der Wert der Lichtgeschwindigkeit c_0.

Aufgaben

5. Schallwellen benötigen zur Ausbreitung ein materielles Medium, z.B. Luft.
   a) Welches Ausbreitungsmedium benötigen elektromagnetische Wellen?
   b) Nennen Sie wesentliche Unterschiede zwischen Schallwellen und elektromagnetischen Wellen!
6. Welche Wellenlänge besitzen die von dem oben beschriebenen Sender mit 434 MHz abgestrahlten Wellen?

Empfang der elektromagnetischen Welle

Trifft die elektromagnetische Welle auf einen elektrischen Leiter, so werden durch Feldkräfte (Influenz des elektrischen Wechselfeldes und Induktion des magnetischen Wechselfeldes) seine freien Elektronen zum Mitschwingen angeregt. (Dazu muß der Leiter parallel zum elektrischen Feldvektor stehen.) Hat der Leiter die gleiche Länge wie der Sendedipol, so kommen die erzwungenen elektrischen Schwingungen in **Resonanz** mit der ankommenden Welle. Der **Empfangsdipol** kann in diesem Fall ein Maximum an Energie aus der Welle entnehmen. Diese Energie kann nun einem Empfänger zugeführt und dort in einem Hochfrequenzverstärker auf eine technisch brauchbare Größe gebracht werden. Zum Nachweis der Schwingungen genügt dann im einfachsten Fall ein Meßinstrument mit vorgeschaltetem Gleichrichter. Schaltet man den Sender ein und aus, so folgt das Instrument diesen Signalen. Das ist die Grundlage für die drahtlose Telegrafie oder die heutige Funk-Digitalübertragung. (In der Rundfunktechnik wird der Sendedipol auch **Sendeantenne** genannt, der Empfangsdipol **Empfangsantenne**.)

Aufgabe

7. Der Empfangsdipol entzieht der elektromagnetischen Welle Energie, die in Wechselstromarbeit an einem Widerstand im Empfänger umgewandelt wird. Überlegen Sie sich, wie dieser Energieentzug vonstatten geht!

Modulation der elektromagnetischen Welle

Durch eine Änderung der Versorgungsspannung des Oszillators im Takt einer Niederfrequenzspannung erhalten wir eine zeitliche Änderung der Amplitude der Schwingung im Sendedipol und auch der abgestrahlten Welle. Man spricht von einer **Amplitudenmodulation** der Schwingung bzw. der Welle. Im Empfänger wird die Hochfrequenzschwingung des Empfangsdipols gleichgerichtet, die entstehende Gleichspannung schwankt im Rhythmus der Niederfrequenzspannung, mit der die Sendeschwingung moduliert wurde. Die der Gleichspannung überlagerte niederfrequente Wechselspannung wird verstärkt und einem Lautsprecher zugeführt. Damit erhält man eine drahtlose Übertragung von Sprache, Musik und auch Fernsehsignalen, wie sie im Prinzip noch heute beim sog. AM-Rundfunk stattfindet.

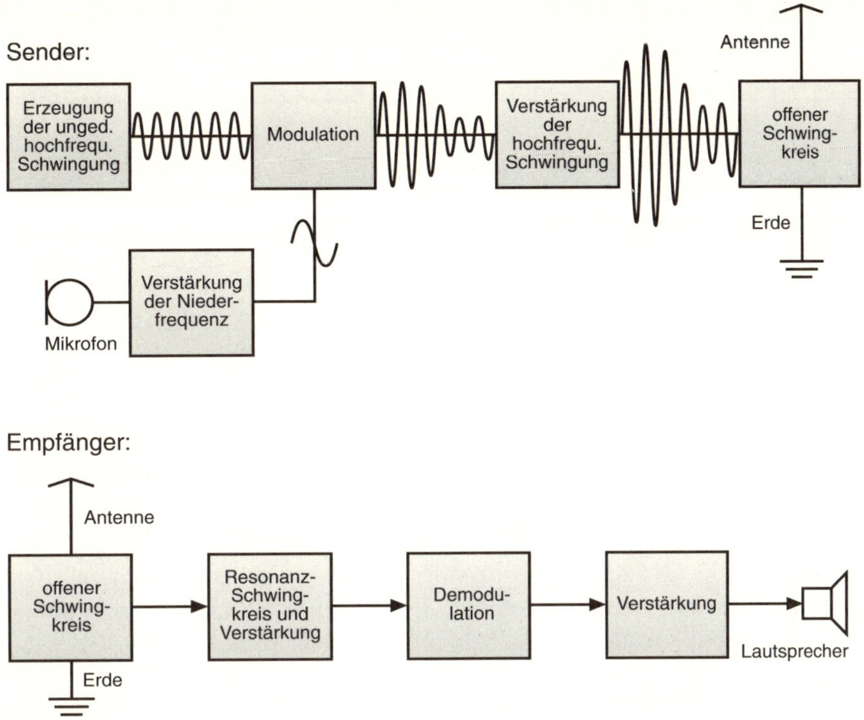

Bild 3.30

Rundfunk-Wellenbereiche

Das größte Einsatzgebiet von mit Hilfe von Oszillatorschaltungen erzeugten elektromagnetischen Wellen ist die **Nachrichtenübertragung** (Rundfunk, Fernsehen, Funktelefon usw.) Man unterscheidet mehrere Wellenbereiche grob nach der Wellenlänge. Sie unterscheiden sich teilweise in ihren Ausbreitungseigenschaften. Langwellen und Mittelwellen folgen der Erdkrümmung, diese sog. **Bodenwelle** breitet sich bis zu mehrere tausend Kilometer aus, bevor sie vom Boden absorbiert wird. Kurzwellen werden am Boden rasch absorbiert, der sich in den Raum ausbreitende Teil wird an geladenen Schichten der Atmosphäre reflektiert und kehrt im Abstand von 100 bis 1000 km wieder zur Erdoberfläche zurück. Ultrakurzwellen und die noch kürzeren Mikrowellen breiten sich wie das Licht geradlinig aus und werden von Hindernissen abgeschattet.

Frequenz	Wellenlänge	Wellenbereich
20 kHz – 500 kHz	15 000 m – 600 m	Langwelle
500 kHz – 1,5 MHz	600 m – 200 m	Mittelwelle
1,5 MHz – 30 MHz	200 m – 10 m	Kurzwelle
30 MHz – 100 MHz	10 m – 3 m	Ultrakurzwelle
100 MHz – 300 MHz	3 m – 1 m	VHF-Bereich (Very High Frequency)
300 MHz – 1 000 MHz	1 m – 0,3 m	UHF-Bereich (Ultra High Frequency)
> 1 000 MHz	< 0,3 m	Mikrowellen

Weitere Aufgaben

8. Unter welchen Umständen können sich geschlossene elektrische Feldlinien ausbilden?

9. Die Fernsehsignale vieler Rundfunkprogramme werden inzwischen über Rundfunksatelliten ausgestrahlt, die sich 36 000 km über der Erdoberfläche in einer erdsynchronen Umlaufbahn befinden. Wie lange ist ein Signal unterwegs, das in Quito, Ecuador (am Äquator) abgestrahlt und auch in Quito wieder empfangen wird?

10. Bringt man ein leeres Glas in einen Mikrowellenherd ($f = 2450$ MHz), so wird es nach dem Einschalten praktisch nicht erhitzt. Füllt man es aber mit Wasser, so kommt die Füllung nach wenigen Minuten zum Sieden. Welche Rückschlüsse lassen sich daraus für die Ausbreitungseigenschaften der Mikrowellen ziehen?

Zusammenfassung der wichtigsten Formeln

- **Ausbreitungsgeschwindigkeit einer Welle (Gleichung S 3,1):** $c = \lambda \cdot f$
- **Wellengleichung (S 3,2):** $s(t) = \hat{s} \cdot \sin\omega(t - \frac{x}{c})$

Folge 4: Polarisation und Reflexion

Übersicht

4.1 Einführung

Die Wahrnehmung unserer Umwelt läßt sich grob in einen Nahbereich und einen Fernbereich einteilen. Der Tastsinn z. B. erfaßt nur unmittelbare Kraftwirkungen, auch Geschmack und Geruch dienen der Wahrnehmung von Materie, die unmittelbar auf die entsprechenden Sinneszellen einwirkt. (Durch Strömungen im Transportmedium Luft erlaubt der Geruchssinn allerdings auch die Wahrnehmung entfernterer Duftquellen.)
Für die Fernortung allerdings kommen nur Organe in Frage, die den Informationstransport durch **Wellen** nutzen. Das Gehör z.B. nimmt direkt abstrahlende Schallsender wahr, wobei durch die Auswertung von Phasenunterschieden an den beiden Ohren sogar die Richtung festgestellt werden kann. Daneben spielt auch der **indirekte Schall** eine große Rolle, der nach der **Reflexion** der Schallwelle an Gegenständen in der Umgebung an den Ohren eintrifft. Er gibt als „Nachhall" oder „Echo" zusätzlich Informationen über die Beschaffenheit der Umgebung.
Noch wichtiger sind Reflexionen für die **optische Wahrnehmung** der Umwelt mit den Augen. Sender von Lichtwellen, wie die Sonne oder Lampen sind in unserer Umwelt eher selten. Die meisten Gegenstände, die wir wahrnehmen, reflektieren nur das Licht einer oder weniger Lichtquellen. Die unterschiedliche Reflexion an den verschiedenen Oberflächen gibt uns dabei wichtige Informationen über die Beschaffenheit des Gegenstands.
Im Gegensatz dazu spielt die **Polarisation** von Wellen – das Schwingen einer Transversalwelle in nur einer Ebene senkrecht zur Ausbreitungsrichtung – im Alltag nur eine geringe Rolle. Die Polarisation und Vorrichtungen zum Polarisieren von Lichtwellen wurden daher auch erst verhältnismäßig spät von den Physikern entdeckt. Die größte Bedeutung hat – wie wir noch sehen werden – die Polarisation bei der Ausbreitung von Radiowellen.

4.2 Polarisation von Wellen

4.2.1 Polarisation von mechanischen Wellen

An einer Schraubenfeder können wir nochmals – wie in Folge 3.2.2 – die unterschiedlichen Arten eindimensionaler Wellen studieren. Wenn wir die Feder am freien Ende zusammendrücken und anschließend freigeben, wandert die Verdichtung längs der Richtung der Feder – also längs der Ausbreitungsrichtung – zum anderen Ende. Man spricht von einer Längswelle oder **Longitudinalwelle**.

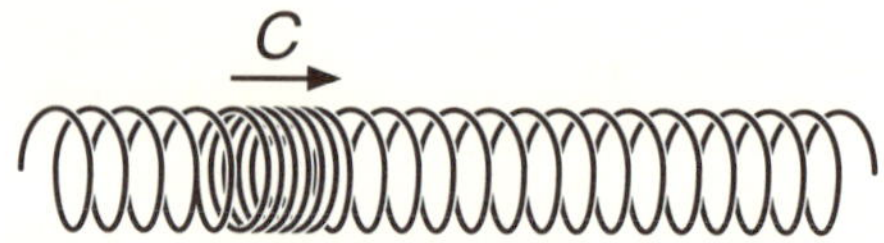

Bild 4.1: Longitudinalschwingung in einer Schraubenfeder

Wird die Feder dagegen an einem Ende quer zu ihrer Längsachse bewegt, so pflanzt sich diese Auslenkung in ihrer ursprünglichen Richtung – also quer zur Ausbreitungsrichtung – fort. Man bezeichnet diese Wellenart entsprechend als Querwelle oder **Transversalwelle**. Die Schwingungsebene der Transversalwelle kann dabei beliebige Richtungen haben, die sich sogar zeitlich ändern können. Ist die Schwingungsebene konstant, so spricht man von einer (waagrecht, senkrecht oder in einem bestimmten Winkel zu einer Bezugsebene) **polarisierten Welle**. Ändert sich die Polarisation an einem bestimmten Beobachtungsort periodisch, so bezeichnet man solch eine Welle als **zirkular** polarisiert.

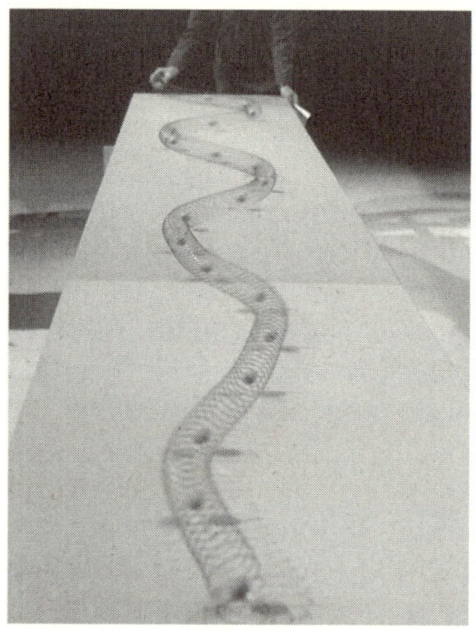

Bild 4.2: Transversalwelle in einer Schraubenfeder

Wenn man die Schraubenfeder in verschiedenen Richtungen quer zu ihrer Achse zu Schwingungen anregt, so breiten sich entlang ihrer Achse polarisierte Transversalwellen mit unterschiedlichen Schwingungsebenen aus. Führt man nun diese Feder durch einen Schlitz, so kann sie in diesem Schlitz nur in einer Richtung schwingen. Hinter dem Schlitz ist nur noch die Komponente parallel zum Schlitz vorhanden, sie schwingt nur noch in dieser Ebene. Der Schlitz hat hier die Wirkung eines **Polarisationsfilters** für die durch seine Lage bestimmte Schwingungsebene. Diese Polarisierbarkeit ist das besondere Kennzeichen einer Transversalwelle gegenüber einer Longitudinalwelle.

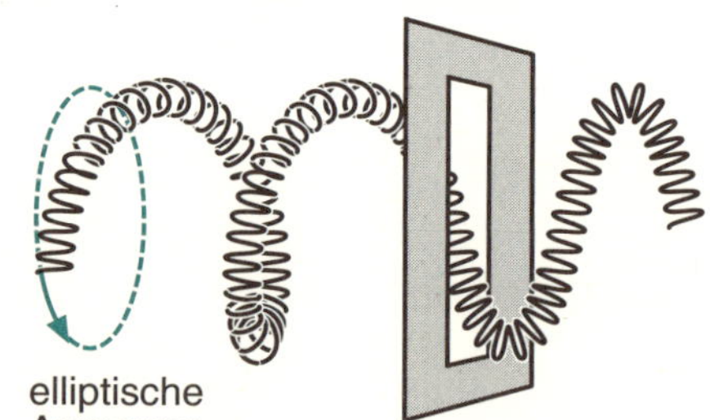

Bild 4.3: Schraubenfeder mit Schlitzpolarisator

Zusammenfassung:

Transversalwellen sind stets polarisiert.

4.2.2 Polarisation von elektromagnetischen Wellen

Elektromagnetische Wellen werden bei der Schwingung von elektrischen Ladungen senkrecht zur Schwingungsrichtung abgestrahlt. Daher sind elektromagnetische Wellen immer polarisiert.

Zum Nachweis der Polarisation verwenden wir den aus Folge 3.3.2 schon bekannten Hochfrequenzoszillator mit einer Frequenz von 434 MHz, an dessen Schwingkreis induktiv ein waagrechter Dipol mit 35 cm Länge angekoppelt ist. In etwa 40 cm Entfernung ist um seinen Mittelpunkt drehbar ein gleich langer Empfangsdipol aufgestellt, zwischen dessen beide Hälften ein Lämpchen eingebaut ist. Der Empfangsdipol nimmt einen Teil der vom Sendedipol abgestrahlten Hochfrequenzleistung auf und wandelt sie in eine Hochfrequenzschwingung um.

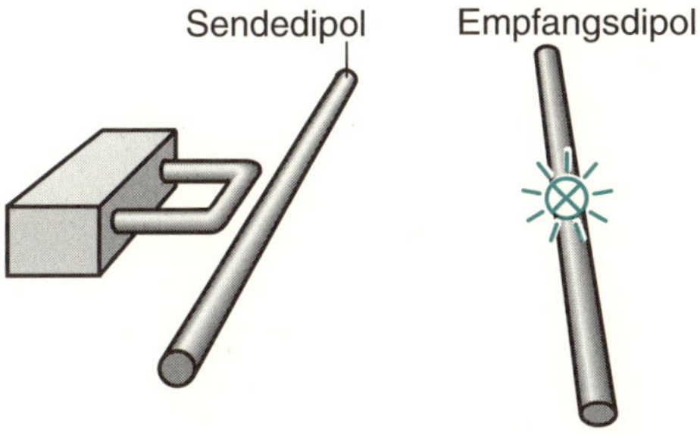

Bild 4.4: VHF-Sender mit Empfangsdipol

Der Hochfrequenzstrom im Empfangsdipol schließlich bringt das Lämpchen zum Leuchten, allerdings nur, wenn der Empfangsdipol parallel zum Sendedipol steht. Verdreht man den Empfangsdipol um 90° gegenüber dem Sendedipol, so erlischt das Lämpchen. Wir können daraus schließen, daß die abgestrahlte Welle eine waagrechte elektrische Komponente besitzt, sie influenziert ja im Empfangsdipol die Hochfrequenzspannung. Verdreht man den Empfangsdipol aus seiner senkrechten Lage, so beginnt das Lämpchen wieder schwach zu leuchten. Offensichtlich ist aber nur die Komponente der polarisierten Welle wirksam, die parallel zum Empfangsdipol verläuft. Als Polarisationsebene wird die Schwingungsebene der elektrischen Feldkomponente definiert.

Zusammenfassung:

Elektromagnetische Wellen sind Transversalwellen und damit immer polarisiert.
Als Polarisationsebene ist die Schwingungsebene der elektrischen Feldkomponente definiert.

Aufgabe

1. Lassen sich aus der Stellung der Dipol-Fernsehantennen Rückschlüsse auf Eigenschaften der Wellen des Fernsehsenders ziehen?

4

Die vom Dezimeterwellensender ($f = 434$ MHz, $\lambda = 69$ cm) abgestrahlte Wellenlänge ist für weitere Untersuchungen zu groß, wir verwenden daher nun einen **Mikrowellensender**. (Solche Mikrowellensender mit einer Frequenz von 2450 MHz werden in vielen Haushalten zum Erwärmen von Speisen verwendet. Die Hochfrequenzleistung beträgt 500 W bis 1 kW und muß wegen ihrer Wirkung auf den menschlichen Organismus praktisch vollständig von der Außenwelt abgeschirmt werden.)

Der von uns verwendete Mikrowellensender hat eine Sendefrequenz von 9,45 GHz (Wellenlänge $\lambda = 3{,}2$ cm) und eine ungefährliche Strahlungsleistung von nur 10 mW. Der Oszillator besteht aus einem Schwingkreis, der in eine spezielle Vakuum-Elektronenstrahlröhre (s. Elektrizitätslehre, Folge 3.6) eingebaut ist. Unten aus der Röhre ragt ein kleiner Sendedipol, der näherungsweise eine Kugelwelle abstrahlt. Da die Feldstärke einer solchen Welle entsprechend dem Coulomb-Gesetz (s. Elektrizitätslehre, Folge 2.2.5) rasch abnimmt ($E \sim 1/r^2$), bündelt man sie in einem sog. **Hornstrahler**. Dieser Strahler besteht aus einem rechteckigen Rohr mit angesetztem rechteckigem Trichter, aus dem die ursprüngliche Kugelwelle näherungsweise als eindimensionale Welle austritt.

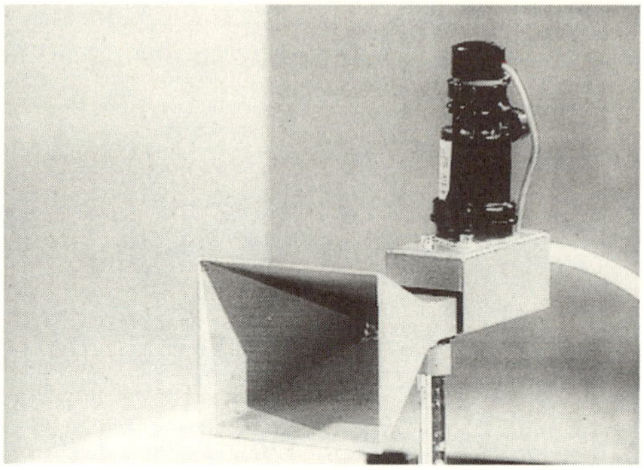

Bild 4.5: Mikrowellen-Oszillator

Als Empfangsantenne wird ein zweites gleichartiges Horn verwendet, in das als Empfangsdipol eine Halbleiterdiode (s. Elektrizitätslehre, Folge 12.6) eingebaut ist. Ähnlich wie beim Versuch in Folge 3.4.1 wird die im Dipol influenzierte Hochfrequenzspannung durch die Diode gleichgerichtet. Die gleichgerichtete Spannung ist sehr klein. Man moduliert (s. Folge 3.4.2) daher die Hochfrequenzschwingung des Senders mit einer Niederfrequenzschwingung (am einfachsten mit der Netzfrequenz von 50 Hz), mit dieser Schwingung ist dann auch die Gleichspannung an der Diode moduliert. Diese Niederfrequenz-Wechselspannungskomponente wird dann in einem Niederfrequenzverstärker (s. Elektrizitätslehre, Folge 6.4.3) etwa um den Faktor 10^3 verstärkt und dann einem Lautsprecher und einem geeigneten Wechselspannungs-Meßgerät zugeführt.

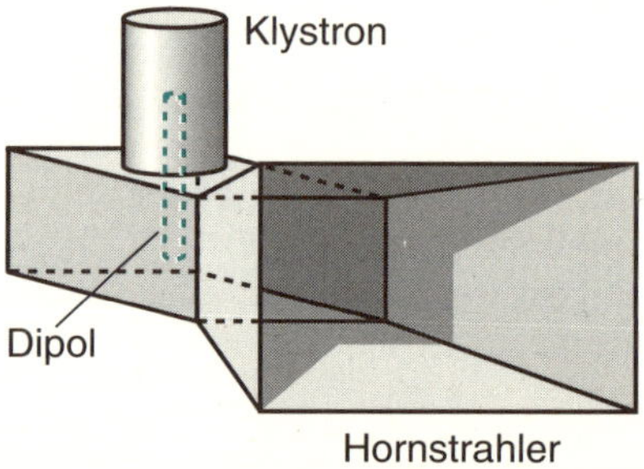

Bild 4.6: Klystron mit Hornstrahler

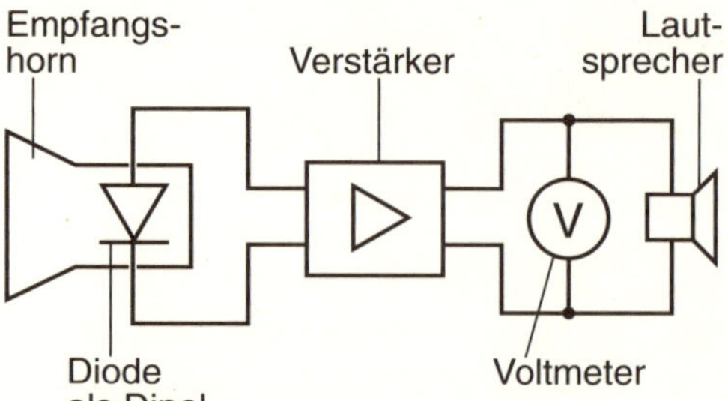

Bild 4.7: Mikrowellenempfänger

Entsprechend der senkrechten Richtung des Dipols am Klystron ist auch die abgestrahlte Mikrowelle senkrecht polarisiert. Wenn wir das Empfangshorn mit senkrechter Empfangsdiode gegenüber der Hornöffnung aufstellen, zeigt das Meßinstrument einen starken Ausschlag und aus dem Lautsprecher ist ein lauter Brummton zu hören. Verdreht man das Empfangshorn auf seiner Längsachse um 90°, so sinkt der Ausschlag auf ein Minimum und der Brummton wird nahezu unhörbar.

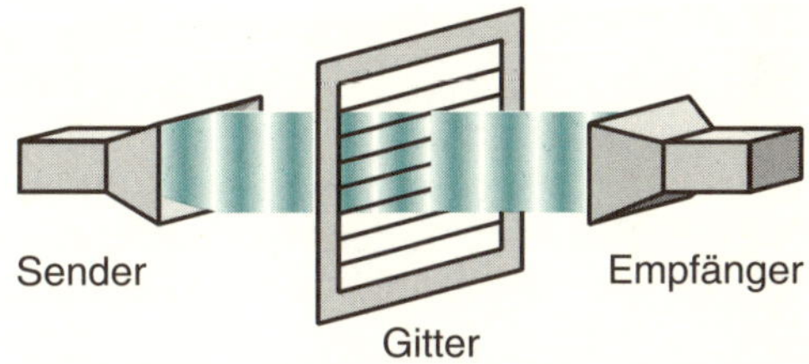

Bild 4.8 a: Mikrowellenpolarisationsfilter

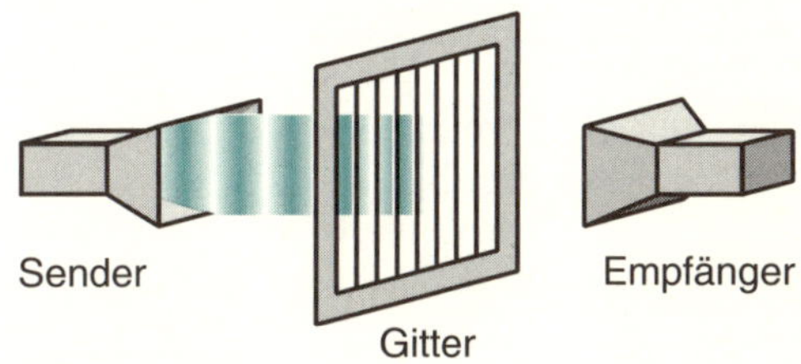

Bild 4.8 b

Wir drehen den Empfänger in seine Ausgangslage zurück und bringen zwischen Sender und Empfänger ein Gitter aus parallelen Drähten, die in einem isolierenden Rahmen in ca. 5 mm Abstand montiert sind. Wenn das Gitter mit seiner Ebene senkrecht zur Ausbreitungsrichtung der Wellen steht und die Drähte senkrecht zur Polarisationsebene der Welle verlaufen, wird das Empfangssignal praktisch nicht geschwächt. Wenn wir aber das Gitter so drehen, daß die Drähte parallel zur Polarisationsebene verlaufen, wird nahezu keine Hochfrequenzstrahlung zum Empfänger durchgelassen. Die Metallstäbe wirken nun als Empfangsdipole, die selbst zu Schwingungen angeregt werden, und die Strahlung zum Sender reflektieren. Die Senderwelle kann dabei nicht so tief in die Dipole eindringen, daß diese auch Strahlung an der Rückseite (also zum Empfänger hin) abgeben. Verdreht man das Gitter um 90°, so kann in den quer liegenden Drähten praktisch keine Schwingung influenziert werden, die Sendewelle kann durch die Zwischenräume zum Empfänger gelangen.

Da ein solches Gitter also nur Wellen mit einer ganz bestimmten Polarisationsebene passieren läßt, bezeichnet man es als **Polarisationsfilter** für Mikrowellen. Treffen nun Wellen mit verschiedenen Polarisationsebenen auf das Polarisationsfilter, so können nur die Feldkomponenten passieren, die parallel zur Durchlaßrichtung des Filters verlaufen.

Zusammenfassung:

Mit einem Polarisationsfilter lassen sich aus einem Wellengemisch die Komponenten mit der Vorzugsrichtung des Filters aussieben. Die Komponenten mit dazu senkrechter Richtung werden unterdrückt.

Anwendungsbeispiel eines Polarisationsfilters für Mikrowellen

Bei den modernen Fernsehsatelliten (z.B. *ASTRA* oder *Hot Bird*) werden aus Gründen der Frequenzökonomie die Sendefrequenzen doppelt belegt, d. h., zwei Sender mit unterschiedlichen Programmen strahlen Mikrowellen ($\lambda \approx 2{,}5$ cm) mit gleicher Frequenz ab. Dabei wird dann ein Programm mit waagrechter Polarisation gesendet, das zweite mit senkrechter. Im Empfangshorn in der Mitte des Parabolspiegels befindet sich ein drehbares Polarisationsfilter, das ferngesteuert nur die Wellen des senkrecht oder des waagrecht polarisierten Senders passieren läßt. Dadurch lassen sich die beiden Programme getrennt empfangen, die sich sonst im Empfänger gegenseitig überlagern würden.

Aufgabe

2. Bei tragbaren Radiogeräten wird als Antenne für den Mittelwellenempfang praktisch immer eine Ferritantenne verwendet. Das ist eine Spule mit einem Ferritkern von etwa 5 bis 20 cm Länge, in der durch die magnetische Feldkomponente der Mittelwelle eine Hochfrequenzspannung induziert wird. Welche Eigenschaften der Mittelwellen lassen sich mit einem solchen Radiogerät nachweisen?

4.3 Reflexion von Wellen

Die Reflexion von elastischen Körpern läßt sich vor allem beim Sport häufig beobachten. Ein Fußball z. B. trifft auf den Boden auf und springt dann mit dem entgegengesetzt gleichen Winkelmaß, unter dem er auf den Boden aufgetroffen ist, wieder in die Höhe. Beim Billard wird die Kugel nach einem Stoß an die Bande genau mit einem Winkelmaß gleich dem Einfallswinkel in die Gegenrichtung reflektiert. Dieses Verhalten ist eine Folge des *Impulserhaltungssatzes der Mechanik*. Er besagt, daß die Vektorsumme der Geschwindigkeiten in einem System vor und nach einem Stoß gleich bleiben muß.

4.3.1 Reflexion von Longitudinalwellen

Ähnlich wie die Reflexion eines Massenpunktes an einer Wand (bei ausgedehnten Körpern muß genau genommen auch noch der Drehimpuls berücksichtigt werden) läßt sich auch die Reflexion von Schallwellen, also von mechanischen Longitudinalwellen, verstehen. Die Luftmoleküle treffen mit der **Schnelle** v (so nennt man die lokale Geschwindigkeit der schwingenden Teilchen im Gegensatz zur **Ausbreitungsgeschwindigkeit** c der Welle) auf die Wand. Dort ist keine Bewegung mehr möglich, statt dessen steigt der Druck der Luft an. Die Teilchen und damit die Schallwelle werden anschließend gemäß dem Reflexionsgesetz (Einfallswinkel α = Ausfallswinkel β) von der Wand reflektiert.

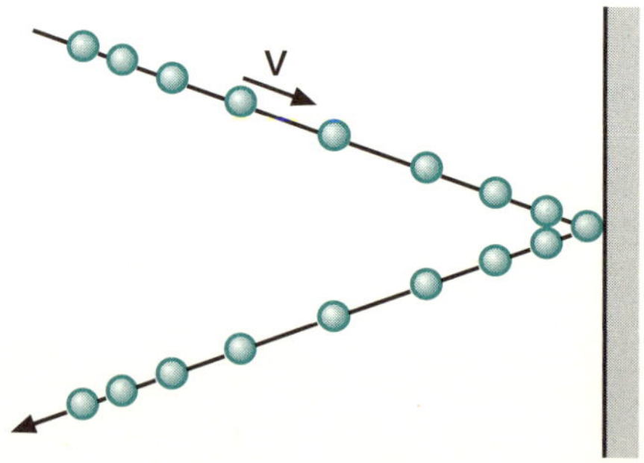

Bild 4.9: Reflexion einer Longitudinalwelle

Wir können dieses Refelexionsverhalten mit zwei Experimenten überprüfen: Eine Schallquelle, z.B. eine tickende Uhr, wird in die Mitte eines Parabolspiegels gebracht. Das kann notfalls schon ein Regenschirm sein, besser ist aber ein sog. Rotationsparaboloid. Es entsteht, wenn man eine Parabel (Graph einer quadratischen Funktion) um ihre Symmetrieachse rotieren läßt. Alle Strahlen, die vom sog. Brennpunkt der Parabel ausgehen, werden an dem Paraboloid so reflektiert, daß sie ein zur Achse paralleles Bündel bilden. Wir können dies überprüfen, wenn wir vor dem Regenschirm auf- und abgehen. Nur vor dem Schirm ist die Uhr deutlich zu hören, daneben nimmt die Lautstärke schnell ab. D.h. die Schallwellen werden tatsächlich so reflektiert, wie es das Reflexionsgesetz verlangt.

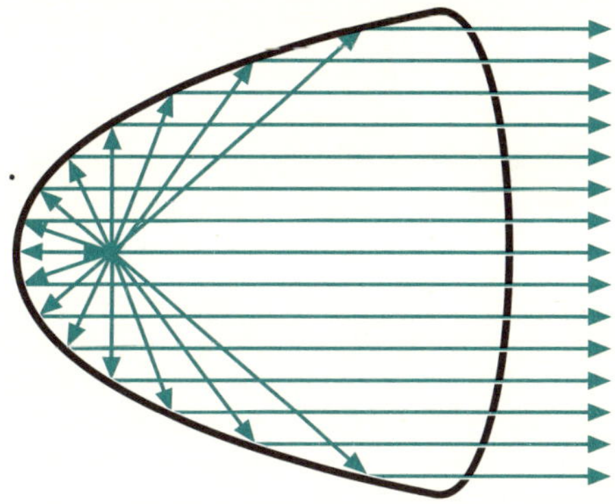

Bild 4.10: Parabolspiegel mit Schallquelle

4

Auch die Abhängigkeit der Reflexionswinkel voneinander läßt sich nun mit der gebündelten Schallwelle überprüfen. Wir verwenden diesmal Präzisions-Metallspiegel, die eine exakte Bündelung der Schallwelle über eine Entfernung von mehreren Metern erlauben. Die Schallwelle wird an einer ebenen Metalloberfläche reflektiert und gelangt zu einem zweiten Parabolspiegel, der die empfangene Welle in seinem Brennpunkt bündelt. Dort befindet sich ein Mikrofon, das den Schall in eine Wechselspannung umwandelt, die dann verstärkt und von einem Meßgerät angezeigt wird. Verschiebt man den Sendespiegel, so muß auch der Empfangsspiegel entsprechend verschoben werden, damit wieder ein Empfang möglich ist. Es bestätigt sich, daß der Einfallswinkel des Schallstrahls (näherungsweise eindimensionale Schallwelle) immer gleich dem Ausfallswinkel ist.

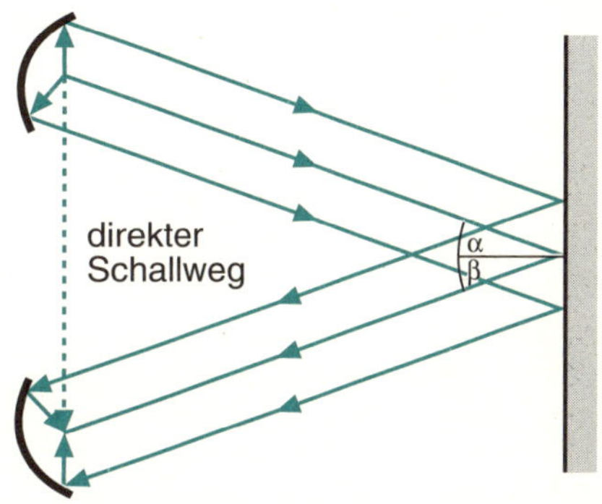

Bild 4.11: Reflexion eines Schallstrahls an der ebenen Wand

Mit dieser Versuchsanordnung läßt sich auch die Schallgeschwindigkeit in Luft experimentell bestimmen. Im Brennpunkt des Sendespiegels befindet sich ein sog. Knackfrosch, der kurze Schallimpulse aussendet. Der Knackimpuls gelangt zuerst auf direktem Weg über eine Strecke von 3,0 m zum Mikrofon, wird dann verstärkt und startet einen elektronischen Zähler. Ein anderer Teil des Knackimpulses wird im Sendespiegel gebündelt, an der Metallwand reflektiert, und gelangt nach einer Strecke von 7,0 m über den Empfangsspiegel an das Mikrofon. Sein Signal stoppt nun den Zähler, der eine Zeit $\Delta t = 12$ ms anzeigt.

Die zugehörige Wegstrecke Δs ist die Differenz zwischen direktem Schallweg und dem Weg des reflektierten Strahls, also

$$\Delta s = 7{,}0\ \text{m} - 3{,}0\ \text{m} = 4{,}0\ \text{m}.$$

Wir erhalten für die Schallgeschwindigkeit in Luft bei Zimmertemperatur

$$c_L = \frac{4{,}0 \text{ m}}{12 \text{ ms}}$$

$$\mathbf{c_L = 3{,}3 \cdot 10^2 \ \frac{m}{s}}$$

Zusammenfassung:

Schallwellen werden an der Grenzfläche zweier Ausbreitungsmedien reflektiert. Der vom Schallstrahl mit dem Lot auf die Reflexionsfläche eingeschlossene Einfallswinkel ist gleich dem Ausfallswinkel.

Anwendungsbeispiele der Reflexion von Schallwellen

Das sog. Echolot wird z.B. in der Fischerei zum Aufspüren von Fischschwärmen verwendet. Unten am Schiffsboden befinden sich der Schallsender und der Empfänger. Die Schallwellen breiten sich in Wasser mit der gegenüber Luft sehr viel höheren Geschwindigkeit von $c_W = 1{,}5 \cdot 10^2$ m/s aus, werden am Grund oder auch an einem weiter oben befindlichen Fischschwarm reflektiert und gelangen zurück zum Empfänger. An den Meßgeräten läßt sich dann der Abstand zum Meeresgrund oder auch zum Fischschwarm direkt ablesen.

Bild 4.12

In der medizinischen Diagnostik benutzt man gebündelte **Ultraschallwellen** ($f > 20$ kHz), die im Körpergewebe eine Wellenlänge von nur wenigen Millimetern besitzen. Mehrere Ultraschallsender senden dabei gleichzeitig je einen kurzen Schallimpuls in das Gewebe. Die Schallwellen werden an Lufteinschlüssen, aber auch an Grenzflächen, z.B. an einem Baby im Mutterleib, reflektiert. Die reflektierten Wellen gelangen zurück zu den Schallsendern, die nun als Mikrofone arbeiten und die umgewandelten elektrischen Signale an ein Bilderzeugungssystem weiterleiten. Auf einem Bildschirm läßt sich dann ein schemenhaftes Bild des Babys erkennen. Es können aber z.B. auch Gallensteine, Zysten etc. dargestellt und geortet werden.

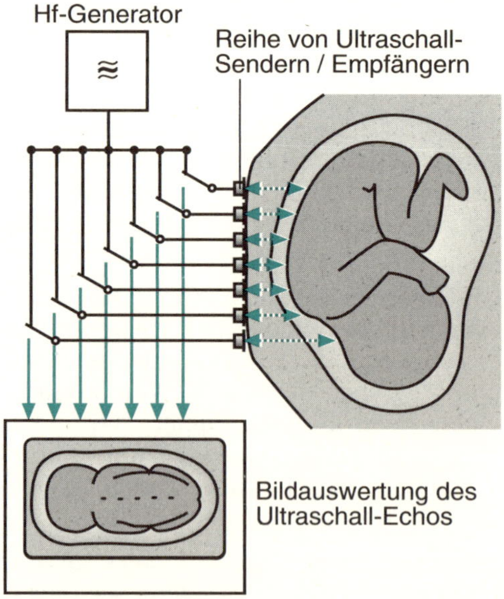

Bild 4.13:
Prinzip der Ultraschall-Diagnostik

Aufgaben

3. Warum klingt ein Musikstück, das von einem Orchester im Freien gespielt wird, anders als bei einer Darbietung des gleichen Orchesters im Konzertsaal?
4. Am Königssee spielt der Bootsschaffner auf Wunsch der Fahrgäste vor einer Felswand Trompete. Das Echo kommt nach 1,5 s von der Felswand zurück. Wie weit ist das Boot von der Wand entfernt? ($c_L = 3{,}3 \cdot 10^2$ m/s)

4.3.2 Reflexion von elektromagnetischen Wellen

Wie wir schon am Beispiel der Polarisation gesehen haben, sind elektromagnetische Wellen Transversalwellen. Falls sie nach den gleichen Gesetzen reflektiert werden wie die Schallwellen, ist dafür eine andere Erklärung nötig als das Reflexionsgesetz der Mechanik.

4

Zunächst untersuchen wir das Reflexionsverhalten von Licht. Wie wir noch sehen werden, besteht das sichtbare Licht aus einem Gemisch von elektromagnetischen Wellen mit Wellenlängen zwischen 400 nm und 760 nm. Als Versuchsanordnung können wir genau die gleiche wählen wie beim Experiment mit Schall, da Metallspiegel zur Reflexion von Schall- und Lichtwellen gleichermaßen geeignet sind. In den Brennpunkt des Sendespiegels bringen wir eine Halogenlampe mit einer Strahlungsleistung von 50 W. Der Strahl wird gebündelt, am ebenen Spiegel reflektiert und gelangt über eine Strecke von 7,0 m zum Empfangsspiegel. Dort wird das Licht im Brennpunkt gebündelt. Bringt man in den Brennpunkt einen Streichholzkopf, so wird er durch die Strahlungsenergie in Sekundenbruchteilen so aufgeheizt, daß er sich entzündet.

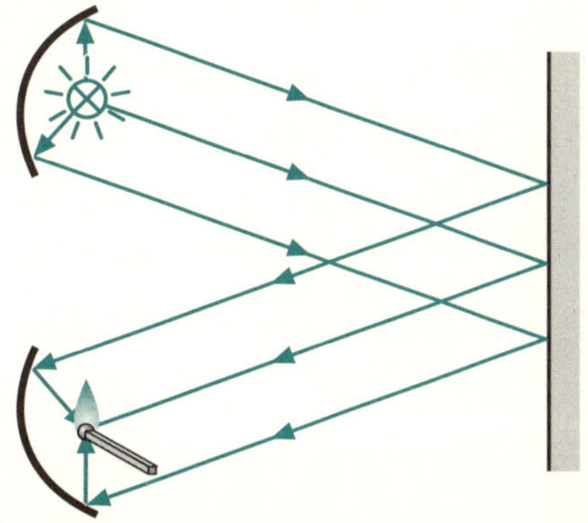

Bild 4.14: Bündelung und Reflexion von Licht

Läßt man Rauch in den Weg des Lichtstrahls strömen, so wird das Licht an den Rauchteilchen teilweise reflektiert („gestreut“) und so wird der Weg des Lichtstrahls sichtbar. Damit läßt sich das Reflexionsgesetz unmittelbar erkennen.

In ganz ähnlicher Weise lassen sich auch Mikrowellen reflektieren und bündeln. Wir ersetzen die beiden Hohlspiegel durch den aus Abschnitt 4.2.2 schon bekannten Mikrowellensender mit $f = 9{,}45$ GHz und den zugehörigen Empfänger. Wir richten den Mikrowellenstrahl unter einem Winkel von z. B. 60° zum Lot auf den Spiegel und suchen mit dem Empfangshorn den reflektierten Strahl. Auch hier finden wir das reflektierte Wellenbündel unter einem gleich großen Ausfallswinkel, nämlich ebenfalls 60° zum Lot.

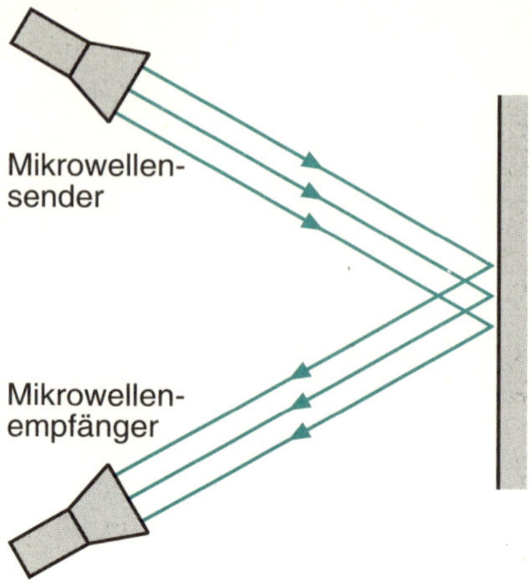

Bild 4.15: Reflexion von Mikrowellen

Aufgabe

5. Bei einem sog. Sonnenkocher wird mit Hilfe eines Hohlspiegels das Sonnenlicht auf den Boden eines Topfs oder einer Pfanne reflektiert. Die Leistungsdichte der Sonnenstrahlung am Mittag beträgt 1 kW/m^2. Wie groß ist die Strahlungsleistung am Topf, wenn der Spiegel einen Durchmesser von 1 m hat?

Theorie der Reflexion von elektromagnetischen Wellen

Wie schon bei der Funktionsbeschreibung des Polarisationsgitters erwähnt, versetzt die auf die Metalloberfläche des Spiegels auftreffende Welle die Leitungselektronen in Schwingungen. Diese Elektronen senden daraufhin jeweils eine (sekundäre) Welle mit gleicher Frequenz und Wellenlänge aus. Wie in der nebenstehenden Abbildung dargestellt, betrachten wir drei ausgewählte eindimensionale Wellenstrahlen, die jeweils ein Elektron an der Spiegeloberfläche in Schwingung versetzen sollen. Der Strahl 1 trifft als erster auf das Metall, so daß die zugehörige Welle am längsten Zeit hat, sich als Halbkugelwelle (die Abbildung zeigt nur den Kreis als zweidimensionalen Schnitt) in den Raum auszubreiten. Dann trifft der Strahl 2 ein und erzeugt die Welle 2 und schließlich wird durch den Strahl 3 die Kugelwelle 3 erzeugt. Die gemeinsamen Wellenfronten der Kugelwellen (in Wirklichkeit sind es unzählig viele) bilden nun wieder die Front eines Wellenstrahls, der mit dem Lot den Ausfallswinkel β (= Einfallswinkel α) einschließt.

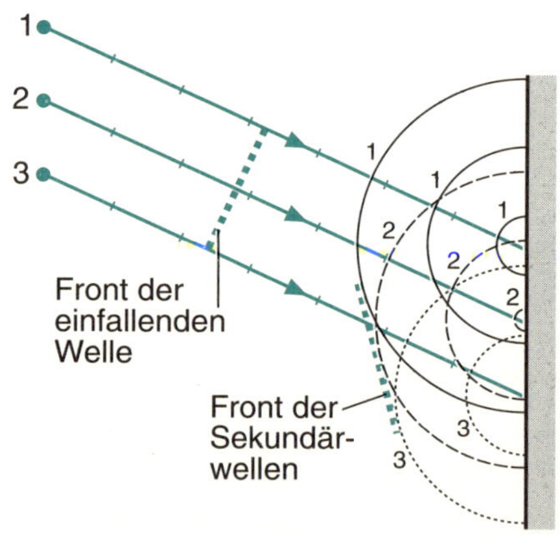

Bild 4.16: Wechselwirkung von Mikrowellen mit einer Metallwand

Zusammenfassung:

Elektromagnetische Wellen werden an metallischen Oberflächen reflektiert. Der Einfallswinkel des Wellenstrahls gegenüber dem Lot auf die Reflexionsfläche ist gleich dem Ausfallswinkel.

Anwendungsbeispiel der Reflexion von Mikrowellen

Für die Übertragung von Fernsehsignalen über Satellit werden die Mikrowellen der Bodenstation in einem großen Spiegel gebündelt und zum 36 000 km entfernten Satelliten in der erdsynchronen Umlaufbahn geschickt. Dort wird das Signal mit einer Empfangsparabolantenne aufgenommen, in den Frequenzbereich der Fernseh-Empfangsantennen ($f \approx 12$ GHz) umgesetzt und mit einer Parabol-Sendeantenne in das Empfangsgebiet abgestrahlt. Das abgestrahlte Wellenbündel ist nicht parallel, sondern hat etwa die Form eines Kegels oder einer Pyramide. Dadurch kann ein Gebiet von der Größe Westeuropas versorgt werden. Am Boden nehmen Parabolantennen mit Durchmessern von 60 bis 80 cm einen Bruchteil der abgestrahlten Mikrowellenenergie auf und bündeln ihn in ihrem Brennpunkt. Hier befindet sich das Empfangshorn eines Mikrowellen-Empfängers, in dem das Signal verstärkt und in einen niedrigeren Frequenzbereich umgewandelt wird.

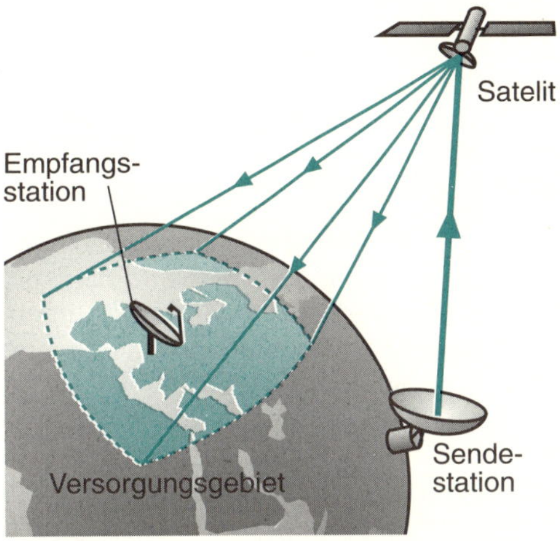

Bild 4.17: Satellit mit Sende- und Empfangsantenne am Boden

Aufgaben

6. Als Satellitenempfangsantennen werden heute meist sog. Offset-Spiegel verwendet, bei denen das Empfangshorn etwa 15° gegenüber der Achse des Spiegels versetzt ist. (Dadurch kann der Spiegel nahezu senkrecht eingestellt werden, so daß im Winter kein Schnee liegenbleibt, der die Wellen dämpfen würde.) Skizzieren Sie den Strahlengang (drei Strahlen genügen) eines Mikrowellenbündels bis zum Horn.

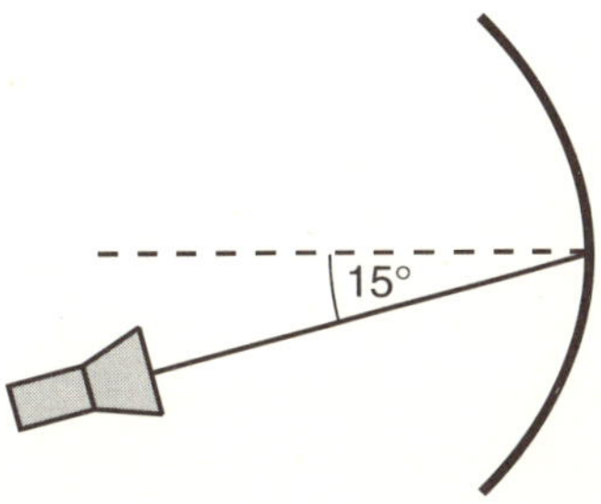

7. Jeder Sender eines ASTRA-Satelliten strahlt eine Hochfrequenzleistung von 50 W ab, die sich am Boden auf ein Quadrat von 2000 km Kantenlänge verteilt. Die Strahlungsdichte in diesem Quadrat wird als homogen angenommen. Wie groß ist die Mikrowellenleistung, die ein 60 cm-Parabolspiegel auf das Empfangshorn bündelt? (Verluste in der Atmosphäre werden vernachlässigt.)

Anwendungsbeispiel der Reflexion von Lichtstrahlen

Die Entfernung Erde-Mond wurde schon in den fünfziger Jahren mit Hilfe der Radartechnik vermessen. Man sendet dabei einen starken Mikrowellenimpuls zur Mondoberfläche, sein Echo wird dann mit dem gleichen großen Parabolspiegel wieder aufgenommen und verstärkt. Aus der Zeitdifferenz und der Lichtgeschwindigkeit c_0, mit der sich Mikrowellen ausbreiten, läßt sich die Entfernung bestimmen. Leider ist das Echo aber „verschmiert", da von der kugelförmigen Mondoberfläche Signale mit leicht unterschiedlicher Laufzeit zurückkommen.
Die Astronauten der Mondfähre *APOLLO 11*, die am 21. Juli 1969 auf dem Mond landeten, stellten daher auf dem Mond einen Spiegel auf. Auf ihn wurde von der Erde aus später mit einem starken Laser (s. Folge 8) ein Lichtstrahl gesendet, der dann auf der Erde wieder empfangen werden konnte. Damit läßt sich die Entfernung Erde-Mond (am Ort des Spiegels) auf ca. zwei Zentimeter genau bestimmen. So lassen sich sogar Unregelmäßigkeiten des Abstands durch Ebbe und Flut feststellen.

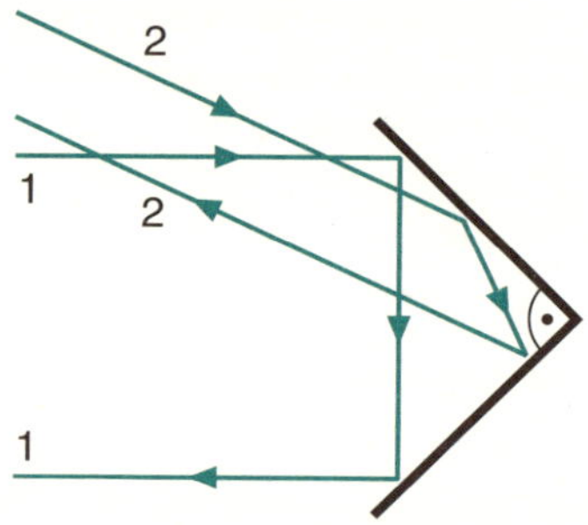

Bild 4.18: Reflexion am Tripelspiegel

Damit der reflektierte Strahl unabhängig vom Einfallswinkel wieder zur Erde zurückreflektiert wird, benutzt man einen Tripelspiegel aus kleinen Pyramiden, der auch als sog. *Katzenauge* in die Rückstrahler von Fahrzeugen eingebaut ist. Seine Funktionsweise läßt sich zunächst mit zwei im Winkel von 90° aufgestellten Spiegeln erklären. Ein einfallender Strahl 1 wird am ersten Spiegel um 90° abgelenkt, dann am zweiten Spiegel wieder um 90° abgelenkt und so schließlich in die Einfallsrichtung zurückgeworfen. Auch wenn der Strahl 2 in einem anderen Winkel einfällt, wird er über die beiden Spiegel wieder in die Ausgangsrichtung zurückgeworfen.

Eine Grenze ist natürlich erreicht, wenn der Strahl auf den ersten Spiegel nur noch streifend einfällt. Mit zwei Spiegeln werden allerdings nur Strahlen in einer Ebene erfaßt. Fügt man einen dritten Spiegel hinzu, der wieder senkrecht auf den beiden anderen steht, so erhält man einen sog. Tripelspiegel, der auch Strahlen aus anderen Raumrichtungen reflektiert.

Aufgabe

8. Begründen Sie, warum die Spiegelflächen eines „Katzenauges" in einem Winkel von 90° zueinander stehen müssen!

4.4 Polarisation von Licht

Während von Antennen abgestrahlte elektromagnetische Wellen stets polarisiert sind, scheint dies bei Licht nicht der Fall zu sein. Im Handel sind Polarisationsfilter für sichtbares Licht erhältlich, die aufgrund ihrer Kristallstruktur ähnlich wie das Drahtgitter bei Mikrowellen nur Licht mit einer bestimmten Polarisationsebene - sie ist auf dem Filter angegeben - passieren lassen sollen. Solche Filter gibt es als Zubehör für Fotoapparate, auch die Gläser mancher Sonnenbrillen enthalten außer einem Farbfilter solch ein Polarisationsfilter. Betrachtet man aber die gewöhnliche, vom Sonnenlicht oder einer Glühlampe beleuchtete Umwelt – oder auch die Lampe selbst – durch solch ein Filter, so ist in keiner Stellung des Filters eine Auslöschung zu bemerken. Polarisation sollte aber das Kennzeichen einer Transversalwelle sein - besteht also Licht doch nicht aus Transversalwellen?

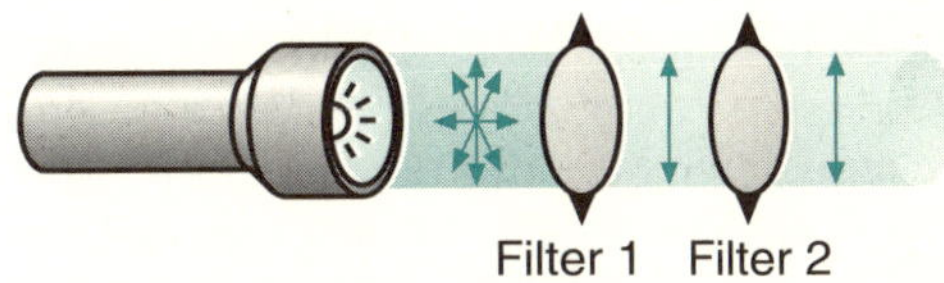

Bild 4.19 a: Taschenlampe mit zwei Polarisationsfiltern, offen

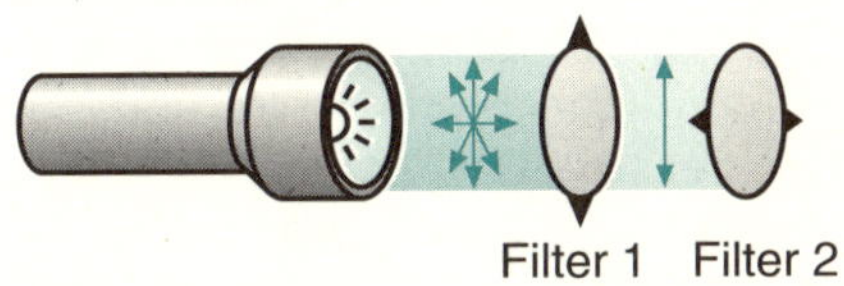

Bild 4.19 b: Das zweite Filter ist nun gesperrt

Um diesen Sachverhalt genauer zu untersuchen, bringen wir vor den Parabolspiegel einer Taschenlampe ein Polarisationsfilter, das in seiner Fassung gedreht werden kann. Auch jetzt bemerken wir in keiner Stellung des Filters 1 eine Auslöschung, allerdings wird der Lichtstrom der Taschenlampe insgesamt auf ca. die Hälfte seiner ursprünglichen Stärke vermindert. Befestigen wir nun aber vor diesem ersten Polarisationsfilter ein zweites und drehen dieses, so bemerken wir in einer Stellung des Filters 2, die um 90° gegenüber dem Filter 1 verdreht ist, eine Auslöschung. Dreht man das Filter um 90° weiter, so kann der Lichtstrom von Filter 1 wieder ungehindert passieren. Offensichtlich enthält das Glühlicht doch polarisierte Transversalwellen, von denen durch das Filter 1 die Komponenten mit nur einer bestimmten Schwingungsebene passieren konnten. Diesem Lichtstrom fehlen dann die Anteile mit der gesperrten Schwingungsrichtung, so daß er nur noch die Hälfte der anfänglichen Stärke hat.

Untersucht man dagegen zum Vergleich das Licht eines Lasers, so zeigt sich, daß es meist linear polarisiert ist. (Eine zirkulare Polarisation läßt sich so nicht feststellen.)
Ein glühender Körper sendet Lichtwellen mit verschiedensten Frequenzen aus – von Infrarot bis Ultraviolett – und auch mit allen Polarisationswinkeln zwischen 0° und 90°. Daher erscheint Umgebungslicht normalerweise unpolarisiert. Allerdings kann bei der Reflexion an kleinen Teilchen (Lichtstreuung) oder an nichtmetallischen Flächen (Wasser, Glas) nur ein Teil des Lichts mit bestimmtem Polarisationswinkel reflektiert werden, so daß dieser Lichtanteil mit einem Polarisationsfilter unterdrückt werden kann. Betrachtet man z.B. den blauen Himmel, so findet man einen Streifen mit polarisiertem Licht und auch Glanzstellen in einem Fotomotiv können durch ein drehbares Filter vor dem Objektiv unterdrückt werden.

Anwendungsbeispiel für Polarisationsfolien

In batteriebetriebenen Meßgeräten, in Uhren oder auch kleinen tragbaren Fernsehgeräten findet man sog. **Flüssigkristallanzeigen** oder **LCD**s (**L**iquid **C**rystal **D**isplays). Sie sind vergleichsweise billig herzustellen und brauchen zum Betrieb nur eine äußerst geringe Leistung.

Ein solches Display besteht aus zwei gekreuzten Polarisationsfiltern, so daß zunächst kein Licht passieren kann. Die Innenseite des Filters 1 trägt nun viele feine waagrechte

Rillen, die Innenseite des Filters 2 viele senkrechte Rillen. Zwischen den Filtern befindet sich eine optisch aktive Flüssigkeit, der **Flüssigkristall**. Seine Kettenmoleküle schmiegen sich jeweils an das Gitter der Scheibe, so daß die Kettenmoleküle zwischen den Scheiben um 90° gedreht werden. Auch Licht, das durch den ersten Polarisator tritt und somit polarisiert ist, wird entlang der Molekülketten mit seiner Polarisationsebene gedreht, so daß es dann das Filter 2 passieren kann. Das LC-Display erscheint durchsichtig.

In einem elektrischen Feld aber drehen sich die Kettenmoleküle parallel zum Feld, so daß das Licht nicht mehr in seiner Polarisation gedreht wird und somit auch die gekreuzten Filter nicht mehr passieren kann. In einem elektrischen Feld erscheint das Display also dunkel. Um nur an bestimmten Stellen – wo die Segmente von Ziffern oder die Bildpunkte eines Fernsehschirms erscheinen sollen – Lichtundurchlässigkeit zu erzeugen, bringt man an diesen Stellen lichtdurchlässige Elektroden an, an die über ebenfalls lichtdurchlässige Zuleitungen eine elektrische Spannung angelegt werden kann. Mit entsprechend gesteuerten Elektroden können dann Zeichen oder sogar Bilder erzeugt werden.

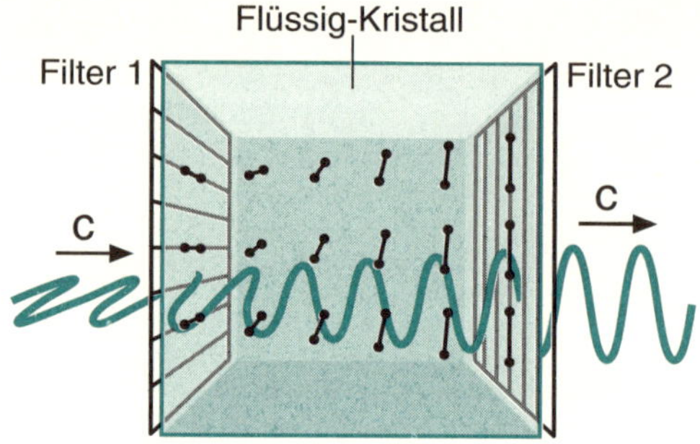

Bild 4.20 a: Polarisationsfilter mit Flüssigkristall

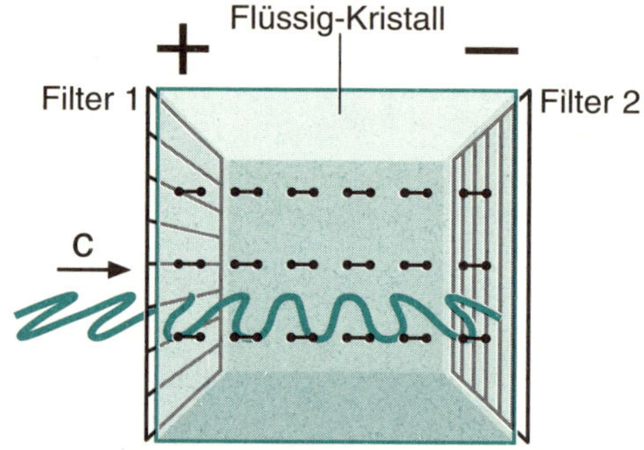

Bild 4.20 b: Polarisationsfilter mit Flüssigkristall im elektrischen Feld

Bild 4.21: LC-Display

Aufgabe

9. a) Wie läßt sich feststellen, ob aus einem LC-Display tatsächlich polarisiertes Licht austritt?
   b) Welche Konsequenzen hat das für die Arbeit mit einem Notebook-Computer im Freien?

Folge 5: Interferenz von Wellen

Übersicht

5.1.1 Interferenz von elektromagnetischen Wellen

Im Umfeld einer deutschen Großstadt kann man heute oft mehr als ein Dutzend verschiedener Radioprogramme im UKW-Bereich empfangen – von den vielen Sendern, die jeweils das gleiche Programm zusätzlich übertragen, gar nicht zu reden. Daß wir aus dem „Wellensalat", der in unserer Umgebung durch nahezu unzählig viele verschiedene Sender von elektromagnetischen Wellen entsteht, trotzdem den gewünschten (fast) störungsfrei herausfiltern und empfangen können, verdanken wir dem **Superpositionsprinzip** der Wellenausbreitung. Es besagt, daß sich Wellen gegenseitig durchdringen können, ohne sich dabei zu beeinflussen. (Genau genommen gilt dieses Prinzip nur in einem **linearen** Medium, in dem beliebig große Feldstärken zulässig sind. In ionisierten Gasen z.B. ist das nicht mehr der Fall.)
Wenn wir vom UKW-Bereich in den Mittelwellenbereich wechseln, fällt auf, daß dort nachts wesentlich mehr Sender zu empfangen sind als tagsüber. Am Tag breiten sich Mittelwellen im wesentlichen nur entlang der Erdoberfläche aus und werden allmählich durch Absorption gedämpft, so daß die Reichweite nur einige hundert Kilometer beträgt.

Nachts dagegen steigt die tagsüber von der Sonnenstrahlung ionisierte und damit (wegen der beweglichen Ladungsträger) leitfähige Schicht der Atmosphäre, die **Ionosphäre**, auf über 100 km Höhe an und wirkt dabei als Reflektor für die sog. Raumwelle, die sonst ungenutzt in den Weltraum entweicht. Die an der Ionosphäre reflektierten Wellen gelangt entsprechend dem Reflexionsgesetz (s. Folge 4.3.2) weit entfernt wieder auf die

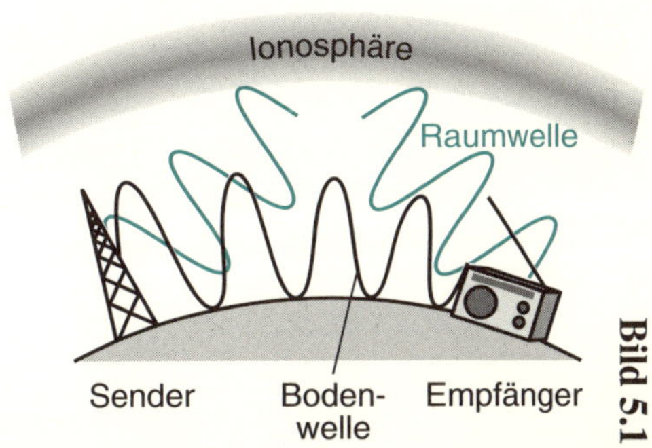

Bild 5.1

Erdoberfläche. Somit kann dort eine Station empfangen werden, deren Bodenwelle am Empfangsort zu schwach ist. Bei einer Reihe von Stationen aber treffen nachts sowohl Boden- wie Raumwelle am Empfänger ein.

Wegen der unterschiedlich langen Wege der beiden Wellenanteile können sie sich in ihrer Phasenlage verstärken oder auch abschwächen – bis hin zur völligen Auslöschung. Diese sog. **Interferenz** der beiden Wellenanteile am Empfangsort ist nicht konstant, weil sich die Ionosphäre in ihrer Lage und Ausdehnung ständig ändert. Das daraus resultierende sog. *Fading* gehört zu den unerfreulichen Begleiterscheinungen beim Mittel- und Kurzwellen-Fernempfang.

5.1.2 Interferenz von mechanischen Oberflächenwellen

Auch auf der Oberfläche eines Teichs lassen sich durch eine Vielzahl von Sendern gleichzeitig Wellen erzeugen. Man wirft einfach eine Hand voll Steinchen ins Wasser, die entstehenden Kreiswellen durchdringen sich ungestört, allerdings läßt sich in dem Gewirr nicht erkennen, was in den Interferenzzonen geschieht. Besser gelingt das, wenn man durch periodisches Eintauchen – beispielsweise mit den beiden Füßen – nur zwei Kreiswellen mit gleicher Frequenz und damit auch gleicher Wellenlänge erzeugt. Dann lassen sich regelmäßige, scheinbar stehende Muster erkennen, an denen sich die Wellen verstärken bzw. abschwächen.

Bild 5.2: Interferenz von Kreiswellen

5.1.3 Interferenz an der Wellenmaschine

Noch übersichtlicher sind die Verhältnisse bei einer eindimensionalen Transversalwelle, wie wir sie mit der aus Folge 3.2.3 schon bekannten Wellenmaschine erzeugen können. Ferner lassen sich bei dieser Maschine die sich durchdringenden Wellen in jeder Phase anhalten und analysieren. Allerdings ist es so nicht möglich, die in den Teilchen vorhandene kinetische Energie zu erkennen. Diese Möglichkeit bietet inzwischen die Videotechnik. Die Aufzeichnung läßt sich im Abstand von jeweils 20 ms (dem Abstand der 50 Halbbilder pro Sekunde des PAL-Fernsehsystems) anhalten. Dabei erkennt man auch an der Bewegungsunschärfe der Teilchen, ob sie zu dem betreffenden Zeitpunkt Bewegungsenergie besaßen.

Wir beginnen zunächst mit dem Start zweier gleicher Auslenkungen nach oben, die von der linken, bzw. rechten Seite der Wellenmaschine aufeinander zulaufen. Die beiden „Wellenberge" durchdringen sich gegenseitig – dabei kann man schon erkennen, daß sich die Auslenkungen während dieser kurzen Interferenz addieren – dann laufen sic zu den Enden der Wellenmaschine, als ob nie eine Interferenz geschehen wäre. (An den Enden wird jeweils durch eine geeignete Dämpfungsvorrichtung die kinetische Energie der Welle absorbiert.) In der Zeitlupenwiedergabe des Vorgangs erkennen wir, daß sich während der Interferenz die Auslenkungen der beiden Wellenberge zu jedem Zeitpunkt addieren und somit ein Maximum mit der doppelten Amplitude eines einzelnen Wellenbergs auftritt. Anschließend laufen die beiden Wellenberge weiter, die Gesamtamplitude nimmt ab, bis sich die beiden Wellenberge getrennt haben und zu den Enden der Maschine weiterlaufen.

a

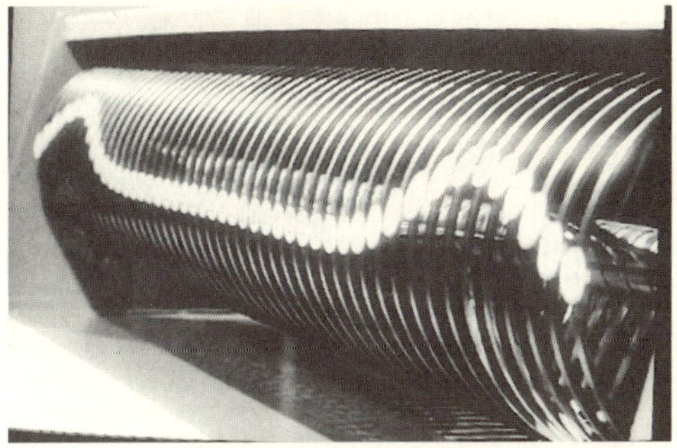

b

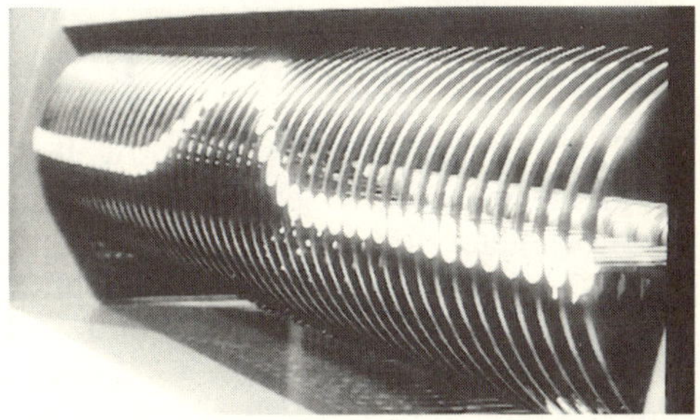

Die Maschine wird nun so umgebaut, daß am linken Ende der Maschine ein Wellenberg startet, am rechten Ende aber eine Auslenkung nach unten, ein Wellental. Während der Interferenz verschwinden beide Auslenkungen für kurze Zeit, dann laufen sie wie vor der Begegnung weiter auf die Enden der Maschine zu. Auch hier erkennen wir in der Zeitlupenwiedergabe, daß sich die Auslenkungen zu jedem Zeitpunkt der Begegnung addieren, hier wird also die Auslenkung insgesamt kleiner und erreicht bei der Begegnung der Maxima den Summenwert Null. Danach nehmen die Amplituden wieder zu und erreichen schließlich die anfänglichen Werte.

c

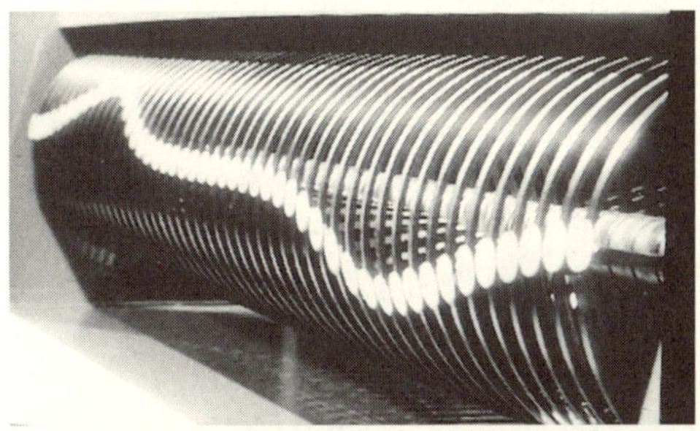

d

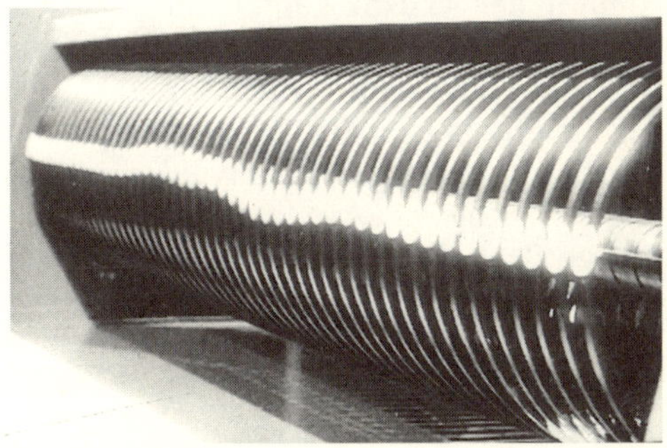

Bild 5.3: a) Interferenz Anfang, b) Durchdringung konstruktiv, c) Interferenz Anfang, d) Durchdringung destruktiv

Zusammenfassung:

Superpositionsprinzip: Verschiedene Wellen durchdringen sich, ohne sich gegenseitig zu beeinflussen.

Interferenz zweier Wellen mit gleicher Wellenlänge:
Gleichphasige Überlagerung ergibt eine Verstärkung (konstruktive Interferenz).
Gegenphasige Überlagerung ergibt eine Abschwächung (destruktive Interferenz).

5.2 Anwendungen der Interferenz

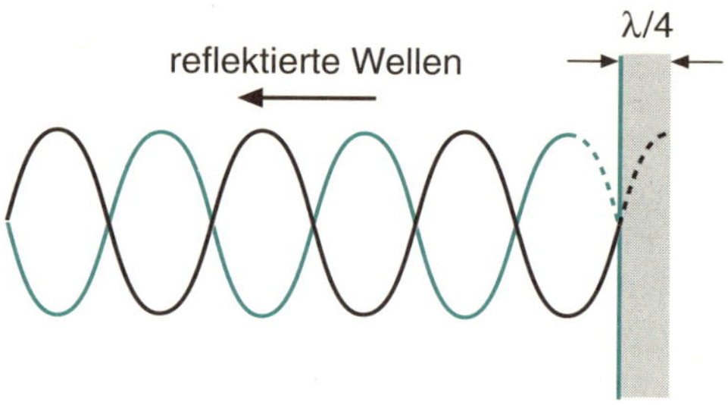

Bild 5.4

Die Tatsache, daß sich Transversalwellen mit gleicher Wellenlänge und Amplitude bei geeigneter Phasenlage ($\Delta\varphi = \pi$) gegenseitig auslöschen, macht man sich beispielsweise bei der Entspiegelung von Brillengläsern und anderen Linsen zunutze. Auf die Linsenoberfläche wird eine dünne Schicht aus Metalloxid aufgedampft. Ihre Stärke beträgt ein Viertel der Wellenlänge des Lichts, dessen Reflexion unwirksam gemacht werden soll. Ein Teil der Lichtwelle wird nun an der Oberfläche der Oxidschicht reflektiert, ein etwa gleich großer Teil an der darunterliegenden Glasoberfläche. (Der weit überwiegende Rest der Strahlung durchdringt die Linse.) Die vom Glas reflektierte Strahlung hat nun einen um den Gangunterschied $\Delta s = \lambda/2$ größeren Weg zurückgelegt und somit die gewünschte Phasenlage $\Delta\varphi = \pi$. D.h., die beiden reflektierten Anteile des Lichts löschen sich weitgehend aus.

Da Licht aus Anteilen mit verschiedenen Wellenlängen besteht, ist die Auslöschung nicht für den ganzen sichtbaren Bereich gleich gut. Abhilfe schaffen mehrere dieser sog. Vergütungsschichten. Neben den Brillen werden auch die Linsen praktisch aller Fotoobjektive heute durch eine Mehrfachbeschichtung entspiegelt.
Auch in der Akustik kann heute die Auslöschung durch Interferenz technisch genutzt werden. Man setzt dazu Kopfhörer auf, an denen außen kleine Mikrofone befestigt sind. Die Mikrofone nehmen den Umgebungslärm auf und leiten ihn einem Verstärker zu, der die Phasenlage um $\Delta\varphi = \pi$ dreht. Der so verzögerte Wechselstrom wird dann den Kopfhörern zugeleitet und wieder in Schall umgewandelt. Bei geeigneter Verstärkung interferiert dieser „Antilärm“ mit dem direkt auf die Ohren treffenden Lärm und löscht ihn großenteils aus. Gegenüber einer vollständigen Abkapselung der Ohren durch Gehörschutzmuscheln hat man den Vorteil, daß z.B. durch elektronische Filterung der Ton von Warnsirenen, Hupen etc. nicht unterdrückt wird. Ferner gerät man unter den offenen Kopfhörern nicht so leicht ins Schwitzen.

Aufgaben

1. Beim abendlichen Fernempfang des Rheinsenders des SWF (f = 1017 kHz) entsteht durch Interferenz von Boden- und Raumwelle eine momentane Auslöschung. Wie groß ist der Gangunterschied Δs der interferierenden Wellenanteile? ($c_0 = 3{,}000 \cdot 10^8$ m/s)
2. Die Vergütung einer Linse soll so gewählt werden, daß der grüne Anteil des Lichts (λ = 540 nm) unterdrückt wird. In welcher Stärke muß die Vergütungsschicht aufgetragen werden?

5.3 Stehende Wellen

5.3.1 Stehende Transversalwellen

5

Die vollständige Auslöschung zweier Wellen durch Interferenz ist nur möglich, wenn sie (bei gleicher Amplitude und Wellenlänge) in die gleiche Richtung laufen. Bei unterschiedlichen Ausbreitungsrichtungen finden an verschiedenen Orten zu verschiedenen Zeiten konstruktive Interferenz (Verstärkung) oder destruktive Interferenz (Abschwächung) statt.

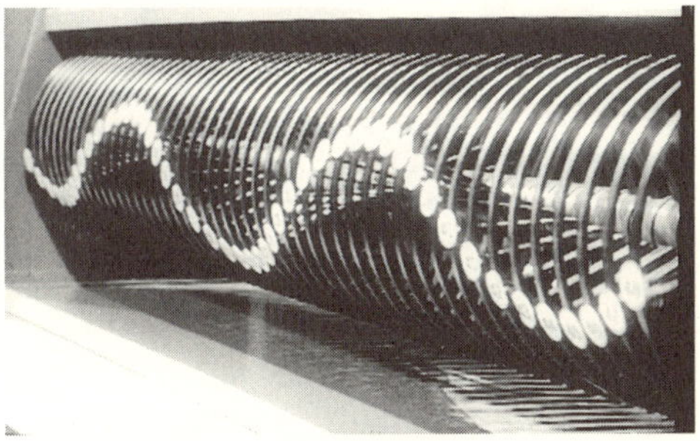

Bild 5.5: Stehende Welle

Wir beginnen bei unseren Untersuchungen mit dem einfachsten Fall: Zwei gleichartige Wellen mit gegenläufiger Ausbreitungsrichtung durchdringen sich. Dazu wird die Wellenmaschine so geschaltet, daß sich die äußersten Schwinger motorisch angeregt kontinuierlich entsprechend einer Sinusfunktion der Zeit bewegen. Dann laufen die beiden Wellen aufeinander zu. Nach dem gegenseitigen Durchdringen beobachtet man, daß sich bestimmte Schwinger periodisch bewegen, andere dagegen bleiben in Ruhe. Es hat sich eine sog. **stehende Welle** gebildet. Diese Bezeichnung wurde gewählt, weil im Gegensatz zu den bisher betrachteten Wellen, bei denen Wellenberge und Wellentäler sich mit der Phasengeschwindigkeit c fortbewegen, hier Maxima und Minima der Auslenkung ortsfest sind.

Die Entstehung der stehenden Welle läßt sich aus der Überlagerung von Wellenbergen und Wellentälern der beiden gegenläufigen Wellen erklären, wie wir sie vorhin am Beispiel von nur je einem Wellenberg bzw. Wellental beobachtet haben. Dazu betrachten wir die Überlagerung der beiden Wellenzüge im Abstand Δt von jeweils einer Viertel Periodendauer, d.h. $\Delta t = T/4$:

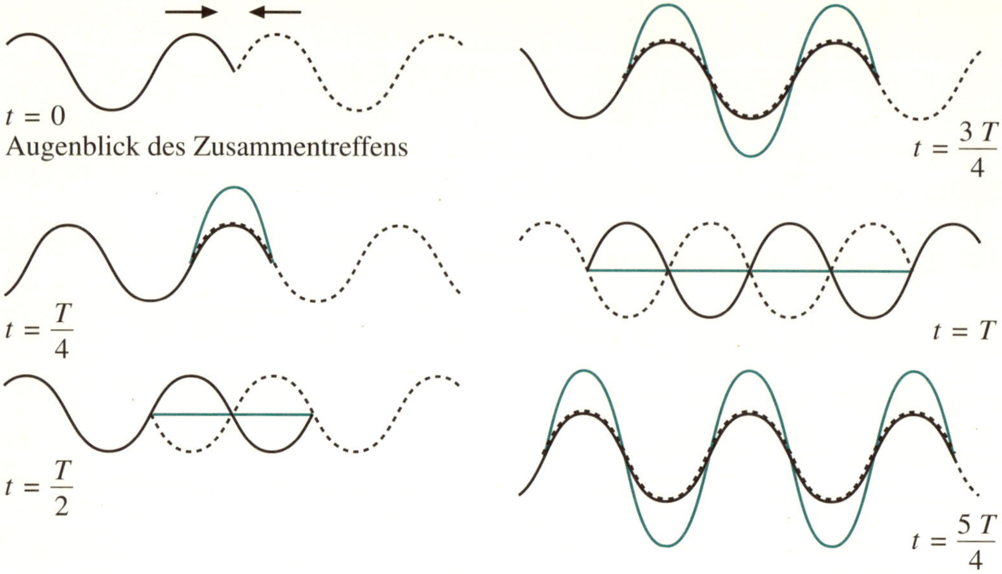

Bild 5.6

Aus der Entstehungsgeschichte der stehenden Welle ersehen wir, daß der Abstand l der Maxima bzw. der Schwingungsknoten (Minima) stets den Betrag $l = \lambda/2$ aufweist. Wir können diesen theoretischen Wert mit den Daten des Experiments an der Wellenmaschine vergleichen:
Die Ausbreitungsgeschwindigkeit der Transversalwellen in der Wellenmaschine wurde in einem früheren Experiment (Folge 3.2.3) zu $c = 1$ m/s gemessen. Die Anregungsfrequenz der beiden Wellen wird durch die eingestellte Motordrehzahl bestimmt, sie beträgt bei unserem Experiment $f = 2$ Hz. Dann erhalten wir $\lambda = c/f = 1$ Hz /(2 m/s) = 0,5 m bzw. $\lambda/2 = 0{,}25$ m. Wenn wir nun den Knotenabstand (er ist wegen des steileren Kurvenverlaufs der Schwingung genauer zu bestimmen, als der Abstand der Maxima) messen, erhalten wir ebenfalls $\lambda/2 = 0{,}25$ m.
Mit dieser Methode der Bestimmung der Wellenlänge einer stehenden Welle läßt sich andererseits auch die u. U. sehr große Ausbreitungsgeschwindigkeit von Wellen messen, beispielsweise von Mikrowellen.

Wir verwenden eine ähnliche Versuchsanordnung wie in Folge 4.3.2, nämlich den Mikrowellensender mit Hornstrahler und einer Sendefrequenz $f = 9{,}45$ GHz, eine reflektierende ebene Metallplatte und eine Diode als Empfangsdipol mit nachgeschaltetem Verstärker sowie Lautsprecher und Meßgerät. Bei dem Mikrowellenempfänger wurde diesmal das Horn weggelassen, damit man die Empfangsstelle genau lokalisieren kann. Die reflektierende Platte verwenden wir statt eines zweiten Mikrowellensenders, der reflektierte Strahl hat also genau die gleiche Frequenz und Wellenlänge, wie das direkt vom Sender abgestrahlte Wellenbündel.

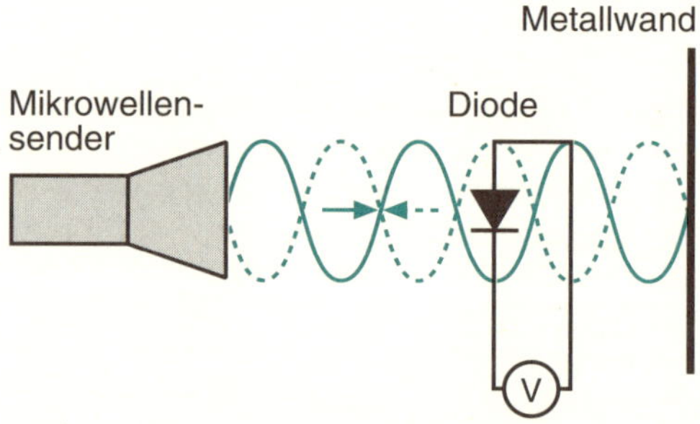

Bild 5.7: Stehende Mikrowelle

Wenn wir nun mit der Empfangsdiode die Strecke entlang der Interferenzzone von hin- und rücklaufendem Mikrowellenstrahl abtasten, finden wir Minima der Feldstärke in einem Abstand $l \approx 1{,}5$ cm. Ein genaueres Ergebnis erhalten wir, wenn wir den Abstand von 10 Knoten messen, wir erhalten $10l = 16$ cm, also $l = 1{,}6$ cm.

Mit $l = \lambda/2$ ergibt sich dann

$$c = f \cdot \lambda = f \cdot 2l$$
$$c = 9{,}45 \text{ GHz} \cdot 2 \cdot 1{,}6 \cdot 10^{-2} \text{ m} =$$
$$= 3{,}0 \cdot 10^{8} \text{ m/s}$$

Die Mikrowellen breiten sich also – wie wir im Rahmen der Meßgenauigkeit feststellen können – mit Lichtgeschwindigkeit aus.

Aufgabe

3. Bringt man vor die Oberfläche eines Metallspiegels einen Schwarz-Weiß-Film, der mit der Schichtseite nicht ganz eben auf der Spiegeloberfläche aufliegt, und belichtet ihn kurz, so zeigt sich nach dem Entwickeln auf dem Film ein Streifenmuster. Erklären Sie diesen Effekt!

5.3.2 Stehende Longitudinalwellen

Schallwellen sind Longitudinalwellen; die periodischen Änderungen der Teilchenauslenkung längs der Ausbreitungsrichtung machen sich als **Druckschwankung** in dem Ausbreitungsmedium (meist Luft) bemerkbar. Wir untersuchen zunächst den gegenüber einer Kugelwelle einfacher zu überblickenden Fall von Interferenzen in einer (nahezu) eindimensionalen Schallwelle.

Diese Welle erzeugen wir durch die Schwingungen einer Lautsprechermembran, die sich am Ende eines langen Rohrs (ca. 3 m) befindet. Die Welle kann sich nur linear entlang dem Rohr ausbreiten und wird schließlich am geschlossenen Ende reflektiert. Die reflektierte Welle interferiert mit der hinlaufenden und es bilden sich vermutlich Maxima und Minima des Schalldrucks, die man – analog der Diode im Mikrowellenstrahl – mit einem Mikrofon abtasten könnte. Mit einer wesentlich eleganteren Methode aber können wir die Druckverteilung im ganzen Rohr auf einmal sichtbar machen. Dazu sind an der Oberseite des Rohrs viele kleine Bohrungen vorhanden, durch die Propangas nach außen strömen kann. Dieses brennbare Gas wird über eine Öffnung nahe dem Lautsprecher in das Rohr geleitet. Das Gas wird über den Düsen an der Oberseite entzündet, die Länge der

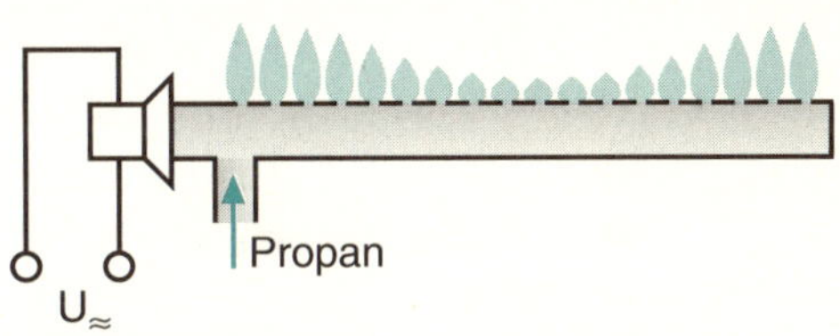

Bild 5.8: Interferenz im Flammrohr

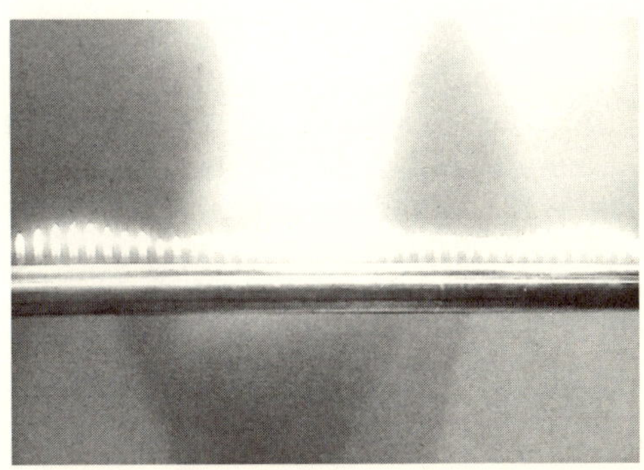

Bild 5.9

Flämmchen ist dann ein Maß für den lokalen Druck des Gases im Rohr. Wenn wir nun den Lautsprecher mit Wechselstrom einer bestimmten Frequenz versorgen, zeigt sich tatsächlich an der unterschiedlichen Höhe der Flämmchen die Druckverteilung im Rohr. Die Höhe der Flämmchen ergibt sogar nahezu einen sinusförmigen Verlauf, so daß wir annehmen können, daß auch die Druckverteilung im Rohr einer Sinusfunktion entspricht. Wenn wir die Frequenz vergrößern, rücken die Maxima der Flämmchen zusammen, da ja die Wellenlänge der Frequenz umgekehrt proportional ist. Verringern wir die Frequenz, so vergrößern sich die Abstände der Maxima bzw. auch der Minima.

Dieses Experiment zeigt auch, daß in Rohren schwingende Gassäulen mit verschiedenen Frequenzen angeregt werden können. Davon macht man bei Musikinstrumenten Gebrauch, Beispiele sind Orgelpfeifen oder die Resonanzrohre einer Panflöte.

Zusammenfassung:

Zwei entgegengesetzt laufende Wellen mit gleicher Wellenlänge erzeugen durch Interferenz eine stehende Welle.

5.4 Eigenschwingungen

Im Gegensatz zu den Blasinstrumenten werden bei den Saiteninstrumenten zunächst an einem elastischen Draht aus Naturprodukten (Därme, Sehnen), Kunststoff oder Stahl Transversalwellen erzeugt, die erst durch die Wechselwirkung mit den Luftmolekülen in der Umgebung Schallwellen, also Longitudinalwellen hervorrufen.
Wir benutzen als Modell einer Saite eine Gummischnur, die auf einer Seite durch einen motorisch angetriebenen Exzenter zu Schwingungen angeregt wird. Die andere Seite ist über eine Rolle geführt und kann somit nicht frei schwingen. Am Seilende hängt ein Gewichtsstück, so daß das Seil immer mit konstanter Kraft gespannt ist. Wenn wir nun das Seil periodisch anregen, zeigt sich, daß sich nur dann eine stehende Welle ausbildet, wenn die Länge des Seils ein ganzzahliges Vielfaches der halben Wellenlänge ist.

Für die **Eigenschwingungen einer Saite** gilt also (**Gleichung S 5,1**):

$$l = (n + 1)\,\frac{\lambda}{2}, \; n \in \mathbb{N}_0$$

Dieses Ergebnis unseres Experiments läßt sich dadurch erklären, daß die Welle nicht nur an dem (durch die Rolle) fest eingespannten Ende reflektiert wird, sondern auch ein weiteres Mal am Exzenter. Sie ist nur dann in Phase mit der hinlaufenden Welle, wenn an beiden Enden ein Schwingungsknoten entstehen kann, also wenn die Länge des Seils ein Vielfaches der halben Wellenlänge ist.

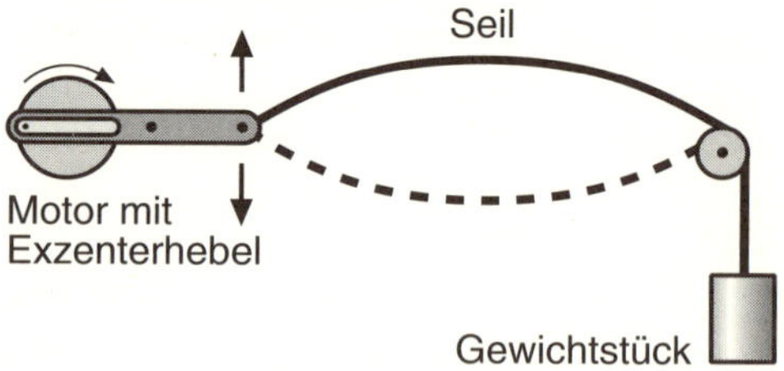

Bild 5.10: Seilwelle

Da diese stehenden Wellen ähnlich den schon bekannten Resonanzschwingungen (s. Folge 2.1) typisch für den schwingungsfähigen Körper sind, nennt man sie auch **Eigenschwingungen**. Die stehenden Wellen mit kürzeren Wellenlängen haben ganzzahlig vielfache Frequenzen der **Grundschwingung**, bei der $l = \lambda/2$ gilt. Diese ganzzahlig Vielfachen der Grundschwingung nennt man **Oberschwingungen**, sie können bei einer Saite gleichzeitig mit der Grundschwingung angeregt werden und ergeben in ihrer Zusammensetzung den typischen Klang eines Instruments.

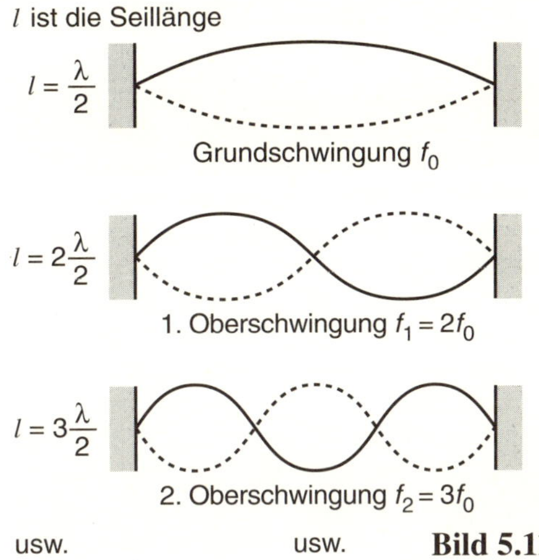

Bild 5.11

Eigenschwingungen können auch in mit Gas gefüllten Hohlräumen entstehen, beispielsweise im Kehlkopf eines Menschen. Die möglichen Wellenlängen sind dabei durch die Abmessungen des Hohlraums festgelegt, die möglichen Frequenzen werden durch die bekannte Formel $f = c/\lambda$ bestimmt. Die Ausbreitungsgeschwindigkeit c der Schallwellen läßt sich dadurch ändern, daß man ein anderes Ausbreitungsmedium wählt, z.B. das (ungiftige) Edelgas Helium, in dem die Schallgeschwindigkeit nicht (wie in Luft) 330 m/s, sondern 600 m/s beträgt. Wenn man Helium einatmet, werden daher alle Frequenzen der Sprache etwa um den Faktor 2 (musikalisch: 1 Oktave) heraufgesetzt („Micky-Maus-Stimme"). Praktisch spielt diese Erscheinung bei der Kommunikation mit Tauchern eine Rolle, die zur Vermeidung der Taucherkrankheit statt eines Stickstoff-Sauerstoff-Gemisches (Preßluft) ein Helium-Sauerstoff-Gemisch einatmen.

Zusammenfassung:

Die Eigenschwingungen in einem Wellenträger sind stehende Wellen. Die Eigenschwingung mit der kleinsten Frequenz heißt Grundschwingung, die übrigen heißen Oberschwingungen.

Aufgabe

4. In einem beidseitig geschlossenen Rohr ($l = 1{,}0$ m) wird durch einen Lautsprecher eine Eigenschwingung angeregt. Die Schallwelle wird dabei (mit einem Minimum der Schnelle an den Enden) an beiden Enden reflektiert. Mit welcher Frequenz muß die Luftsäule in dem Rohr angeregt werden, damit die dritte Oberschwingung erzeugt wird? ($c_L = 3{,}4 \cdot 10^2$ m)

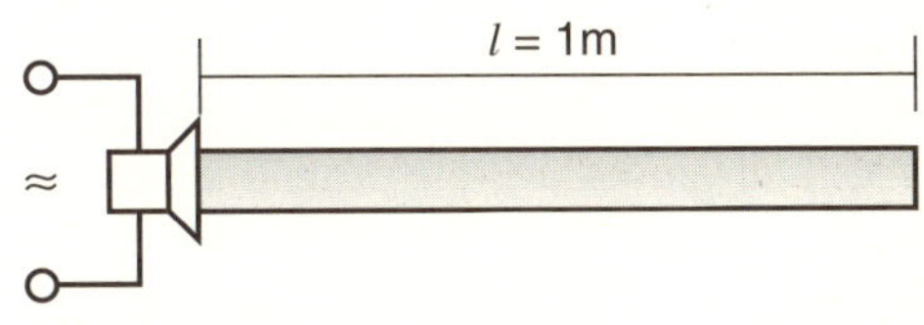

5.5 Das Prinzip von Huygens

Bisher haben wir der Einfachheit halber nur die Interferenz von eindimensionalen Wellen (Wellenstrahlen) beobachtet. Wie wir wissen, breiten sich aber Wellen von einem schwingenden Punkt in der Ebene kreisförmig und im Raum kugelförmig aus. Dabei gibt es natürlich wesentlich mehr Möglichkeiten zur Interferenz und entsprechend komplizierte Interferenzfiguren. Um ihre Entstehung zu verstehen, kann man auf ein einfaches Prinzip zurückgreifen, das der niederländische Physiker *Christiaan Huygens* (sprich: Heugens) schon im 17. Jahrhundert formuliert hat:

Bild 5.12: Christiaan Huygens (1629–1695)

Beliebige Wellen lassen sich aus der Überlagerung von elementaren Kreis- oder Kugelwellen verstehen.

Wir betrachten dazu den einfachen Fall einer Kreiswelle, die auf der Wasseroberfläche einer Wellenwanne (s. Folge 3.2.1) erzeugt wird. Der Abstand zwischen zwei benachbarten kreisförmigen Maxima oder Minima ist dabei die Wellenlänge λ. Unter den auf der ebenen Wasserfläche möglichen Oberflächenwellen ist das eine **Elementarwelle**.

Wir lassen die Kreiswelle nun auf einen schmalen Spalt zulaufen und überlegen, welche Art von Welle sich hinter dem Spalt ausbreitet. Etwa eine eindimensionale Welle – ein „Wellenstrahl"? Wie der Versuch zeigt, breitet sich hinter dem Spalt aber eine **Kreiswelle** aus. (Es kann sich allerdings nur eine Halbkreiswelle ausbilden, weil die Ausbreitung in Richtung der Barriere behindert ist.) Erklärung: Die schmale Spaltöffnung wirkt als Erregungszentrum einer Elementarwelle, die sich dann wieder kreisförmig ausbreitet. Allerdings ist die Amplitude geringer, als bei der Primärwelle, da ja im Erregungszentrum der sekundären Welle nur noch ein kleiner Teil der Energie der Primärwelle zur Verfügung steht.

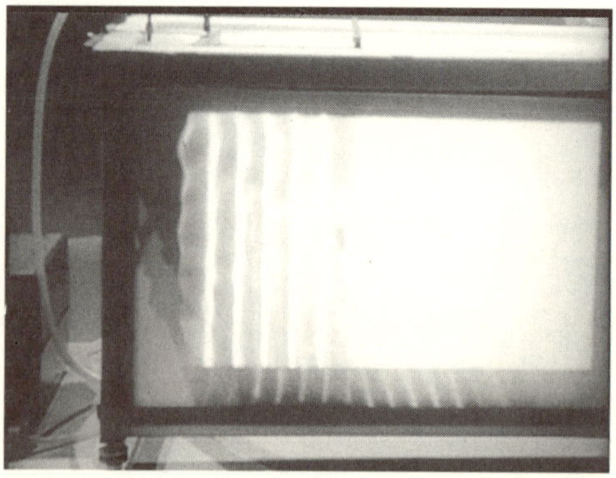

Bild 5.13: Wellenwanne mit Spalt

Beim nächsten Experiment lassen wir die primäre ebene Welle auf eine ganze Reihe von Spalten, ein zweidimensionales „Gitter", zulaufen. Entsprechend dem vorhergehenden Versuch erwarten wir eine Vielzahl von Kreiswellen, die ein kompliziertes Muster von Interferenzfiguren ergeben. Es zeigt sich aber, daß die Wellenfronten der Kreiswellen wieder zu einer ebenen Welle interferieren.
Mit dem Huygensschen Prinzip läßt sich also die Interferenz von beliebigen Wellenformen aus der Interferenz von Kreiswellen (in der Ebene) oder Kugelwellen (im Raum) verstehen.

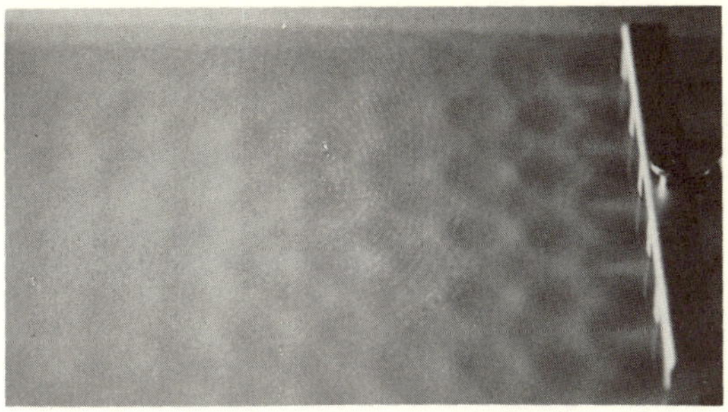

Bild 5.14: Wellenwanne mit Gitter

5

Wir haben das Huygenssche Prinzip schon bei der Erklärung der Reflexion von elektromagnetischen Wellen an einer ebenen Metalloberfläche in Folge 4.3.2 angewendet. Es läßt sich aber auch zur Erklärung der Reflexion von anderen Wellenarten verwenden (vgl. Bild 4.16 mit Erläuterung).

5.6 Beugung von Wellen

5.6.1 Beugung am Doppelspalt

Beugung und Interferenz von Transversalwellen

Als weiteres Anwendungsbeispiel des Huygensschen Prinzips betrachten wir die Interferenz zweier Kreiswellen. Dazu bringen wir in die Wellenwanne eine Barriere mit zwei schmalen Spalten, auf die wir eine ebene Welle zulaufen lassen. Als Ergebnis können wir erwarten, daß zwei Kreiswellen an den beiden Spalten entstehen, die miteinander interferieren. Bei der Interferenz dieser Kreiswellen mit gleicher Amplitude, gleicher Wellenlänge und konstanter Phasendifferenz entstehen charakteristische Linien mit Verstärkungs- und Abschwächungszonen, die bogenförmig auseinanderlaufen. Es entsteht der Eindruck, es handele sich um von den Spalten ausgehende gebogene bzw. „gebeugte" eindimensionale Wellen.

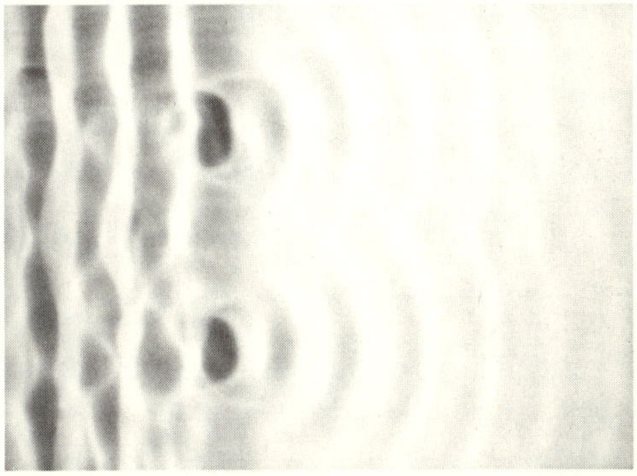

Bild 5.15: Wellenwanne mit Doppelspalt

Maximale Verstärkung durch Addition der Wellenberge bzw. Wellentäler entsteht an einer Stelle der Wasseroberfläche, wenn dort zwei gleichphasige Schwingungszustände herrschen. Der Gangunterschied Δs der beiden Teilwellen muß also 0 oder ein ganzzahlig Vielfaches der Wellenlänge λ sein:
$\Delta s = 0, \lambda, 2\lambda, 3\lambda \ldots$

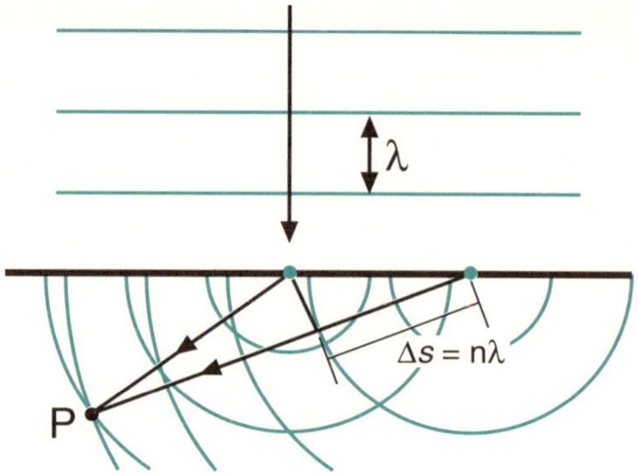

Bild 5.16

Allgemein gilt also für das **Interferenzmaximum am Doppelspalt (Gleichung S 5,2):**

$$\Delta s = n\lambda, \; n \in \mathbb{N}_0$$

Eine Auslöschung entsteht dort, wo die Auslenkung der einen Kreiswelle zu der der anderen gegenphasig ist, wo also Wellenberg und Wellental aufeinandertreffen. Für den Gangunterschied Δs gilt dann:
$\Delta s = \lambda/2, 3\lambda/2, 5\lambda/2$

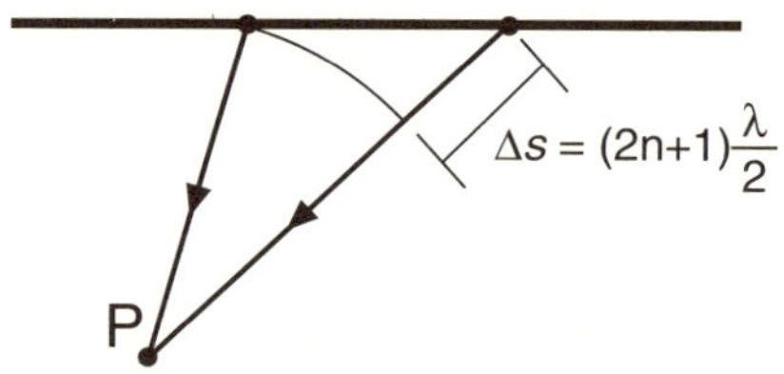

Bild 5.17

Für das **Interferenzminima am Doppelspalt** gilt demnach **(Gleichung S 5,3):**

$$\Delta s = (2n + 1)\,\frac{\lambda}{2}, \; n \in \mathbb{N}_0$$

Die nebenstehende Abbildung zeigt die Entstehung der geometrischen Orte konstanter Phasendifferenzen durch die Überlagerung von zwei Kreiswellen. An den Schnittstellen von hellen Linien (Wellenbergen) oder dunklen Linien (Wellentälern) entstehen **Maxima**, an den Kreuzungspunkten von hellen *und* dunklen Linien entstehen **Auslöschungen**. In der Mathematik bezeichnet man diese geometrischen Orte mit konstanten Abstandsdifferenzen zu zwei Punkten (sog. Brennpunkten) als **Hyperbeln**.

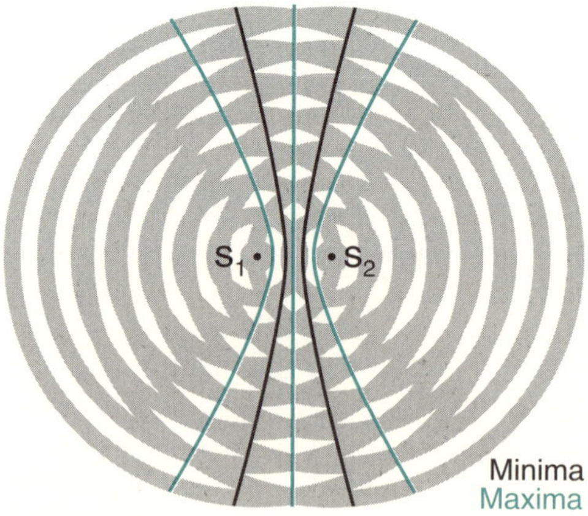

Bild 5.18

Interferenz von Longitudinalwellen

In einem weiteren Experiment wird der Boden des Fernsehstudios mit zwei konzentrischen Kreismustern (Abstand zwischen der Kreislinien Δs = 0,3 m) beleuchtet, die ein ähnliches Interferenzmuster ergeben wie die Kreiswellen im Wasserbecken. In die Mitte je eines Systems von konzentrischen Kreisen wird ein Lautsprecher gestellt. Jeder der beiden Lautsprecher wird durch einen Tongenerator mit einer Frequenz von 1,133 kHz versorgt, so daß er bei einer Schallgeschwindigkeit $c_L = 340$ m/s eine Welle mit $\lambda = 0{,}3$ m abstrahlt. Mit einem kleinen Mikrofon tasten wir den Raum um die Lautsprecher in einer Ebene ab und können feststellen, daß an den Orten, an denen sich helle Kreise mit hellen *oder* dunkle Kreise mit dunklen treffen (dunkle/helle Kreise hier durch Farbe/keine Farbe dargestellt), die Lautstärke besonders hoch ist, dort ist also ein Maximum des Schalldrucks. An Stellen, an denen sich helle *und* dunkle Streifen treffen, stellen wir Minima des Schalldrucks fest. Auch Longitudinalwellen zeigen also Interferenz.

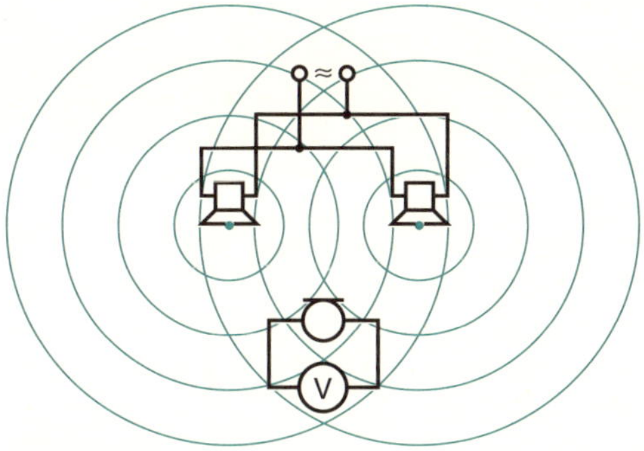

Bild 5.19

Wenn man nicht nur in einer Ebene, sondern im Raum um die Lautsprecher systematisch mißt, kann man hyperboloidförmige Flächen mit Schwingungsmaxima und -minima ermitteln.

Aufgabe

5. Zwei Lautsprecher sind mit gleicher Phasenlage an einen Tongenerator angeschlossen.
   a) Ein Mikrofon wird vor den Lautsprechern längs der Geraden bewegt und man mißt an einer Reihe von Punkten den Schalldruck p. Geben Sie in einem Diagramm (senkrechte Achse p, waagrechte Achse x) an, wie der Schalldruck vom Ort x abhängt.
   b) Welche Bedingung muß für den Gangunterschied Δs der beiden Wellen herrschen, wenn bei x_0 ein Maximum des Schalldrucks auftreten soll?

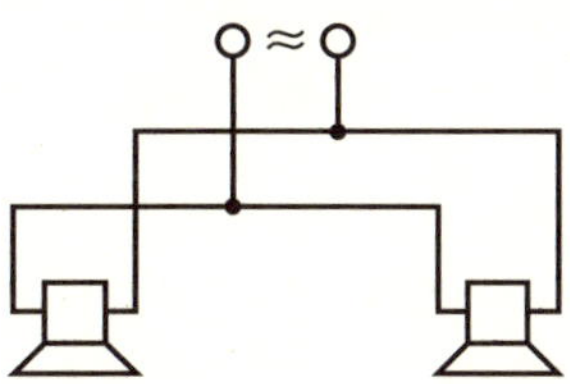

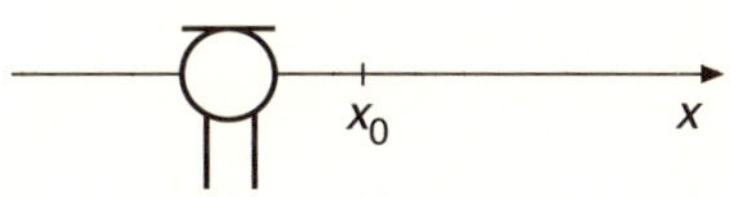

5.6.2 Beugung und Interferenz am Gitter

Wie wir schon bei der Erzeugung der Elementarwelle am Einfachspalt gesehen haben, wird dort der größte Teil der in der Welle enthaltenen Schwingungsenergie reflektiert, nur ein kleiner Teil gelangt durch den Spalt. Ähnliche Verhältnisse herrschen auch am Doppelspalt.

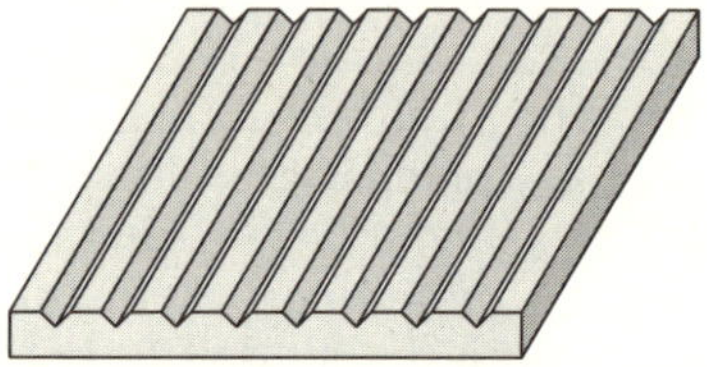

Bild 5.20: Optisches Gitter

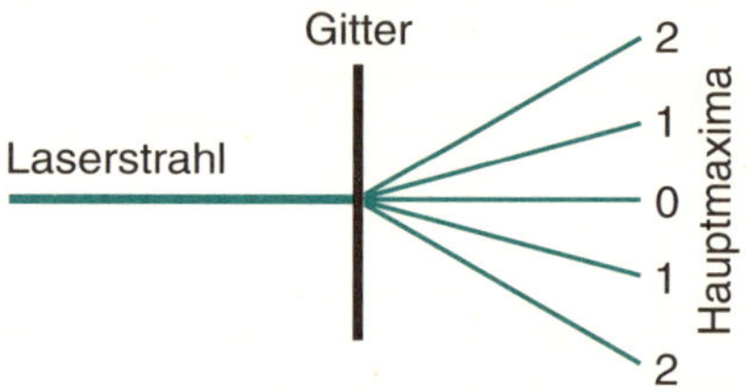

Bild 5.21: Beugung am Gitter

Ein größerer Anteil an Energie kann sicher durch eine Vielzahl solcher Spalten gelangen, ein sog. **Gitter**. Wir prüfen mit Hilfe eines **Lasers**, der Licht mit nur einer Wellenlänge und hoher Energiedichte aussendet, ob ähnlich wie beim Doppelspalt Beugung und Interferenz mit Maxima und Minima auftreten. Dazu verwenden wir eine dünne Glasplatte, in die mit Hilfe eines Diamanten eine Vielzahl von Strichen eingeritzt ist. An den Vertiefungen wird das Licht reflektiert bzw. gestreut, so daß nur durch die Zwischenräume Lichtwellen geradlinig treten können. Zunächst bringen wir ein Gitter mit 300 Linien/mm in den Strahlengang des Lasers und machen den Verlauf der Strahlen mit Hilfe von Rauch sichtbar. Es zeigt sich, daß der Laserstrahl hinter dem Gitter in viele Teilstrahlen aufgefächert wird. Der gerade weiterlaufende Strahl wird als Hauptmaximum 0. Ordnung bezeichnet, dann schließen sich das Hauptmaximum 1., 2. bis n. Ordnung an. Wie schon durch den Nachweis der Polarisation zeigt sich auch bei der Beugung der **Wellencharakter von Licht**.

Wir wechseln das Gitter gegen ein anderes mit nur 100 Linien/mm und können feststellen, daß die Strahlen des Fächers viel enger zusammenrücken. Schließlich bringen wir noch ein Gitter mit 600 Linien/mm in den Strahlengang. Es zeigt sich, daß diesmal die Strahlen des Fächers noch weiter auseinanderrücken, als bei dem Gitter mit 300 L/mm. Dieses experimentelle Ergebnis läßt sich durch folgende Überlegung begründen:

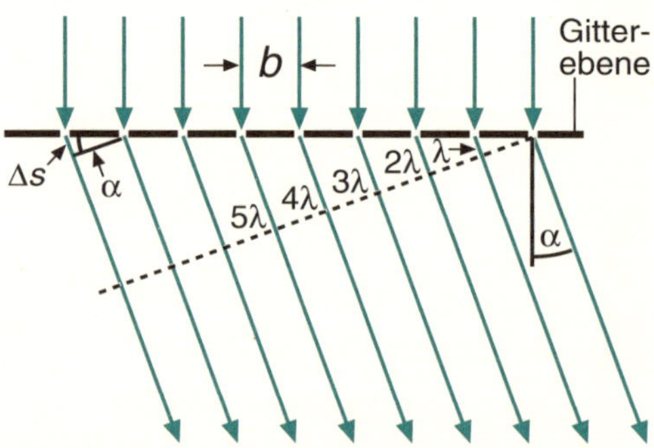

Bild 5.22: Entstehung des Interferenzmaximums

Die Gitteröffnungen werden vom Laserstrahl mit der Wellenlänge λ getroffen und wirken nach dem Prinzip von Huygens als kohärente (das bedeutet: gleichphasig, mit gleicher Phasendifferenz) schwingende Lichtquellen mit gleicher Wellenlänge λ. Sie senden Kreiswellen nach allen Seiten aus, von denen wir zunächst die Richtungen betrachten, für die der Gangunterschied Δs der benachbarten Wellen den Wert λ, 2λ, 3λ, bis $n\lambda$ hat. In diesen Richtungen laufen die Wellen so nebeneinander her, daß Wellenberg neben Wellenberg und Wellental neben Wellental liegt. Wir erhalten in diesen Richtungen Maxima, die wegen der großen Zahl von zusammenwirkenden Wellenzügen sehr hell sind. (Diese Betrachtung gilt nur, wenn die Entfernung zum Projektionsschirm so groß gegenüber dem Strahldurchmesser ist, daß man alle Teilstrahlen, die vom Gitter ausgehen, als parallel betrachten kann.)

Für den Gangunterschied zweier benachbarter Strahlen gilt

$$\Delta s = b \cdot \sin\alpha \quad \text{und} \quad \Delta s = n\lambda,\ n \in \mathbb{N}_0$$
$$\Rightarrow n\lambda = b \cdot \sin\alpha,\ n \in \mathbb{N}_0$$

Für **Interferenzmaxima am Gitter** gilt also **(Gleichung S 5,4):**

$$\mathbf{\sin\alpha = \frac{n\lambda}{b}},\ n \in \mathbb{N}_0$$

Für $\alpha = 0$, $n = 0$ erhalten wir das Maximum 0. Ordnung, es liegt gegenüber der Mitte des Gitters, dann folgen die Maxima 1., 2. bis n. Ordnung.

Zusammenfassung:

An einem engen Spalt werden auftreffende Wellen gebeugt. Von dem Spalt gehen Elementarwellen aus.
Die Beugung an einem Doppelspalt oder einem Gitter und die anschließende Interferenz der Elementarwellen erzeugen in bestimmten Richtungen Maxima der Intensität.

5

- **Anwendungsbeispiel:**
  Bestimmung des Spurabstands einer Compact-Disc

Compact-Discs bestehen aus einer durchsichtigen Kunststoffscheibe, auf deren Oberseite in Form einer Spirale mit sehr kleinem Spurabstand digitale Informationen eingepreßt sind. Die Zwischenräume bleiben glatt. Anschließend wird die Oberseite mit einer dünnen Aluminiumschicht überzogen, so daß die CD aus der Entfernung wie ein Spiegel aussieht. Die Spuren mit den eingeprägten Informationen werden im CD-Player von einem feinen Laserstrahl beleuchtet, der je nachdem, ob ein Bit gespeichert ist oder nicht, stark oder schwach reflektiert wird. Das reflektierte Laserlicht wird von einer Fotodiode aufgenommen und in einer Digitalschaltung ausgewertet.

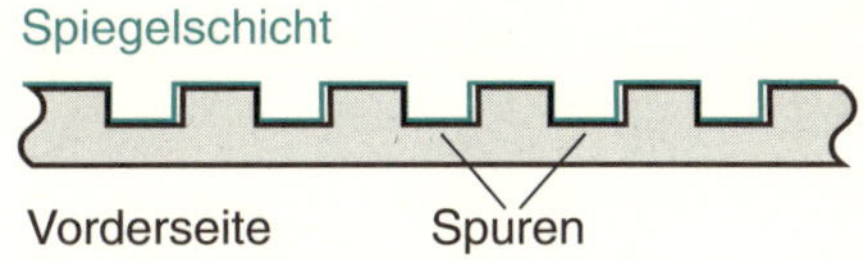

Bild 5.23: Aufbau einer CD

Für das auf die gesamte Fläche auffallende Licht wirken die eingeprägten Spuren wie die Vertiefungen in dem oben beschriebenen optischen Gitter; sie streuen das Licht stärker als die glatten, ungeprägten Zwischenräume. D.h., die CD hat die Wirkung eines optischen Gitters mit einem dahinter befindlichen Spiegel. Wenn wir die Oberfläche der CD mit einem Laser beleuchten, wird das reflektierte Licht wie beim Durchgang

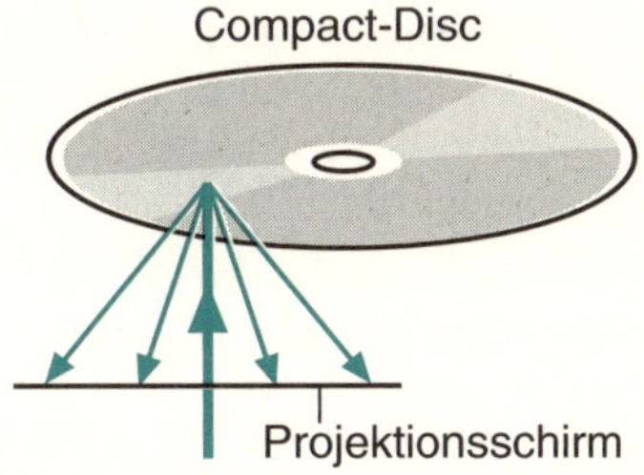

Bild 5.24:
Interferenz an einer CD

durch ein Gitter gebeugt, wir können ein Hauptmaximum 0. Ordnung und die anschließenden Hauptmaxima 1., 2., 3. Ordnung usw. auf einem Transparentschirm beobachten.

Aus dem Abstand l der CD vom Projektionsschirm (l = 50 cm), dem Abstand d vom Maximum 0. zum Maximum 1. Ordnung (d = 22,7 cm) und der bekannten Wellenlänge λ des Laserlichts (λ_{Laser} = 633 nm) läßt sich der Spurabstand b der CD ermitteln:

$$\sin\alpha = \frac{n\lambda}{b} \text{ und } n = 1 \text{ und } \tan\alpha = \frac{d}{l}$$

$$\text{und } \sin\alpha = \frac{\tan\alpha}{\sqrt{1 + \tan^2\alpha}}$$

$$\Rightarrow b = \frac{\lambda}{\sin\alpha} \text{ und } \sin\alpha = \frac{d}{l} \cdot \sqrt{1 + \frac{d^2}{l^2}}$$

$$\Rightarrow b = \lambda \cdot \frac{\sqrt{l^2 + d^2}}{d}$$

$$b = 1{,}5\ \mu\text{m}$$

Das Gitterspektrum von weißem Licht

Aus der Formel $\sin\alpha = n\lambda/b$ folgt, daß bei konstantem Spuren- bzw. Strichabstand des Beugungsgitters die Winkel, unter denen das erste und die weiteren Hauptmaxima gegenüber dem 0. Maximum erscheinen, von der Wellenlänge abhängen. D.h., das Licht der Sonne oder einer Glühlampe wird je nach Wellenlänge in unterschiedliche Richtungen gebeugt. Weißes Licht wird in ein Band mit allen Spektralfarben – von Rot bis Violett – zerlegt, wobei die Farbe Rot mit der längsten Wellenlänge von ca. 760 nm den größten Beugungswinkel aufweist, Violett mit ca. 400 nm den kleinsten. Monochromatisches Licht eines Lasers oder von bestimmten Gasentladungslampen (z.B. Natriumdampflampe) ergibt dagegen – wie vorher schon beobachtet – nur örtlich scharf begrenzte Maxima.

Aufgaben

6. Zwei Lautsprecher einer Stereoanlage sind im Abstand a = 3,0 m aufgestellt und werden gleichphasig mit einem Wechselstrom der Frequenz f = 340 Hz versorgt. (c = 340 m/s)
   a) Welches Ergebnis der Interferenz der beiden Wellen ist an der Mittellinie zwischen den beiden Lautsprechern zu erwarten?
   b) Zeichnen Sie zwei Punkte ein, an denen eine Auslöschung zu erwarten ist!
   c) Warum treten in einem Wohnraum diese Auslöschungen praktisch nicht in Erscheinung?

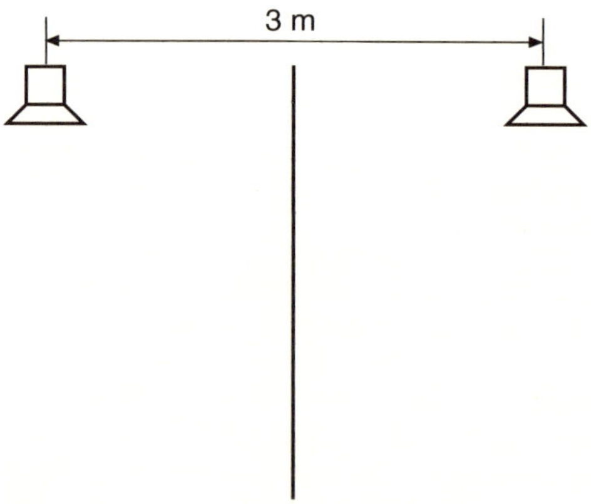

7. Auf einen Spalt, der in seiner Breite von 2 mm bis 0 mm verstellt werden kann, fällt ein Lichtbündel. Wie verhält sich Ihrer Meinung nach das Schattenbild, wenn der Spalt immer enger eingestellt wird?

8. Mit einem Gitter (300 L/mm) soll die unbekannte Wellenlänge einer Lichtquelle gemessen werden. Das Hauptmaximum 2. Ordnung tritt dabei unter einem Winkel $\alpha = 17{,}5°$ auf. Wie groß ist die Wellenlänge?

Zusammenfassung der wichtigsten Formeln

- **Eigenschwingungen einer Saite (Gleichung S 5,1):** $l = (n + 1)\frac{\lambda}{2}, \; n \in \mathbb{N}_0$
- **Interferenzmaxima am Doppelspalt (Gleichung S 5,2):** $\Delta s = n\lambda, \; n \in \mathbb{N}_0$
- **Interferenzminima am Doppelspalt (Gleichung S 5,3):** $\Delta s = (2n + 1)\frac{\lambda}{2}, \; n \in \mathbb{N}_0$
- **Interferenzmaxima am Gitter (Gleichung S 5,4):** $\sin\alpha = \frac{n\lambda}{b}, \; n \in \mathbb{N}_0$

5

Folge 6: Welle und Medium

Übersicht

6.1.1 Brechung von Lichtwellen

Unsere Alltagserfahrung besagt, daß sich Licht geradlinig ausbreitet und entsprechend verhalten wir uns bei der Orientierung im Raum. Aber schon die Reflexion an einem Spiegel kann zu Irrtümern führen – denken wir nur an die beliebten Krimi-Szenen, in denen der Täter auf das Spiegelbild des Detektivs schießt. Eine ähnliche Erfahrung können wir auch machen, wenn die Lichtwellen von Luft in ein anderes lichtdurchlässiges Medium übergehen, z.B. in Wasser. Versucht man z.B., Fische in einem Gewässer zu greifen, so gelingt das nicht ohne weiteres, weil die Fische meist näher und an einem anderen Ort erscheinen, als sie tatsächlich sind. Erst wenn wir auch die Greifhand mit dem Auge verfolgen, kann der Zugriff erfolgreich sein. Wenn auch der Fisch längst entwischt sein dürfte, reicht es vielleicht, eine Muschel oder einen seltenen Stein herauszufischen.

Die Tatsache, daß Licht – und wie wir später noch sehen werden, auch andere Wellen – beim Übergang in ein anders Ausbreitungsmedium seine Richtung ändert, bezeichnet man als **Brechung**. Wenn man einen geraden Gegenstand, z.B. einen Stock, ins Wasser hält, erkennt man diese Brechung subjektiv als Knick im Abbild des Stabs.

Objektiv untersuchen wir die Brechung in einem Experiment, bei dem wir einen Lichtstrahl – z.B. von einem Laser – von Luft in Wasser übergehen lassen. Dabei streift der Strahl eine weiße Platte, so daß wir an dem an der Plattenoberfläche gestreuten Licht seine Bahn verfolgen können. Solange der Strahl senkrecht auf die Wasseroberfläche trifft, bemerken wir nichts von einer Brechung, der Strahl setzt seinen Weg geradlinig fort. Sobald aber der Strahl vom Einfallslot abweicht, bemerken wir einen Knick im Strahlengang. Dabei ist der Einfallswinkel α, den der Strahl mit dem Lot auf die Wasserfläche einschließt, in Luft größer, als der Ausfallswinkel β im Wasser.

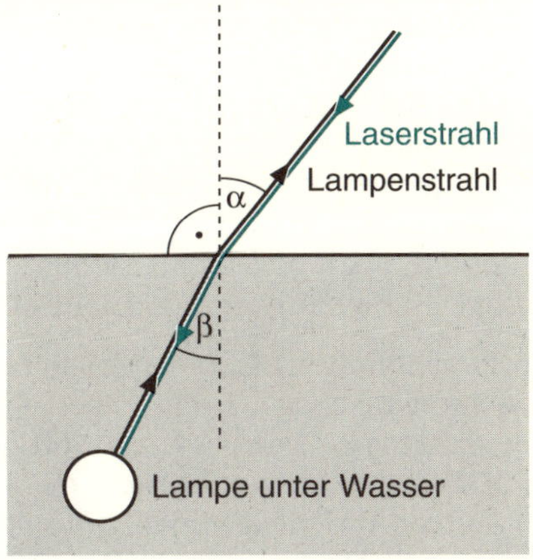

Bild 6.1: Brechung an der Wasseroberfläche

Wir können vermuten, daß ein Lichtstrahl, der vom Wasser in Luft übergeht, den gleichen geknickten Verlauf hat. Wir überprüfen diese Vermutung, indem wir eine Lampe unter Wasser einschalten, deren Abdeckung einen Schlitz genau im Weg des Laserstrahls hat. Tatsächlich nimmt der aus der Abdeckung austretende Lichtstrahl genau den gleichen Weg, unter dem auch der Laserstrahl in der Gegenrichtung verläuft.

6

Wenn wir den Einfallswinkel β, unter dem der Lichtstrahl vom Wasser auf die Grenzfläche zur Luft fällt, vergrößern, bemerken wir, daß ein Teil des Lichts das Wasser nicht mehr verläßt, sondern nach dem schon bekannten Reflexionsgesetz (s. Folge 4.3) ins Wasser zurückgeworfen wird. Der andere Teil tritt nach der Brechung in die Luft über. Dabei wird mit zunehmendem Winkel β der Anteil des reflektierten Lichts immer größer, bis schließlich bei einem Grenzwinkel β_{total} der ganze Lichtstrahl ungeteilt ins Becken reflektiert wird. Man spricht dann von **Totalreflexion**.

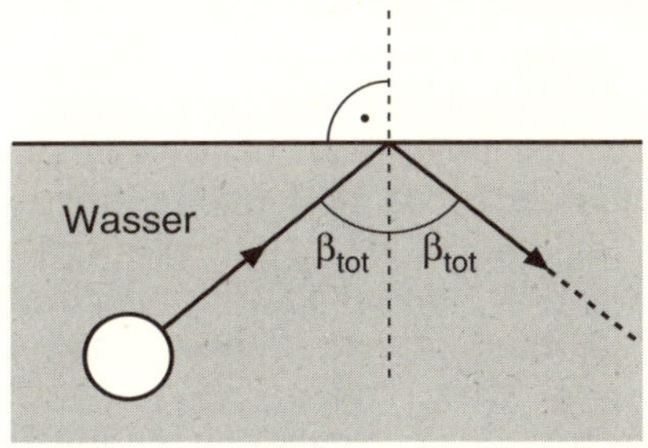

Bild 6.2: Totalreflexion an der Wasseroberfläche

6.1.2 Wechsel der Ausbreitungsgeschwindigkeit von Lichtwellen

Ursache der Brechung von Lichtwellen beim Wechsel des Ausbreitungsmediums ist die Abhängigkeit der Lichtgeschwindigkeit von den Eigenschaften dieses Mediums. Schon bei den Schallwellen konnten wir feststellen, daß die Ausbreitungsgeschwindigkeit vom Medium abhängt. Sie ist bei Gasen mit kleiner Dichte (z.B. Wasserstoff, Helium) bedeutend größer als bei den dichteren Gasen, wie Stickstoff, Sauerstoff oder Kohlendioxid. In den dichteren Gasen ist der Teilchenabstand und damit die koppelnde Kraft etwa gleich groß, wie in den leichten Gasen, die Teilchen sind aber bedeutend träger. In den noch dichteren Flüssigkeiten oder Feststoffen dagegen ist die Schallge-

schwindigkeit wieder sehr groß, da hier die Kopplung durch intermolekulare Kräfte zwischen den Teilchen wegen des kleinen gegenseitigen Abstands sehr stark ist.
Auch bei elektromagnetischen Wellen, wie Licht (wir werden diese Natur der Lichtwellen später durch Experimente belegen), ist die Ausbreitungsgeschwindigkeit vom Medium abhängig. Den größten Wert, $c_0 = 2{,}998 \cdot 10^8$ m/s, erreicht Licht nur im **Vakuum**. Schon in Luft ist dieser Wert etwas geringer und erreicht in durchsichtigen Festkörpern noch bedeutend kleinere Beträge. In dem folgenden Experiment können wir die Geschwindigkeit von Licht in Acrylglas direkt bestimmen.

Eine Leuchtdiode (LED) sendet nahezu monochromatisches Licht mit der Wellenlänge (in Luft) $\lambda = 660$ nm aus. Entsprechend der Formel (S 3,1) $f = c_0/\lambda$ entspricht das einer Frequenz $f = 4{,}55 \cdot 10^{14}$ Hz, die mit üblichen Meßgeräten nicht direkt dargestellt werden kann. Wir modulieren (s. Folge 3.4.2) daher die Lichtwelle mit einer Frequenz $f = 50$ MHz. Dieser Frequenz entspricht eine Periodendauer $T = 2 \cdot 10^{-8}$ s = 20 ns. Der von der Leuchtdiode ausgesandte Lichtstrahl wird nach einer Strecke von 1 m von zwei im Winkel von 90° angeordneten Spiegeln um 180° umgelenkt und gelangt nach einer Wegstrecke $s = 2{,}0$ m zu einer neben der Leuchtdiode montierten Fotodiode. In der Fotodiode erzeugt der Lichtstrahl einen Fotostrom, der zu seiner Intensität proportional ist. Da diese Intensität sich im Rhythmus der aufmodulierten Schwingung mit $f = 50$ MHz ändert, ist auch dem Fotostrom eine Sinusschwingung mit $f = 50$ MHz überlagert. Stellt man die Modulationsschwingung der Sende-LED und die dem Fotostrom der Empfangsdiode überlagerte Schwingung mit einem Zweistrahloszillografen übereinander dar, so läßt sich eine Phasenverschiebung von 6,7 ns feststellen.

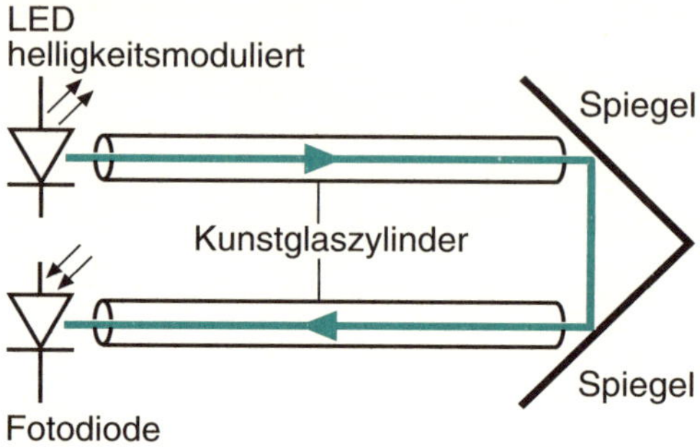

Bild 6.3: Messung der Lichtgeschwindigkeit

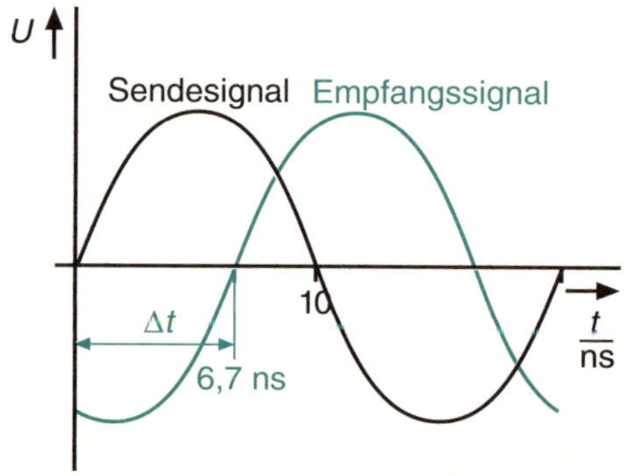

Bild 6.4: Phasenverschiebung bei Lichtausbreitung in Luft

Das entspricht der Laufzeit des Lichtsignals vom Sender zum Empfänger:

$$\Delta t_1 = \frac{s}{c_0} = \frac{2{,}0\ \text{m}}{(3{,}0 \cdot 10^8\ \text{m/s})} = 6{,}7\ \text{ns}$$

Fügt man nun zwischen die Sendediode und den ersten Spiegel sowie zwischen den zweiten Spiegel und die Empfangsdiode je einen durchsichtigen Kunststoffstab mit 1 m Länge (der Weg zwischen den Spiegeln wird vernachlässigt), so stellen wir am Oszillografenschirm eine Phasenverschiebung $\Delta t_2 = 8{,}7$ ns fest.

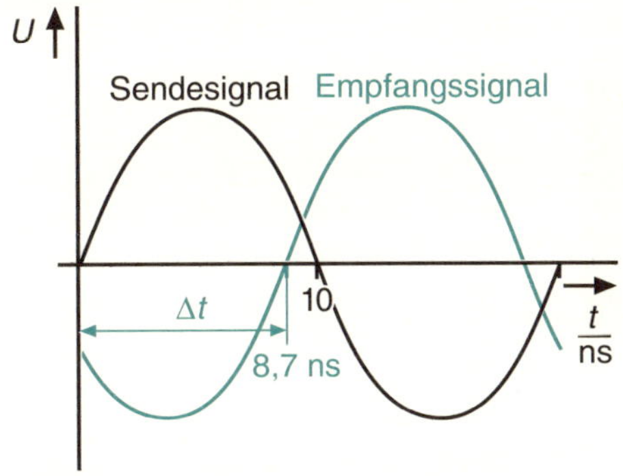

Bild 6.5: Phasenverschiebung bei Lichtausbreitung in Kunstglas

Wir errechnen daraus die Lichtgeschwindigkeit im Kunstglas:

$$c_{Kunststoff} = \frac{2{,}0\ \text{m}}{8{,}7\ \text{ns}} = 2{,}3 \cdot 10^8\ \text{m/s}$$

Daraus ergibt sich

$$c_{Luft} = 1{,}3 \cdot c_{Kunststoff}$$

Weitere Messungen mit anderen lichtdurchlässigen Medien bestätigen, daß die Lichtgeschwindigkeit im dichteren Medium stets geringer ist als in Luft.

6

6.1.3 Wechsel der Wellenlänge in verschiedenen Ausbreitungsmedien

Die Frequenz der Lichtwellen wird durch die Sendediode bestimmt und ändert sich auch in den verschiedenen Ausbreitungsmedien nicht. Entsprechend der Formel $c = \lambda \cdot f$ muß sich aber mit der Änderung der Ausbreitungsgeschwindigkeit c auch die Wellenlänge λ verändern. Im Kunstglas erhalten wir für die o.g. Lichtwelle mit $f = 4{,}55 \cdot 10^{14}$ Hz und der Lichtgeschwindigkeit $c_{Kunststoff} = 2{,}3 \cdot 10^8$ m/s die Wellenlänge $\lambda_{Kunststoff} = 508$ nm.

Mit einem Versuch an der Wellenwanne können wir die Änderung der Wellenlänge anschaulich machen. Wir bringen in den Weg einer Planarwelle eine durchsichtige Platte, so daß sich die Oberflächenwelle über eine Zone mit geringerer Wassertiefe ausbreitet. Dort ist die Ausbreitungsgeschwindigkeit kleiner und – wie die zusammengedrängten Wellenmaxima zeigen – auch die Wellenlänge kürzer.

Bild 6.6: Wellenwanne, Übergang zwischen zwei Medien

Zusammenfassung:

Die Ausbreitungsgeschwindigkeit einer Welle ist vom Medium abhängig.

Aufgabe

1. Ein Laserstrahl ($f = 3{,}53 \cdot 10^{14}$ Hz) trifft nach einem Weg $s_1 = 1{,}00$ m in Luft auf ein Aquarium mit Wasser und legt dort einen Weg $s_2 = 0{,}800$ m zurück. Direkt an der Rückwand des Aquariums befindet sich eine Fotodiode. Mit einer Meßschaltung stellt man die Laufzeit eines dem Laserstrahl aufmodulierten Signals fest. Sie beträgt $\Delta t = 6{,}90$ ns.
   a) Wie groß ist die Lichtgeschwindigkeit in Wasser?
   b) Wie groß ist die Wellenlänge in Wasser? ($c_0 = 2{,}99 \cdot 10^8$ m/s)

6.2.1 Ursache der Wellenbrechung

Um die Brechung von Licht- und anderen Wellen beim Wechsel von einem Medium 1 mit der Ausbreitungsgeschwindigkeit c_1 in ein Medium 2 mit der (kleineren) Ausbreitungsgeschwindigkeit c_2 zu verstehen, können wir wieder auf das Prinzip von Huygens zurückgreifen.

Wir betrachten beispielsweise den Übergang einer ebenen Front von Lichtwellen von Luft mit der Geschwindigkeit $c_1 = c_0$ in Acrylglas mit der Geschwindigkeit $c_2 = 2c_0/3$. An der Grenzlinie denken wir uns Erregungszentren von Elementarwellen, die jeweils einen horizontalen Abstand von der Größe der Wellenlänge λ_1 haben. Die Wellenfront erreicht zunächst das Erregungszentrum 1, von dem nun eine Elementarwelle 1 ausgeht. Nach einer Periodendauer hat diese Kreiswelle 1 einen Radius mit der Größe λ_2, wegen $c_2 = 2c_1/3$ gilt auch für $\lambda_2 = 2\lambda_1/3$; gleichzeitig erreicht die Wellenfront das Erregungszentrum 2. Auch dort startet nun eine Kreiswelle 2 mit der Wellenlänge $2\lambda_1/3$. Nach zwei Schwingungsperioden hat die Kreiswelle 1 den Radius $2\lambda_2$, die Kreiswelle 2 den Radius λ_2 und es startet eine Kreiswelle 3.

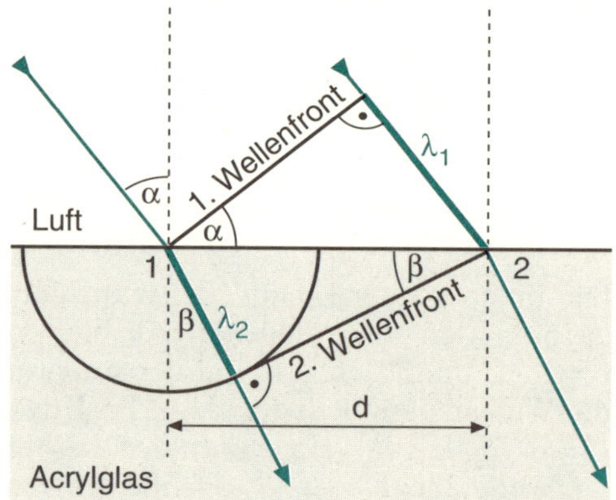

Bild 6.7: Brechung durch Änderung der Phasengeschwindigkeit

Ziehen wir nun vom Erregungszentrum 2 die Tangente an die Front der Kreiswelle 1, so erhalten wir die Front der gebrochenen ebenen Lichtwelle. Wenn wir nun das Lot auf die Grenzlinie zwischen Luft und Acrylglas einzeichnen, erkennen wir den Einfallswinkel α und den Ausfallswinkel β, den der am Schnittpunkt von Grenzlinie und Lot einfallende Lichtstrahl mit dem Lot einschließt.

Wie die Grafik zeigt, gilt
$$\sin\alpha = \frac{\lambda_1}{d} \quad \text{und} \quad \sin\beta = \frac{\lambda_2}{d}$$

Daraus folgt
$$\frac{\sin\alpha}{\sin\beta} = \frac{\lambda_1}{\lambda_2}$$

Multipliziert man λ_1 und λ_2 mit der (konstanten) Frequenz f, so ergibt sich das allgemeine **Brechungsgesetz (Gleichung S 6,1):**
$$\frac{\sin\alpha}{\sin\beta} = \frac{c_1}{c_2} = n$$

Die Sinuswerte von Einfallswinkel und Brechungswinkel verhalten sich wie die Geschwindigkeiten der einfallenden und der gebrochenen Welle. Diese Verhältniszahl $c_1/c_2 = n$ bezeichnet man als **Brechzahl** des Medienpaars.

Aufgabe

2. Ein Lichtstrahl ($\lambda = 550$ nm) trifft unter einem Einfallswinkel von 30,0° auf die Grenzfläche zwischen Luft und Acrylglas (Brechzahl $n = 1{,}44$).
   a) Berechnen Sie den Brechungswinkel, unter dem der Strahl in das Acrylglas eintritt.
   b) Wie groß ist die Wellenlänge im Acrylglas?

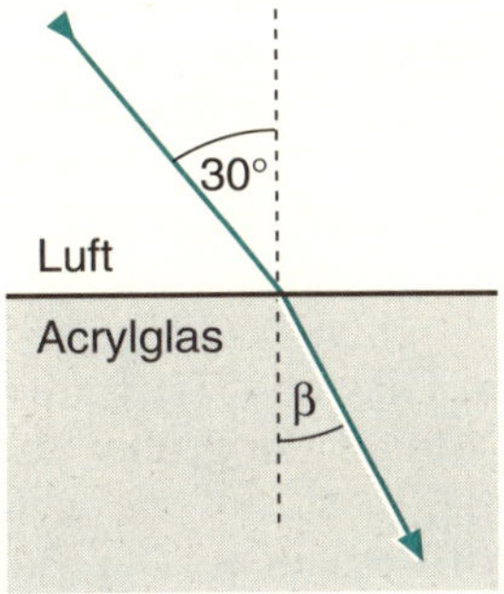

6.2.2 Analogieversuch zur Wellenbrechung

Die Ursache der Wellenbrechung – der Wechsel der Ausbreitungsgeschwindigkeiten – kann mit einem mechanischen Modell deutlich gemacht werden. Die beiden verschiedenen Ausbreitungsmedien werden durch zwei voneinander isolierte Blechplatten dargestellt, die an unterschiedliche Gleichspannungen – z.B. 6 V und 8 V – angeschlossen sind. Auf den Blechplatten kann sich ein Wagen fortbewegen, der eine Antriebsachse mit zwei Rädern besitzt, die von je einem Motor einzeln angetrieben werden. Ein Anschluß des jeweiligen Motors ist über einen Schleifkontakt mit dem zugehörigen Metallrad verbunden, der andere Anschluß führt zu einem gemeinsamen Minuspol, der über einen flexiblen Draht mit der Spannungsquelle verbunden ist.

Solange sich die beiden Antriebsräder auf der gleichen Blechplatte (z. B. mit 8 V Spannung) befinden, drehen sich die zugehörigen Motoren gleich schnell und der Wagen fährt geradeaus. Kommt nun der Wagen schräg an die Trennungslinie zu der Blechplatte mit 6 V, so dreht sich das Rad, das zuerst auf die Platte mit der niedrigeren Spannung kommt, dort langsamer. Dadurch wird es von dem Rad, das noch auf der Platte mit 8 V läuft, überholt, und der Wagen dreht sich um einen bestimmten Winkel, bis schließlich auch das zweite Rad die Platte mit 6 V erreicht hat. Erst dann fährt der Wagen wieder geradeaus.

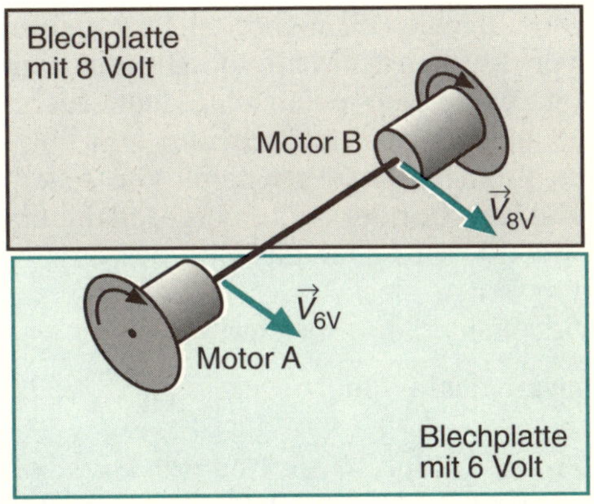

Bild 6.8: Modellversuch zur Brechung

Läßt man den Wagen von der Platte mit 6 V auf die Platte mit 8 V fahren, so wird der Weg genau mit dem gleichen Winkel in der Gegenrichtung zurückgelegt. Läßt man den

Wagen in einem sehr großen Winkel an die Grenzlinie von dem Blech mit 6 V zum Blech mit 8 V fahren, so beschreibt das Rad auf dem Blech mit 8 V einen so engen Bogen, daß das zweite Rad das 8-V-Blech nicht erreicht. Der Wagen kehrt auf das 6-V-Blech zurück – das ist der analoge Vorgang zur **Totalreflexion**.

6.2.3 Technische Anwendungen der Totalreflexion

Läßt man einen Lichtstrahl unter einem Winkel nahe 0° in einen Glaszylinder eintreten, so durchdringt er die Grenzfläche – abgesehen von einen geringen reflektierten Anteil – nahezu ungeschwächt und breitet sich mit verringerter Geschwindigkeit im Glas aus. Trifft der Strahl unter einem Winkel, der größer als der Grenzwinkel β_{total} ist, auf die Zylindermantelfläche, so wird er wieder in das Innere reflektiert, trifft erneut auf die Mantelfläche usw. Schließlich trifft die Gesamtheit der Strahlen zwar auf Umwegen, aber nahezu ungeschwächt auf die zweite Stirnseite des Zylinders und kann dort den Glaskörper wieder verlassen.

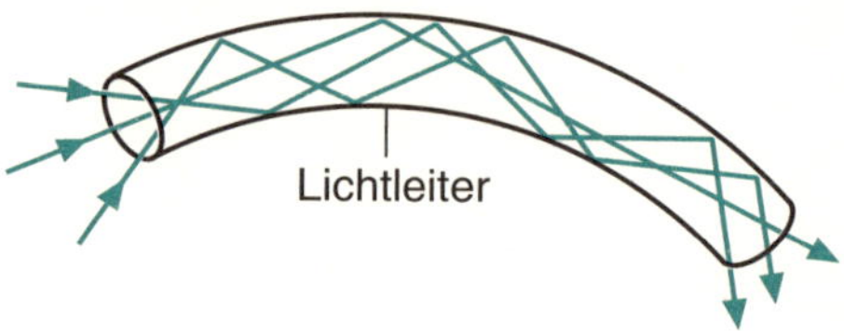

Bild 6.9: Lichtleiter

Langgestreckte zylindrische Kunststoff- oder Glasfasern dienen als sog. **Lichtwellenleiter**. Man kann damit Licht auf beliebigen Wegen weiterleiten und so beispielsweise das Innere von Hohlkörpern beleuchten. In der **Nachrichtentechnik** kann man in Glasfasern die Lichtsignale von Lasern bis zu über 100 km weit leiten, die Intensität ist dann immer noch so groß, daß eine Fotodiode als Empfänger damit gesteuert werden kann. Dem Lichtstrahl kann dabei eine Folge von vielen Millionen Informationen je Sekunde aufmoduliert werden. Die Nachrichtenübertragung über Lichtwellenleiter verdrängt allmählich die herkömmliche über Kupferdrähte, u.a. weil Glas wesentlich billiger ist als Kupfer.

Ein Bündel von vielen dünnen Glasfasern kann auch die **Bildpunkte** eines von einem Objektiv projizierten Bildes über eine Strecke von mehreren Dezimetern übertragen. In der Medizin z.B. enthält ein sog. **Endoskop** einen einfachen Lichtwellenleiter zur **Beleuchtung** von inneren Organen des Patienten. Von einem **Glasfaserbündel** mit vorgeschaltetem Objektiv wird dann das Bild des Organs zum Auge des Arztes oder zu einer Videokamera transportiert.

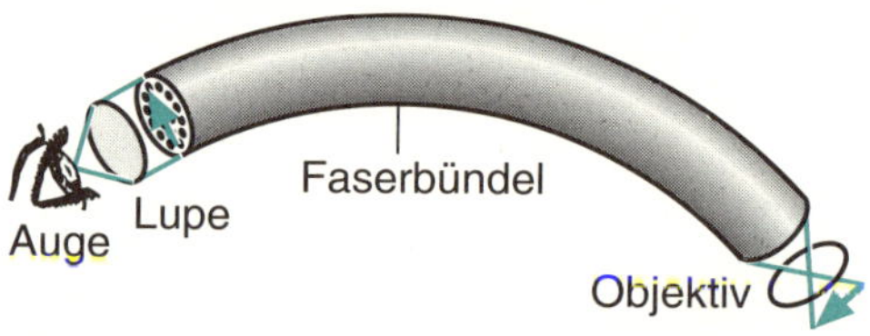

Bild 6.10: Faserbündel zur Bildübertragung

Zusammenfassung:

Ursache der Brechung von Wellen an der Grenzfläche zweier Medien ist die unterschiedliche Ausbreitungsgeschwindigkeit. An der Grenzfläche kann auch Totalreflexion auftreten.

Aufgaben

3. Kupferkabel lassen sich beliebig krümmen, ohne daß ihre Übertragungseigenschaften leiden. Trifft das auch auf Lichtleiter zu? Begründen Sie ihre Meinung!
4. Blickt man in axialer Richtung durch einen Acrylglasstab, so lassen sich problemlos Gegenstände am anderen Ende erkennen. Warum verwendet man trotzdem zur Übertragung von Bildern keine massiven Lichtleiter, sondern Faserbündel?

6.3 Prisma und Linse

6.3.1 Das Prisma

Tritt ein Lichtstrahl von einem optisch dünnen Medium (z.B. Luft) durch ein Prisma aus einem optisch dichteren Medium (z.B. Glas oder Acrylglas), so wird der Strahl an der ersten Grenzfläche zum Lot und an der zweiten Grenzfläche vom Lot weg gebrochen. Insgesamt ist die Ablenkung des Strahls stärker, als wenn nur eine Fläche schräggestellt wäre.

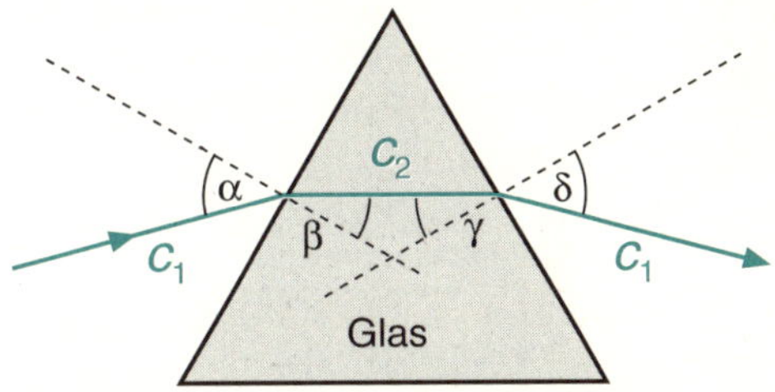

Bild 6.11: Brechung am Prisma

Der Grenzfall eines Prismas ist eine Platte mit planparallelen Flächen. Auch hier wird der Strahl beim Eintritt in die Platte zum Lot hin gebrochen, beim Verlassen der Platte aber um den gleichen Winkel wieder vom Lot weg. Der Strahlenweg ist also scheinbar geradlinig, bei schrägem Einfall ist er aber nach dem Durchgang durch die Platte seitlich versetzt. Wie die Abbildung zeigt, wird an jeder Grenzfläche auch ein kleiner Teil des Lichts reflektiert, so daß man Mehrfachreflexionen und Mehrfachbilder erhält. Auch planparallele Filter für Fotoapparate (z.B. Farbfilter, UV-Filter) müssen daher bei hohen Ansprüchen an die Bildqualität entspiegelt werden. (s. Folge 5.2)

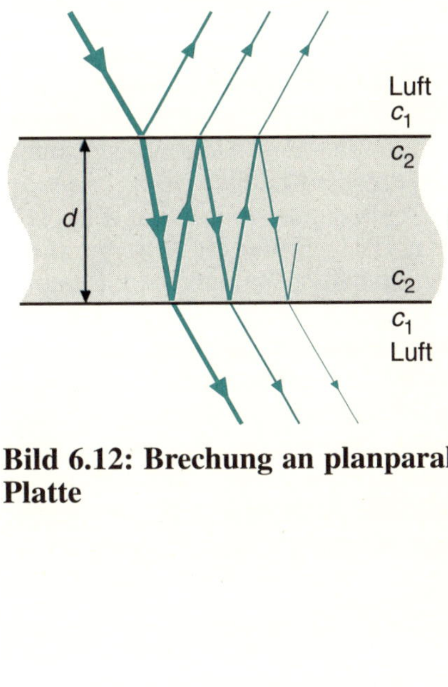

Bild 6.12: Brechung an planparalleler Platte

6

Aufgaben

5. Ein Lichtstrahl fällt unter einem Winkel von 45° auf eine der Deckflächen eines gleichseitigen Prismas (Brechzahl n = 1,5). Berechnen Sie die Brechungswinkel des das Prisma durchdringenden Strahls und zeichnen Sie seinen Verlauf!

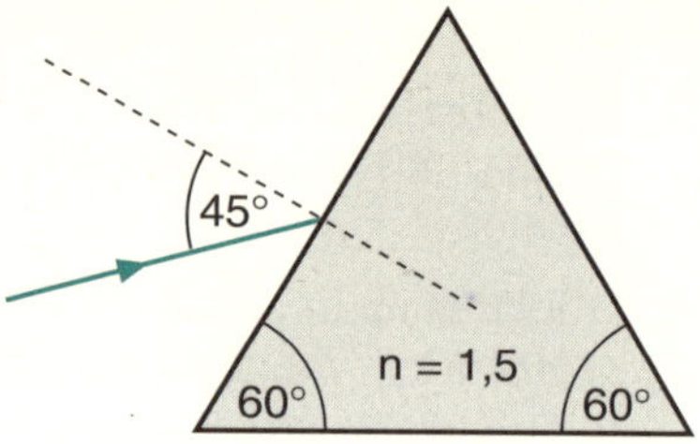

6. In vielen Ferngläsern werden zur Verkürzung der Bauform (und zur Umkehrung des Bildes) die Strahlen mit Hilfe zweier Prismen zweimal um 90° geknickt.
   a) Welcher optische Effekt der Prismen wird dabei genutzt?
   b) Welche Rolle spielt dabei die Brechung des Lichts?

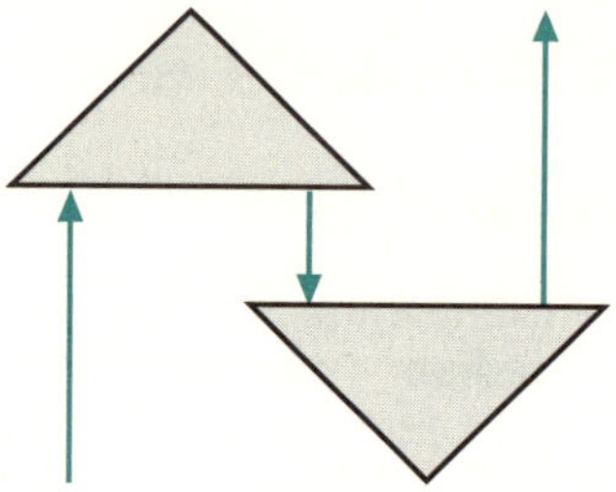

6.3.2 Die Sammellinse

Sammellinsen in einfacher Ausführung sind als **Lupen** bekannt. Die Objektive von optischen Geräten, wie Fotoapparat, Projektor, Mikroskop oder Fernrohr, bestehen meist aus einer Kombination mehrerer hochwertiger Sammellinsen.

Die Funktion einer solchen Sammellinse läßt sich am einfachsten verstehen, wenn man sie sich aus mehreren Prismen zusammengesetzt denkt. Bei unserem einfachen Linsenmodell aus nur fünf Prismen hat das mittlere Prisma parallele Flächen, so daß der senkrecht einfallende Lichtstrahl nicht gebrochen wird. Die beiden anschließenden Prismen haben zur Symmetrielinie gegeneinander gleich geneigte Flächen, noch stärker ist die Neigung der Begrenzungsflächen bei den äußeren Prismen. Bei geeigneter Wahl der Winkel werden die durch die einzelnen Prismen tretenden Strahlen in einem einzigen Punkt, dem sog. **Brennpunkt**, vereint.

Ein Rotationskörper mit dieser geknickten Begrenzungslinie (mit der Achse auf dem Mittelstrahl) ergibt eine primitive Sammellinse. Sie bündelt nicht nur Strahlen in einer Ebene, sondern alle Strahlen, die auf ihrer Fläche eintreffen.

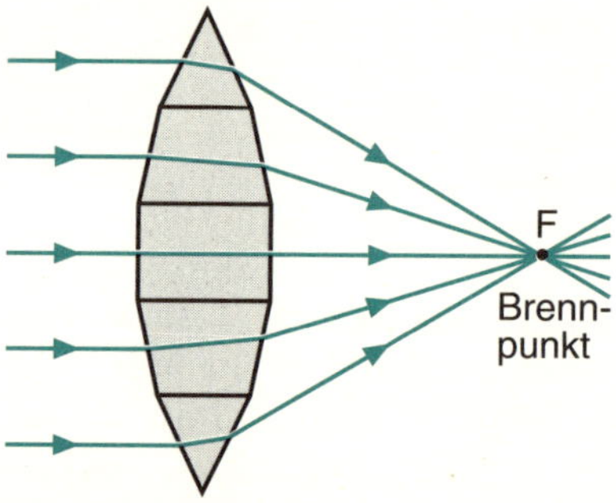

Bild 6.13

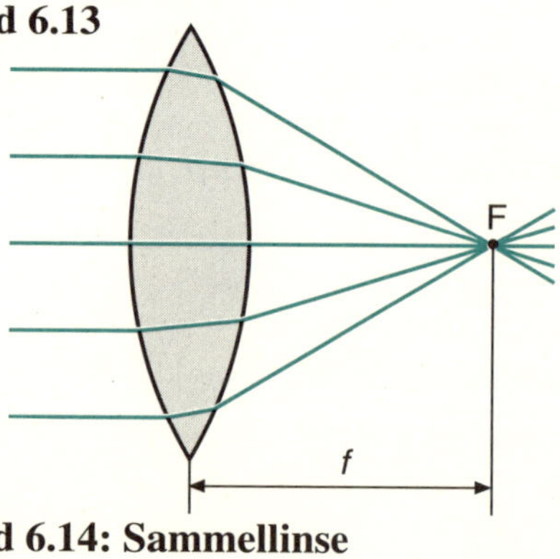

Bild 6.14: Sammellinse

Technische Linsen haben keine geknickten, sondern meist sphärisch (d.h. in Form einer Kugelfläche) gewölbte Begrenzungsflächen. Der Abstand von der Mittelebene der Linse zum Brennpunkt wird als **Brennweite** *f* der Sammellinse bezeichnet.

Da es für die optische Wirkung der Sammellinse nur auf die geneigten Flächen, nicht aber auf den massiven Glaskörper in der Mitte ankommt, kann man eine Linse auch aus Prismen in Form konzentrischer Kreise zusammensetzen, deren Dachneigung von innen nach außen zunimmt. Diese sog. **Fresnellinsen** lassen sich aus durchsichtiger Kunststoffolie pressen und sind weitaus leichter und billiger als eine massive Linse. Allerdings erreicht die optische Güte nicht die einer massiven Linse und die Ringstruktur bleibt immer sichtbar.

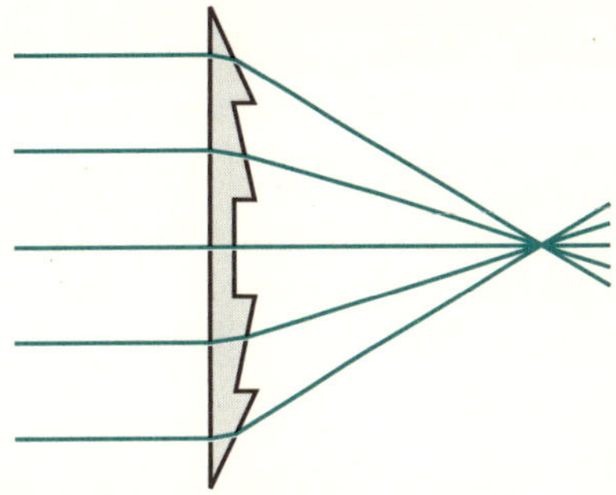

Bild 6.15: Fresnellinse

Sammellinse für Mikrowellen

Wir können vermuten, daß nicht nur die Geschwindigkeit von Licht, sondern auch die von anderen elektromagnetischen Wellen – z.B. den Mikrowellen – vom Ausbreitungsmedium abhängt. Dann müßte sich auch eine Sammellinse für Mikrowellen bauen lassen. Wir prüfen unsere Vermutung mit dem schon aus Folge 3 bekannten Mikrowellensender. Sein Strahl trifft auf eine große Sammellinse aus Acrylglas. Hinter der Linse tasten wir den Raum mit einer Diode ab, die zugleich die Funktion eines Empfangsdipols hat. Tatsächlich findet sich in der Mitte hinter der Acrylglaslinse ein Maximum der Intensität, daneben fällt die Empfangsfeldstärke rasch ab.

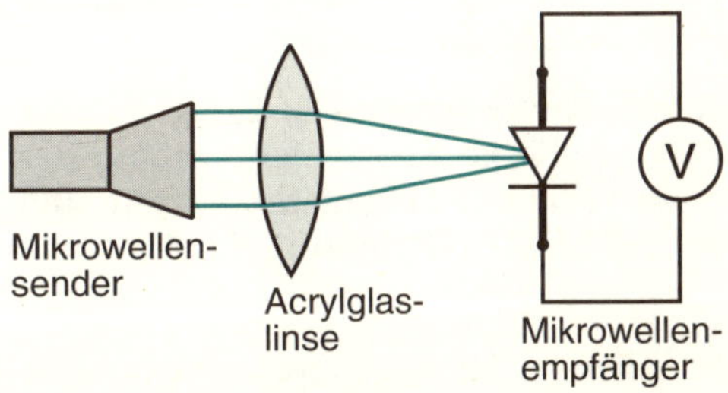

Bild 6.16: Brechung von Mikrowellen

6.3.3 Optische Geräte

Fotoapparat

Eine Sammellinse läßt sich als sog. Projektionsobjektiv verwenden, das ist das Grundprinzip des Fotoapparats. Wir stellen eine Kerze in einem bestimmten Abstand vor die Linse und bringen hinter die Linse eine zu ihr parallele Platte aus transparentem Glas, eine sog. **Mattscheibe**. Wenn wir die Entfernung der Mattscheibe von der Linse variieren, dann sehen wir in einem bestimmten Abstand von der Linse auf dem Schirm ein umgekehrtes Bild der Flamme.

Wie Bild 6.17 zeigt, werden die von jedem Punkt der Flamme ausgehenden Strahlen in einem zugehörigen Bildpunkt jenseits der Linse wieder vereinigt. Man spricht hier von einem **reellen Bild** der Flamme.

Die Brennweite f der Linse ist konstruktiv vorgegeben, den Abstand b zwischen Linse und Bildebene nennt man Bildweite b, der Abstand vom abzubildenden Gegenstand (Flamme) zur Linse heißt Gegenstandsweite g. Die Bildgröße wird mit B, die Gegenstandsgröße mit G bezeichnet. Diese Größen hängen voneinander ab. Wenn wir die Flamme von der Linse entfernen, muß die Mattscheibe zur Linse hingerückt werden, um wieder ein scharfes Bild zu erhalten.

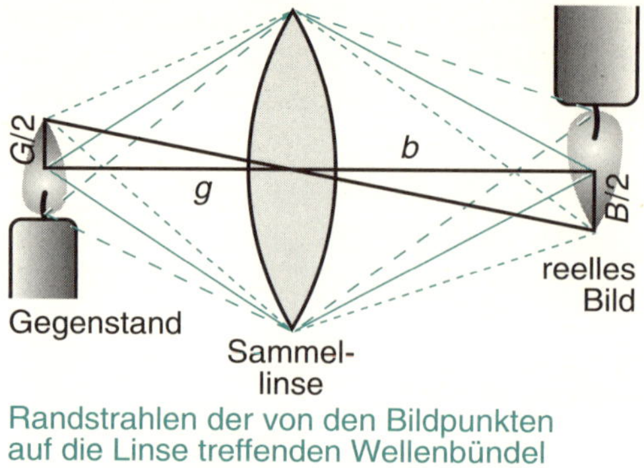

Bild 6.17: Enststehung des reellen Bildes

Aus geometrischen Überlegungen folgt unmittelbar:

1. Abbildungsgesetz: Die Bildgröße verhält sich zur Bildweite wie die Gegenstandsgröße zur Gegenstandsweite (Gleichung S 6,2):

$$\frac{B}{b} = \frac{G}{g}$$

2. Abbildungsgesetz: Der Kehrwert der Brennweite ist gleich der Summe der Kehrwerte der Gegenstandsweite und der Bildweite (Gleichung S 6,3):

$$\frac{1}{f} = \frac{1}{g} + \frac{1}{b}$$

Vor allem in der Augenoptik ist es üblich, Linsen nicht durch ihre Brennweite, sondern durch ihren **Brechwert** D zu kennzeichnen.

Es gilt $D = \frac{1}{f}$

entsprechend gilt für die Einheit $[D] = 1\ \text{m}^{-1}$

Wegen der großen Bedeutung dieser Einheit hat sie einen eigenen Namen bekommen, die **Dioptrie**. Es gilt also $[D] = 1\ \text{m}^{-1} = 1\ \text{Dioptrie} = 1\,\text{dpt}.$

Diaprojektor

Das von einer nahezu punktförmigen Lichtquelle (meist der Wendel einer Halogenlampe) nach hinten ausgestrahlte Licht wird von einem Hohlspiegel gesammelt und zusammen mit dem direkten Licht der Lampe durch eine sog. Kondensorlinse zu einem konvergenten Lichtbündel gesammelt, das auf das Dia fällt. Das vom Dia ausgehende Licht trifft auf das Objektiv, das meist aus mehreren

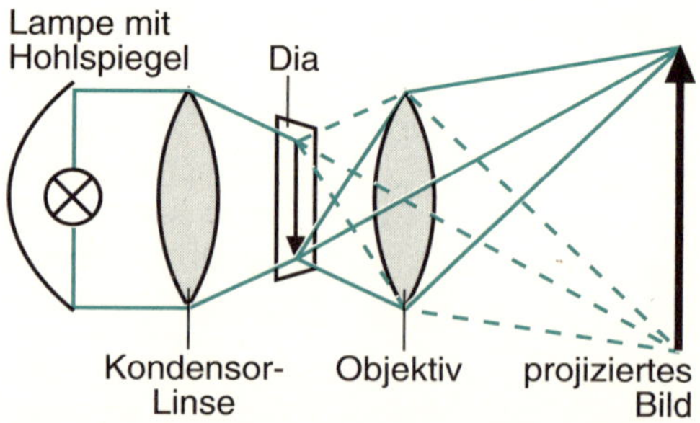

Bild 6.18: Prinzip des Diaprojektors

hochwertigen Sammellinsen zusammengesetzt ist. Das Objektiv erzeugt schließlich auf der Leinwand ein vergrößertes reelles Bild des Dias.

Overheadprojektor

Das vom Hohlspiegel bzw. der Lampe abgestrahlte Licht wird von einer großen Fresnellinse, auf der die mit Grafiken und Text versehene Folie liegt, auf das Objektiv gebündelt. Das Objektiv befindet sich meist über der Kopfhöhe („over head") des Vortragenden. Das von ihm ausgehende Strahlenbündel wird über einen Spiegel in einem (verstellbaren) Winkel von ca. 40° bis 60° umgelenkt und trifft schließlich auf die Projektionswand, wo ein reelles Bild entsteht.

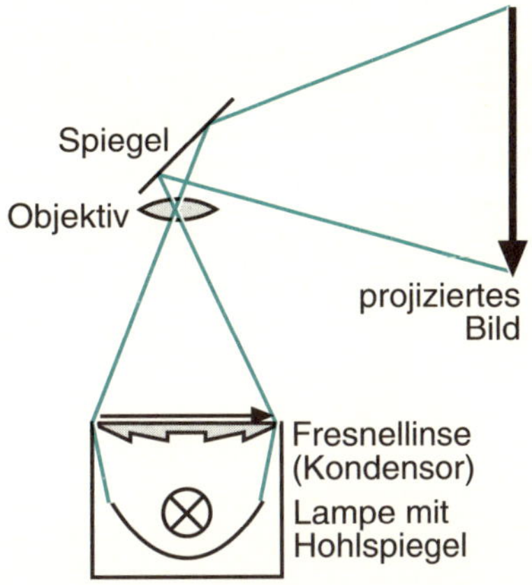

Bild 6.19: Prinzip des Overheadprojektors

Lupe

Eine Sammellinse kann auch als Lupe verwendet werden. Hält man die Linse direkt vor das Auge, so addieren sich die Brechkraft der Augenlinse (ca. 30 Dioptrien) und die der Lupe. Der zu betrachtende Gegenstand kann entsprechend Formel S 6,3 näher an das Auge gebracht werden und wird dennoch scharf abgebildet. Lupen mit einer Brechkraft zwischen ca. 0,5 und 5 Dioptrien werden als **Sehhilfen** gegen Weitsichtigkeit in Brillen eingesetzt. Bei Weitsichtigen ist die Brechkraft der Augenlinse zu gering, so daß das scharfe reelle Bild erst hinter der Netzhaut entstehen würde. Durch die vorgeschaltete Sammellinse wird die Brennweite des optischen Sehapparats kürzer, und das reelle Bild entsteht auch bei nahen Gegenständen auf der Netzhaut.

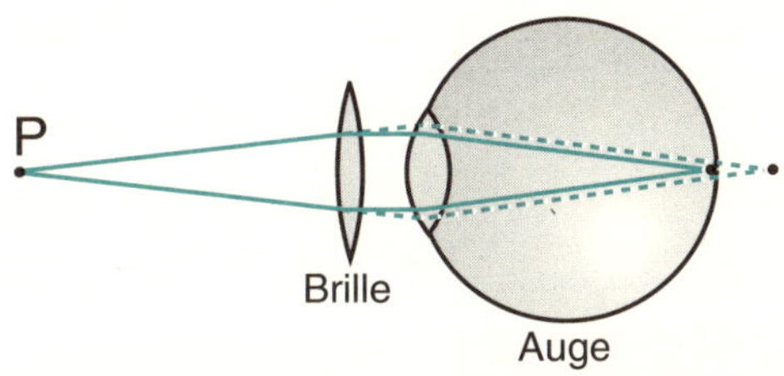

Bild 6.20: Augenkorrektur mit Sammellinse

Zerstreuungslinse

Neben den Sammellinsen haben in der Augenoptik auch die Zerstreuungslinsen eine große Bedeutung. Die Begrenzungsflächen einer solchen Linse sind so geformt, daß die Linse in der Mitte dünner ist als am Rand. In diesem Fall werden die auftreffenden Lichtstrahlen nach außen gebrochen. Zerstreuungslinsen haben einen **negativen Brechwert**, so daß sie, vor eine Sammellinse gesetzt, deren Brechwert verringern. Zur Korrektur der Kurzsichtigkeit setzt man in die

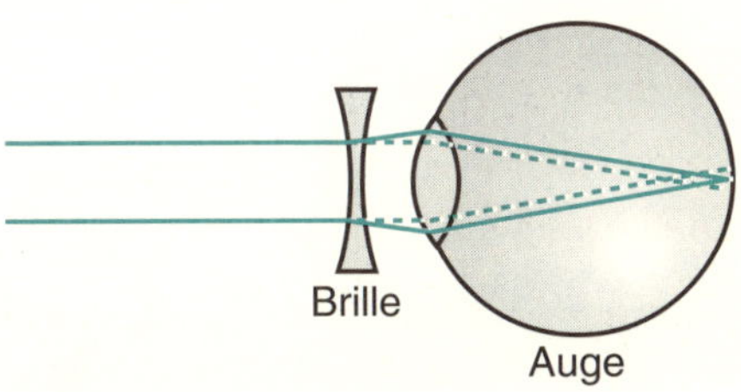

Bild 6.21: Augenkorrektur mit Zerstreuungslinse

6

Brille eine Zerstreuungslinse im Bereich von –0,5 bis –10 Dioptrien ein. Die Brechkraft der Augenlinse eines Kurzsichtigen ist zu groß, das Bild entfernter Gegenstände entsteht vor der Netzhaut. Durch die verlängerte Brennweite des optischen Systems können nun auch entfernte Gegenstände auf der Netzhaut abgebildet werden.

Mikroskop

Das Mikroskop gehört zu den zweistufigen optischen Geräten. Wie beim Diaprojektor wird das Licht einer Lampe durch Hohlspiegel und Kondensor gebündelt und durchdringt das Untersuchungsobjekt, das sich meist zwischen zwei dünnen Glasplatten befindet. Das vom Objekt ausgesandte Licht gelangt zu einem Objektiv mit sehr kurzer Brennweite (f = 1 mm bis 10 mm). Dieses Objektiv erzeugt im Tubus in etwa 20 cm Entfernung ein reelles Bild. Bei einer Brennweite von 1 mm erhält man somit schon eine Vergrößerung $v = 200$. Dieses reelle Bild wird durch eine Lupe, das sog. **Okular**, betrachtet. Ist der Abstand zwischen Auge und reellem Bild z.B. 5 cm, so entspricht das gegenüber der normalen Grenze der Nahsicht von 25 cm einer fünffachen Vergrößerung des reellen Bildes durch diese Lupe. Die Gesamtvergrößerung des Mikroskops beträgt in diesem Fall $v_{ges} = 200 \cdot 5 = 1000$.

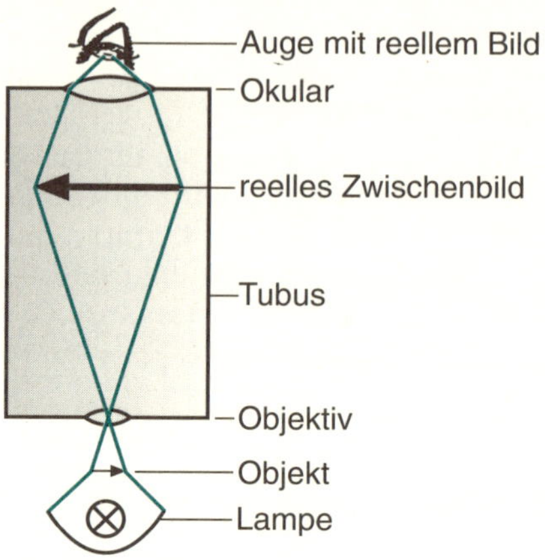

Bild 6.22: Prinzip des Mikroskops

Fernrohr

Das Fernrohr ist im Prinzip wie ein Mikroskop aufgebaut. Es fehlt aber die Beleuchtungseinrichtung, weil ja beleuchtete Gegenstände oder Himmelskörper betrachtet werden. Das Objektiv hat hier eine möglichst lange Brennweite, um trotz der sehr großen Gegenstandsweite ein möglichst großes reelles Bild zu erhalten. Auch dieses Bild wird dann durch ein Okular mit kurzer Brennweite noch einmal vergrößert.

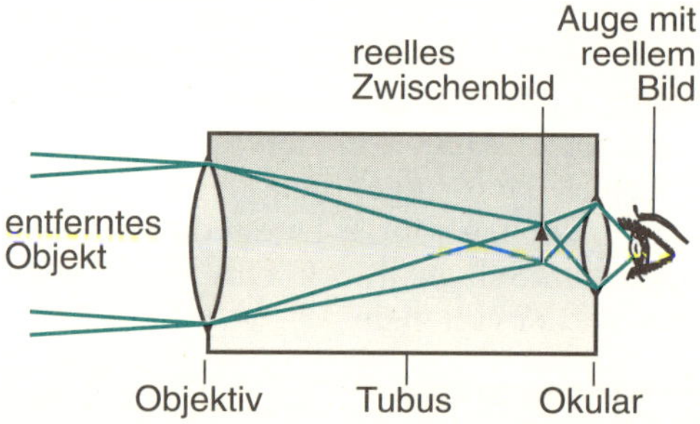

Bild 6.23: Prinzip des Fernrohrs

Zusammenfassung:

Mit einer Sammellinse läßt sich von einem Objekt, das Lichtwellen aussendet, im Raum hinter der Linse ein reelles Bild erzeugen.

Aufgaben

7. Mit einer Kleinbildkamera (Objektivbrennweite $f = 50{,}0$ mm) soll eine Person (G = 1,80 m) aufgenommen werden. Der Aufnahmeraum läßt nur eine Gegenstandsweite g = 2,00 m zu.
   a) In welchem Abstand hinter dem Objektiv entsteht das reelle Bild?
   b) Wie groß ist der Abschnitt der Person, der auf einem Kleinbildfilm (Bildhöhe B' = 24 mm) abgebildet werden kann?
   c) Kann die ganze Person mit einem Weitwinkelobjektiv ($f = 24$ mm) aufgenommen werden?

8. Mit einem Diaprojektor (Objektivbrennweite $f = 90$ mm) soll ein Kleinbilddia (Bildbreite 36 mm) auf eine Leinwand von 2,0 m Breite bildfüllend projiziert werden. Wie groß muß der Abstand zwischen Objektiv und Leinwand gewählt werden?

6.4 Dispersion und Prismenspektrum

6

In der Natur läßt sich bei Regen und gleichzeitigem Sonnenschein ein Phänomen beobachten, das auf der Brechung des Sonnenlichts in den Regentropfen beruht: der **Regenbogen**. Das Licht der Sonne besteht aus Wellen mit unterschiedlichen Wellenlängen – von Rot mit $\lambda = 760$ nm bis Violett mit $\lambda = 400$ nm. Diese Lichtanteile werden mit leicht unterschiedlichen Brechungswinkeln abgelenkt, weil ihre Ausbreitungsgeschwindigkeit in Wasser und damit die Brechzahl n etwas unterschiedlich ist.

In einem Experiment können wir die Zerlegung des weißen Lichts bei der Brechung in einem Glaskörper näher untersuchen. Das weiße Licht einer Glühlampe tritt durch einen Spalt, das Lichtbündel hinter dem Spalt trifft dann auf ein Prisma und wird zweimal gebrochen. Auf einer Mattscheibe hinter dem Prisma läßt sich das sog. **Spektrum** des weißen Lichts beobachten, es besteht aus einem Band kontinuierlich ineinander übergehender Farben von Rot bis Violett. Dabei wird der violette Lichtanteil am stärksten gebrochen, der rote am wenigsten. Diese Erscheinung nennt man **Dispersion** des weißen Lichts.

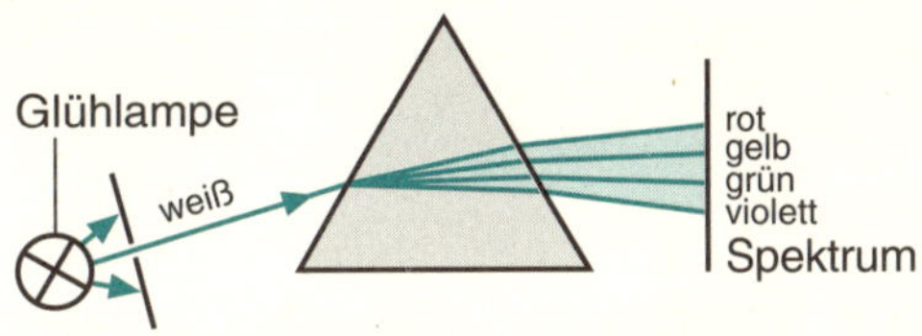

Bild 6.24: Dispersion im Prisma

Aus der Dispersion läßt sich schließen, daß die Ausbreitungsgeschwindigkeit des violetten Lichts im Glas etwas geringer ist als die des roten Lichts.

Verwendet man statt der Glühlampe eine Gasentladungslampe, so zeigt sich statt des kontinuierlichen Spektrums ein **Linienspektrum**. Das Licht dieser Gasentladungen enthält also nur eine oder relativ wenige typische Wellenlängen. Sie sind spezifisch für das Gas, so daß man durch eine **Spektralanalyse** auf die Zusammensetzung des leuchtenden Stoffs schließen kann.

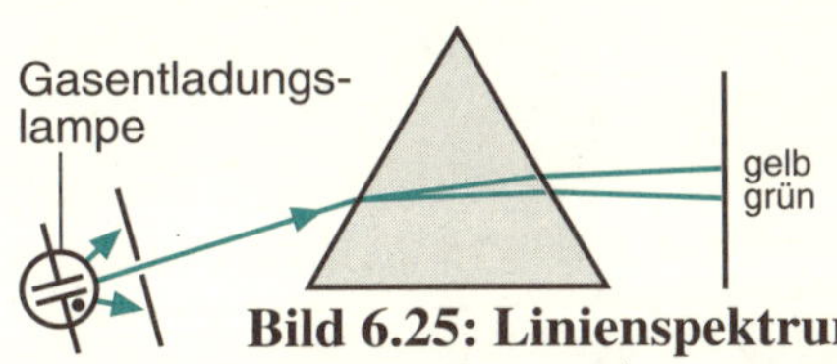

Bild 6.25: Linienspektrum

6.5 Gitterspektrum

Aus der Formel (S 5,4) $\sin\alpha = n\lambda / b$ geht hervor, daß der Winkel, unter dem die Maxima bei der Beugung am Gitter auftreten, von der Wellenlänge λ abhängt. Da wir bei den Experimenten in Folge 5 nur mit monochromatischem Laserlicht gearbeitet haben, mußten wir diese Abhängigkeit dort nicht beachten. Wenn wir nun statt des Prismas das Gitter in den Strahlengang der Lampe bringen, entstehen zwei (und bei entsprechender Schirmgröße auch noch mehr) Spektren rechts und links des Maximums 0. Ordnung. Im Gegensatz zum Prismenspektrum wird hier der Rotanteil mit der größten Wellenlänge ($\sin\alpha \sim \lambda$) am stärksten abgelenkt, der violette am geringsten.

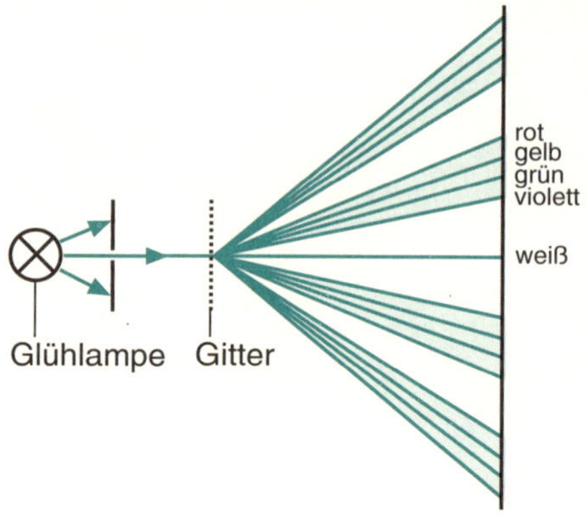

Bild 6.26: Gitterspektrum

Zusammenfassung:

Die Dispersion von Lichtwellen ist eine Folge der Abhängigkeit der Ausbreitungsgeschwindigkeit des Lichts in Materie von der Frequenz. So entsteht das Prismenspektrum. Beim Gitter hingegen ist die durch Gangunterschied und Interferenz verursachte Beugung, die von der Wellenlänge abhängt, für die Entstehung eines Spektrums verantwortlich.

6.6 Spektrum der elektromagnetischen Wellen

Untersucht man im Gitterspektrum des Sonnenlichts den Bereich im Anschluß an den violetten Anteil, so läßt sich mit Hilfe eines Fluoreszenzschirms feststellen, daß die Sonne auch unsichtbare **Ultraviolettstrahlen** aussendet (Wellenbereich von 400 nm bis 200 nm). Sie sind chemisch und biologisch sehr wirksam und können beim Menschen Sonnenbrand und Hautkrebs verursachen.

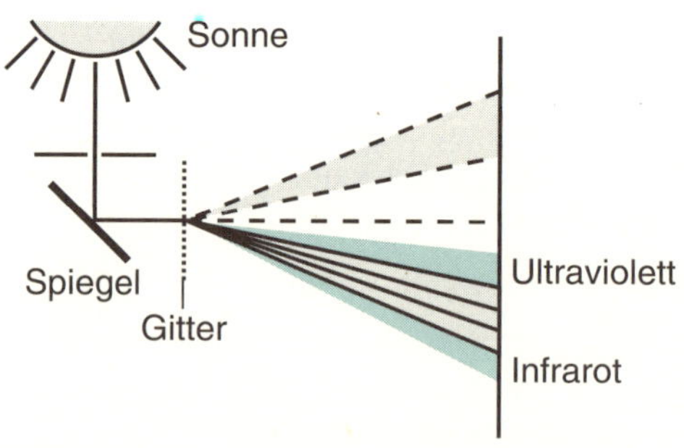

Bild 6.27: Erweitertes Spektrum

Im Anschluß an den roten Anteil des Spektrums läßt sich mit Hilfe eines Wärmesensors (z.B. NTC-Widerstand, s. Elektrizitätslehre, Folge 4.6.3) die sog. **Infrarot**- oder Wärmestrahlung nachweisen. (Wellenlängen von 800 nm bis einige mm, der Bereich überlappt mit den in elektronischen Oszillatoren erzeugten Mikrowellen.)

Elektromagnetische Wellen, deren Wellenlänge noch kürzer ist als die des ultravioletten Lichts, die sog. Röntgenstrahlen, lassen sich in sog. Röntgenröhren erzeugen. Näheres dazu erfahren Sie in Folge 7.4. Bei radioaktiven Zerfallsprozessen entstehen u.a. die sog. Gammastrahlen. Ihre Wirkungen gleichen denen der Röntgenstrahlen, die Wellenlängen sind aber noch kürzer. Bei Messungen der aus dem Weltall kommenden Strahlung, der sog. **kosmischen Strahlung**, hat man Anteile mit noch kürzeren Wellenlängen gefunden, als die der Gammastrahlen. Bei Messungen mit Radioteleskopen am Boden und mit Satelliten außerhalb der abschirmenden Erdatmosphäre hat man alle Wellenlängen des elektromagnetischen Spektrums - von den Radiowellen bis zur ultrakurzen Höhenstrahlung, in der von den Sternen kommenden Strahlung nachweisen können.

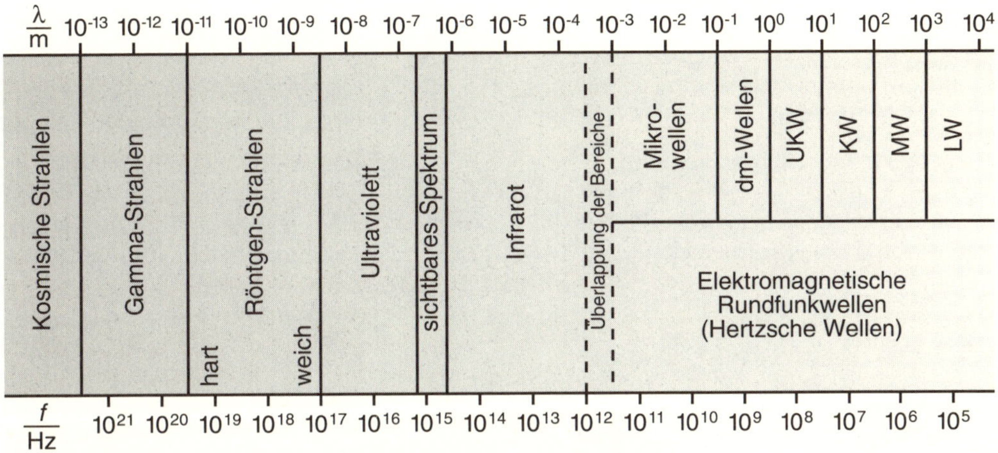

Bild 6.28: Spektrum der elektromagnetischen Wellen

6.7 Wechselwirkung von Licht mit Materie

Heute weiß man, daß die in Materie verringerte Lichtgeschwindigkeit, die letztlich zu Brechung und Dispersion führt, auf die Wechselwirkung von Licht mit den Molekülen oder Atomen des Ausbreitungsmediums zurückzuführen ist. Die Lichtwelle setzt die Moleküle in Schwingungen und wird dann verzögert wieder abgestrahlt. Im leeren Raum zwischen den Molekülen breitet sie sich mit Vakuum-Lichtgeschwindigkeit aus. Bevor dieser Zusammenhang aufgeklärt werden konnte, hat man die folgenden Experimente zum Nachweis der elektromagnetischen Eigenschaften von Licht durchgeführt.

6

6.7.1 Der Faraday-Effekt

Wir lassen einen polarisierten Laserstrahl durch ein Stück Spezialglas treten, das zwischen den durchbohrten Polen eines starken Elektromagneten montiert ist. Hinter dem Elektromagneten befindet sich ein Polarisationsfilter, das so eingestellt ist, daß es den Laserstrahl sperrt. Schalten wir nun den Strom durch die Spulen ein, so können wir auf der Mattscheibe hinter dem Filter einen Lichtfleck erkennen. Wir drehen nun das Polarisationsfilter um einige Grad hin und her, bis der Laserstrahl wieder vollständig gesperrt ist. Durch das Magnetfeld wurde offensichtlich die Polarisationsebene des Lichtstrahls gedreht.

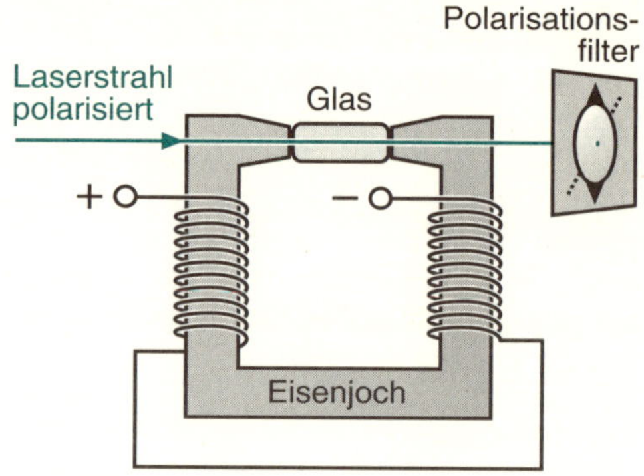

Bild 6.29: Experiment zum Faraday-Effekt

Michael Faraday schloß aus seinem Versuch, daß die Lichtwellen magnetische Felder enthalten müssen. Heute weiß man, daß die Wechselwirkung auf indirekte Weise zustandekommt - das Magnetfeld beeinflußt optisch aktive Moleküle im Glas, die ihrerseits durch die elektromagnetische Lichtwelle in Schwingungen versetzt wurden. Lichtwellen im Vakuum lassen sich durch Magnetfelder nicht beeinflussen.

6.7.2 Der Kerr-Effekt

Zwischen den Platten eines Kondensators befindet sich ein sog. doppeltbrechender Kristall, der wieder von einem polarisierten Laserstrahl durchstrahlt wird. Auch hier wird der Strahl von einem Polarisationsfilter hinter dem Kristall gesperrt. Wenn wir eine hohe Gleichspannung an die Kondensatorplatten legen, wird die Mattscheibe hinter dem Filter aufgehellt. Nähere Untersuchungen zeigen, daß ein Teil des linear polarisierten Laserlichts elliptisch polarisiert wird (s. Folge 4.2.1), und in diesem Licht sind Anteile, die das Polarisationsfilter passieren können. Auch hier werden optisch aktive Moleküle durch das elektrische Feld beeinflußt, so daß die Wechselwirkung zwischen elektrischem Feld und Licht auf indirekte Weise stattfindet.

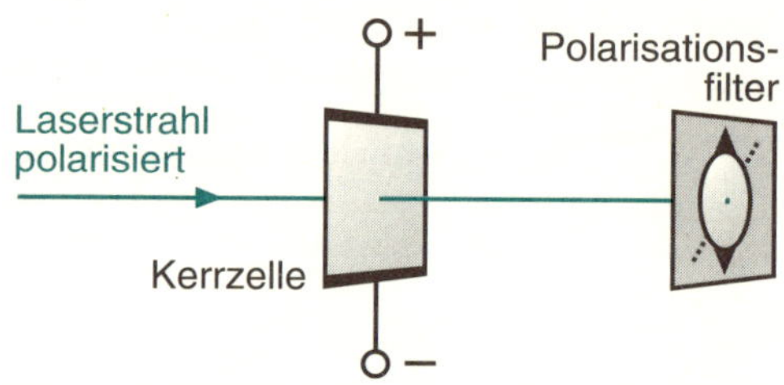

Bild 6.30: Experiment zum Kerr-Effekt

Moduliert man die Gleichspannung am Kondensator mit einer Tonfrequenzspannung und ersetzt die Mattscheibe durch eine Fotodiode, so schwingt der Fotostrom durch die Empfangsdiode im Rhythmus der Sende-Tonfrequenzen. Die drahtlose Übertragung von modulierten Laserschwingungen hat bisher die herkömmliche Rundfunkübertragung nicht verdrängt, dagegen können mit dieser Methode Informationen über eine Glasfaser, in die der Laserstrahl eingespeist wird, über Hunderte von Kilometern übertragen werden.

Zusammenfassung:

Lichtwellen sind elektromagnetische Wellen. Der Bereich des sichtbaren Lichts ist nur ein kleiner Teil im Gesamtspektrum der elektromagnetischen Wellen.

Weitere Aufgaben

9. Erzeugt man mit einem UHF-Oszillator (s. Folge 3) in Wasser stehende Wellen ($f = 434$ MHz), so läßt sich feststellen, daß die Wellenlänge λ_{Wasser} nur 1/9 der Wellenlänge λ_{Luft} beträgt. Messungen mit Licht ($f = 6 \cdot 10^8$ MHz) dagegen zeigen eine Brechzahl $n = 1{,}33$. Worauf ist das Ihrer Meinung nach zurückzuführen?

10. Welches Problem ergibt sich Ihrer Meinung nach, wenn mit einer Sammellinse reelle Bilder nicht nur mit einer Lichtfrequenz, sondern mit allen Farben des Sonnenspektrums erzeugt werden sollen?

11. Unter Wasser nimmt der Mensch Farben so wahr wie über Wasser, obwohl die Wellenlängen wegen der geringeren Lichtgeschwindigkeit kürzer sind. Welchen Schluß läßt das für die Farbwahrnehmung zu?

Zusammenfassung der wichtigsten Formeln

- **Allgemeines Brechungsgesetz (Gleichung S 6,1):**
$$\frac{\sin\alpha}{\sin\beta} = \frac{c_1}{c_2} = n$$

- **1. Abbildungsgesetz (Gleichung S 6,2):**
$$\frac{B}{b} = \frac{G}{g}$$

- **2. Abbildungsgesetz (Gleichung S 6,3):**
$$\frac{1}{f} = \frac{1}{g} + \frac{1}{b}$$

Folge 7: Das Atom: klein – aber oho! Atommodelle

Übersicht

7.0 Einführung

Atome, das wissen Sie, sind die winzigen Bestandteile, aus denen alle Materie aufgebaut ist: Ein Gas kann man sich vorstellen als eine Ansammlung wild herumschwirrender Atome; im Festkörper hingegen sind die Atome dicht gepackt, oft in regelmäßiger Anordnung, und sind nahezu unbeweglich. Atome, aus der Sendung wissen Sie auch das, sind ihrerseits zusammengesetzt aus noch kleineren Bestandteilen: dem positiven Atomkern in der Mitte des Atoms und den negativen Elektronen in der Atomhülle. Einige andere Eigenschaften der Atome werden wir in dieser Folge diskutieren. Wir wollen aber nicht nur physikalische Fakten zusammentragen. Wir werden auch danach fragen, wie man all diese Erkenntnisse eigentlich gewonnen hat, mit anderen Worten, wie man die Aussagen über Atome begründen kann. Schließlich sind Atome viel zu klein, als daß man sie mit bloßem Auge untersuchen könnte. Und selbst die allermodernsten Mikroskope können Atome bestenfalls als Kugeln darstellen, aber keineswegs ihre innere Struktur auflösen. Wir wollen daher auch einige der bahnbrechenden Versuche diskutieren, die dazu beigetragen haben, die heutige Atomvorstellung zu entwickeln.

7.1 Gibt es Atome wirklich?

7.1.1 Atomvorstellungen in der Antike

Atome sind heute selbstverständlicher Bestandteil unseres naturwissenschaftlichen Weltbildes. In der Antike war lange Zeit umstritten, ob Atome überhaupt „existieren" das heißt, ob sie eine geeignete Vorstellung zur Beschreibung von Materie darstellen. Das Wort „Atom" kommt aus dem Griechischen und bedeutet „unteilbar". Wer sagt, die Welt sei aus Atomen aufgebaut, ist also der Auffassung, daß es kleinste Materieteilchen gibt, die sich auf keine Weise weiter zerlegen lassen und aus denen alle Materie aufgebaut ist. Diese Auffassung wurde von *Demokrit* (460–370 v. Chr.)[1] vertreten; man kann ihn als den Urvater unser heutigen Atomvorstellung ansehen. Aber nicht alle Philosophen waren Demokrits Ansicht. *Zenon* (332–262 v. Chr.) beispielsweise glaubte, alle Stoffe bestünden aus einem Kontinuum, einer Art Gelee also, den man zerteilen kann, wo und so oft man wolle. Wieder andere Philosophen, wie zum Beispiel *Pythagoras* und *Platon*, lehnten jede Vorstellung von einem materiellen Urstoff ab. Sie glaubten, daß die fundamentalen Erklärungsprinzipien unserer Welt mathematisch-abstrakter Natur sein müssen.

Heute wissen wir, daß die Vorstellung von Teilchen als Bausteinen der Materie in vielen Bereichen der Naturwissenschaften sehr nützlich ist, um Beobachtungen systematisch zu beschreiben. In diesem Sinne dürfen wir Atome als existent betrachten. Wir wissen aber auch, daß die Teilchen, die heute die Bezeichnung „Atome" tragen, nur aus historischen Gründen so heißen. Sie sind keineswegs unteilbar, sondern sind aus Kern und Elektronen zusammengesetzt.

7.1.2 Das Daltonsche Atommodell

Der moderne Atombegriff geht im wesentlichen auf den Chemiker *Dalton* (1766–1844) zurück. Nach seiner Vorstellung gibt es eine große Anzahl verschiedener Atome, und jede Sorte entspricht einem anderen chemischen Element. Die verschiedenen Atome unterscheiden sich in ihrer Masse und ihrer Größe und bestimmen dadurch die Eigenschaften der Elemente. Wenn diese Vorstellungen richtig sind, dann folgen daraus gewisse Gesetzmäßigkeiten, die bei der Entstehung von chemischen Verbindungen erfüllt sein müssen.
Durch diese Einsicht machte Dalton die Atomvorstellung einer experimentellen Prüfung zugänglich. Daltons Vorhersagen wurden sehr bald von den Chemikern bestätigt, was der Daltonschen Atomvorstellung zu breiter Anerkennung verhalf. Allerdings war das Daltonsche Atommodell noch vergleichsweise schlicht. Schließlich waren Daltons Atome einfache Kugeln, die gleichmäßig mit Masse ausgefüllt waren, aber keine innere Struktur besaßen. Dies sollte sich einige Jahrzehnte später als unzureichend erweisen.

---

[1] Jahreszahlen dienen nur Ihrer Orientierung, keinesfalls aber zum Auswendiglernen.

7.2. Wo sitzt die positive Ladung?

Gegen Ende des letzten Jahrhunderts entdeckte *J. J. Thomson* (1856–1940) ein neues Teilchen, das Elektron. Es stellte sich heraus, daß das Elektron Träger der negativen Ladung ist und eine sehr viel kleinere Masse besitzt als die Atome. Offenbar kamen die von Thomson beobachteten freien Elektronen aus den Atomen. Folglich waren die Atome nicht, wie von Dalton angenommen, strukturlose Kugeln, sondern enthielten in ihrem Inneren Elektronen. Da Atome als ganzes elektrisch neutral sind, mußten sie außerdem eine entsprechende Menge positiver Ladung enthalten, die die negative Ladung der Elektronen ausglich. Das Daltonsche Atommodell mußte also weiterentwickelt und verfeinert werden. Die große Frage war nun, in welcher Form diese positive Ladung im Atom vorlag und wie die positive Ladung und die Elektronen räumlich im Atom angeordnet waren.

7.2.1 Das Thomsonsche Atommodell

Eine mögliche Antwort auf diese Frage gab Thomson selbst mit seinem 'Rosinenkuchenmodell'. In diesem Modell ist die gesamte positive Ladung, und damit fast die ganze Masse des Atoms, gleichmäßig über das Atom verteilt wie der Teig eines Kuchens. Die Elektronen sind wie Rosinen in diesen Teig eingebettet. Sie liegen nur in bestimmten räumlichen Anordnungen vor, in denen sich die elektrostatischen Kräfte gegenseitig aufheben, so daß das Atom *stabil* ist. Die Anzahl der Elektronen pro Atom bestimmt, zu welchem chemischen Element das Atom gehört.

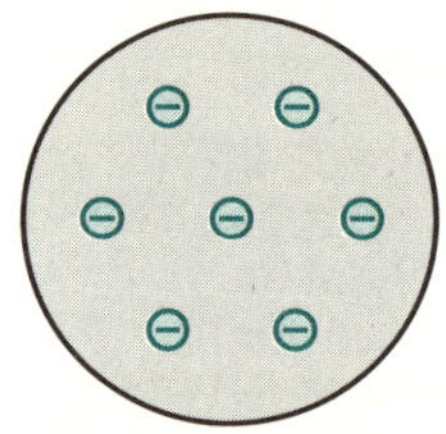

Bild 7.1: Das Thomsonsche Atommodell

Zahlreiche experimentelle Beobachtungen konnten mit diesem Modell beschrieben werden, so daß es für einige Jahre zur gängigen Vorstellung vom Aufbau der Atome wurde. Bald jedoch wurden überraschende experimentelle Tatsachen bekannt, die die Physiker zur Aufgabe des Thomsonschen Modells zwangen.

7.2.2 Der Versuch von Lenard

Lenard (1862–1947) beispielsweise beschoß eine dünne Metallfolie mit schnellen freien Elektronen. Die Folie bestand aus ca. 10000 Atomschichten. Innerhalb eines Metalles liegen die Atome dicht aneinander. Nach Thomsons Atommodell würde man deshalb erwarten, daß eine solche Folie für Elektronen undurchdringlich ist.

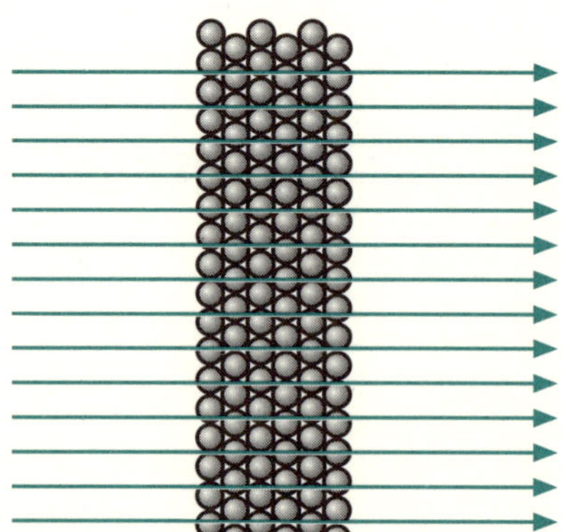

Bild 7.2: Der Versuch von Lenard

Tatsächlich aber beobachtete Lenard, daß fast alle Elektronen glatt durch die Folie hindurchgingen. Offenbar war der größte Teil des von den Atomen eingenommenen Volumens leer. Die Masse und die positive Ladung des Atoms mußten gekörnt, das heißt an gewissen Stellen konzentriert sein. Das Thomsonsche Modell hatte sich als unhaltbar erwiesen.

7.2.3 Das Rutherfordsche Atommodell

Genaueren Aufschluß über die innere Struktur der Atome lieferte der Streuversuch von *Rutherford* (1871–1937). Wie Lenard beschoß Rutherford Metallfolien, allerdings nicht mit Elektronen, sondern mit sogenannten α-Teilchen. **α-Teilchen** sind positiv geladen; wir werden sie in Folge 8 näher kennenlernen.

Rutherford beobachtete, daß wie bei Lenard die meisten der eingeschossenen Teilchen ohne nennenswerte Ablenkung durch die Folie hindurchgingen. Dies erhärtete Lenards Annahme, daß der größte Teil des Atominneren leer ist. Andererseits aber beobachtete Rutherford, daß einige α-Teilchen überraschend stark abgelenkt wurden. Es gab sogar einige Teilchen (wenn auch sehr wenige), die geradewegs zurückflogen in die Richtung, aus der sie gekommen waren.

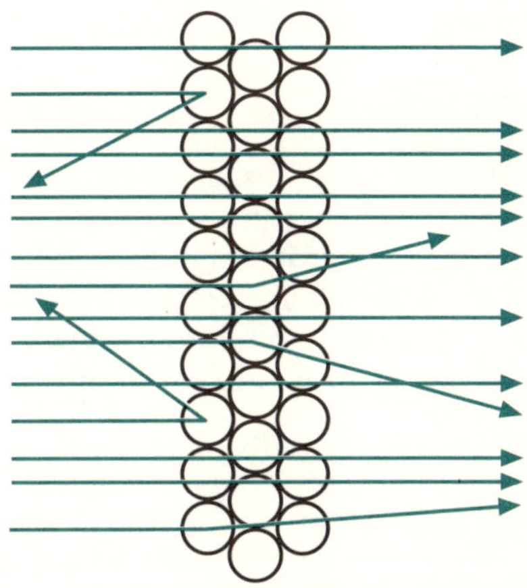

Bild 7.3: Ablenkung der α-Teilchen in Rutherfords Streuversuch

Nach den Stoßgesetzen der Mechanik kann ein schnelles Teilchen nur dann stark abgelenkt werden, wenn es auf ein Hindernis trifft, das sehr viel schwerer ist als das Teilchen selbst. Ein schneller Tennisball beispielsweise hat eine viel größere Chance, stark abgelenkt zu werden, wenn er auf einen Fußball trifft, als wenn er auf einen Luftballon trifft.

Bild 7.4: Ablenkung beim Stoß

Aus der großen Ablenkung mancher α-Teilchen schloß Rutherford daher, daß diese α-Teilchen auf sehr schwere Hindernisse getroffen sein mußten. Mit anderen Worten, Masse und positive Ladung eines Metallatoms mußten in sehr wenigen, und dafür um so schwereren Zentren innerhalb des Atoms konzentriert sein. Eine genaue Messung der Ablenkwinkel schließlich ergab sogar, daß die gesamte Masse und positive Ladung des Atoms in einem *einzigen* Zentrum konzentriert sein muß. Dieses Zentrum wird als **Atomkern** bezeichnet. Den Bereich, in dem sich die Elektronen aufhalten, nennt man die **Atomhülle**. Das **Rutherfordsche Atommodell** besagt also, daß sich das Atom zusammensetzt aus Atomkern einerseits und Atomhülle andererseits.

Die von Rutherford errechneten Größenverhältnisse im Atom sind beeindruckend. Schon die Atome sind so winzig, daß wir uns ihre Größe, zum Beispiel einen Durchmesser von 10^{-10} m beim Wasserstoff, eigentlich gar nicht mehr vorstellen können. Die Atomkerne allerdings sind noch wesentlich kleiner: Beim Wasserstoffatom beträgt der Durchmesser des Kerns nur ungefähr ein 50 000stel des Atomdurchmessers!

7.3 Warum sind Atome stabil?

7.3.1 Probleme mit Rutherford

Das Thomsonsche Modell hatte eine sehr sympathische Eigenschaft: Es war stabil, weil die Elektronen ringsum von positiver Ladung umgeben waren. Diese Stabilität ist im Rutherfordschen Modell nicht gegeben. Dort sind die Elektronen ständig einer elektrostatischen Anziehungskraft auf den Kern hin ausgesetzt. Ein statisches Rutherford-Modell, in dem die Elektronen in einem festen Abstand vom Kern in Ruhe verharren, ist undenkbar: es würde sofort in sich zusammenfallen.

Etwas besser sieht die Sache aus, wenn man sich vorstellt, daß die Elektronen mit konstanter Geschwindigkeit um den Kern kreisen wie die Planeten um die Sonne. In diesem modifizierten Rutherford-Modell bringt die elektrostatische Anziehung gerade die Zentripetalkraft[2] auf, die erforderlich ist, um die Elektronen auf die Kreisbahn zu zwingen, das heißt, um sie daran zu hindern, geradeaus davonzufliegen.

Dies wäre ein plausibles Atommodell – wären da nicht noch die Gesetze des Elektromagnetismus. Betrachtet man die Bahn eines kreisenden Elektrons von der Seite, sieht man eine auf- und abbewegte elektrische Ladung; das haben Sie in der Sendung gesehen. Im wesentlichen ist also ein kreisendes Elektron ein schwingender Dipol. Und ein schwingender Dipol muß ständig Energie abstrahlen.[3]

Für das Elektron aber bedeutet Energieverlust eine Verringerung seiner Geschwindigkeit, und dies wiederum bedeutet, daß die elektrostatische Anziehungskraft stärker nach innen zieht, als nötig wäre, um das Elektron auf seiner Kreisbahn zu halten. Letztlich würde also das Elektron auch in diesem **Planeten-Rutherford-Modell** wieder zum Kern hingezogen und würde schließlich auf ihn stürzen. Mit anderen Worten: auch in diesem Modell ist das Atom instabil.

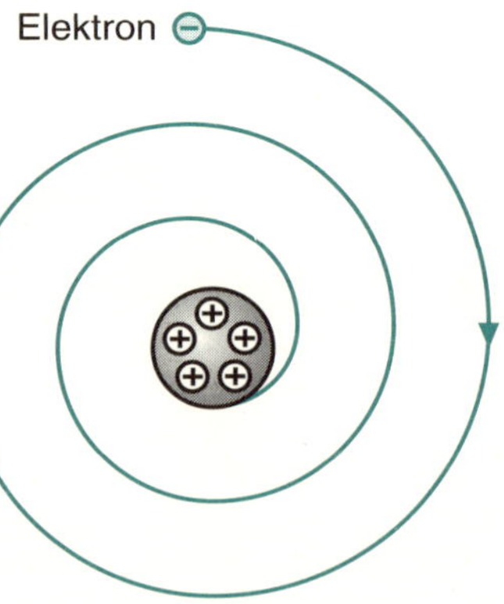

Bild 7.5: Kollaps infolge Energieverlust

[2] S. Mechanik, Abschnitt 7.4.
[3] S. Schwingungen, Abschnitt 3.4.2.

7.3.2 Die Bohrschen Postulate

Das „Planeten-Rutherford-Modell" ist das beste Atommodell, das man im Rahmen der klassischen, das heißt der bis ca. 1920 bekannten Physik konstruieren kann. Es hat jedoch die im vorigen Abschnitt beschriebenen Mängel. Ein besseres Atommodell erhält man nur, wenn man bereit ist, gewisse Gesetze der klassischen Physik zu verletzen. Der dänische Physiker *Niels Bohr* (1885–1962) hat 1913, aufbauend auf dem „Planeten-Rutherford-Modell", zusammengefaßt, welche Forderungen ein solches verbessertes Atommodell erfüllen müßte. Diese Forderungen heißen die **Bohrschen Postulate**, und das sich daraus ergebende Atommodell das **Bohrsche Atommodell**:

1. Die Elektronen bewegen sich mit konstanter Energie auf kreisförmigen Bahnen um den Atomkern, *ohne* dabei Energie abzustrahlen.	*Bemerkungen:* Die Energie eines Elektrons auf einer Bahn ist abhängig vom Radius der Bahn. Je größer der Radius, desto mehr Energie besitzt das Elektron.
2. Es sind nur bestimmte Radien, und damit nur bestimmte Energien für die Kreisbahnen erlaubt. Zwischen den erlaubten Bahnen können sich keine Elektronen aufhalten.	Für jede Atomsorte, das heißt für jedes chemische Element läßt sich berechnen, welche Bahnradien erlaubt sind. Die erlaubten Bahnen werden von innen nach außen durchnumeriert. Die innerste Bahn mit der Nummer $n = 1$ ist die Bahn mit der niedrigsten Energie.
3. Die bei einem Bahnwechsel erforderliche bzw. freiwerdende Energiedifferenz kann in Form von elektromagnetischer Strahlung aufgenommen bzw. abgegeben werden.	Damit ein Elektron auf eine höhere Bahn wechseln kann, muß es von irgendwoher Energie zugeführt bekommen. Dies ist eine Folge des Energieerhaltungssatzes.[4] Bohr sagt nun: *eine* Möglichkeit für das Elektron, Energie aufzunehmen, ist, Strahlung, also beispielsweise Licht zu absorbieren. Entsprechend kann ein Elektron, das auf eine tiefere Bahn wechselt, die überschüssige Energie als Licht abstrahlen.

Übrigens spricht man statt von (Kreis-)Bahnen oft auch von (Kugel-)**Schalen**, denn das Wesentliche, worauf es im Bohr-Modell ankommt, ist der Abstand des Elektrons vom Kern, nicht aber die Neigung der Bahnebene.

Die Aufstellung der Bohrschen Postulate läutete eine Revolution in der Physik ein: die Entwicklung der **Quantentheorie**. Erst in der Quantentheorie können die Postulate aus tieferen Prinzipien abgeleitet und „verstanden" werden. Doch dafür zahlt man einen Preis: In der Quantentheorie sind plötzlich viele Vorstellungen und Gesetzmäßigkeiten, die bis dahin als selbstverständlich galten, nur noch begrenzt anwendbar. So macht beispielsweise die Aussage, ein Elektron befinde sich zu einer bestimmten Zeit an einem bestimmten Ort, in der Quantentheorie keinen Sinn mehr. Man kann statt dessen nur noch Wahrscheinlichkeitsaussagen treffen. Auch das Bohrsche Atommodell selbst erfährt in der Quantentheorie eine tiefgreifende Neuformulierung.

[4] S. Mechanik, Abschnitt 9.3.

Eine zentrale Aussage der Quantentheorie, aus der sich auch ihr Name herleitet, ist die Feststellung, daß gewisse physikalische Größen nur *diskrete Werte* annehmen dürfen: nur einzelne, ganz bestimmte Werte sind erlaubt, Zwischenwerte sind verboten. Dies haben wir gerade am Beispiel von Bahnradius und Energie gesehen. In der klassischen Physik gab es keinerlei derartige Einschränkung; alle physikalischen Größen hatten dort einen *kontinuierlichen Wertebereich.*

7.3.3 Diskrete Energiestufen im Atom

Nicht nur Bohrs erstes Postulat, auch das zweite, die Annahme diskreter Energiestufen im Atom, erschien manchen Physikern seiner Zeit sehr gewagt. Sehr bald gelang jedoch *Franck* und *Hertz* ein Versuch, der auf eindrucksvolle Weise die Existenz solcher Energiestufen demonstrierte.

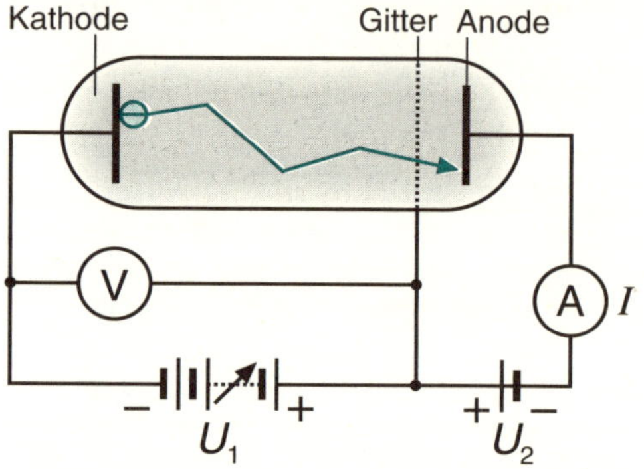

Bild 7.6: Aufbau des Franck-Hertz-Versuchs

Herzstück des Versuchs ist eine Glasröhre, die ein Gas enthält, beispielsweise verdampfte Quecksilberatome. An jedem Ende der Röhre ist, wie bei der Braunschen Röhre,[5] eine Elektrode eingelassen, die Kathode (im Bild links) und die Anode (im Bild rechts). Dazwischen wird zusätzlich ein weitmaschiges Gitter angebracht. Heizt man die Kathode, so treten Elektronen aus ihr aus und können sich in der Röhre bewegen. Durch eine elektrische Spannung U_1, die man zwischen Kathode und Gitter anlegt, werden die ausgetretenen Elektronen zum Gitter hin beschleunigt. Die meisten von ihnen fliegen durch das Gitter hindurch und weiter zur Anode. Daran ändert auch die kleine Gegenspannung U_2 nichts, die man zusätzlich zwischen Gitter und Anode anlegt. Sie bremst die Elektronen lediglich geringfügig ab.

Auf ihrem Weg stoßen die Elektronen gelegentlich mit Gasatomen zusammen und ändern dabei ihre Richtung. Ihre Energie, und damit ihre Geschwindigkeit, ändert sich beim Stoß aber so gut wie nicht. Solche Stöße bezeichnet man als *elastisch*. Die meisten Elektronen gelangen zur Anode, wenn auch auf einem Zick-Zack-Kurs.
Franck und Hertz erhöhten nun systematisch die Beschleunigungsspannung U_1 und maßen den jeweiligen Anodenstrom. Das heißt, sie maßen, wie viele Elektronen jeweils an der Anode ankamen. Zunächst beobachteten sie, daß mit steigender Beschleunigungsspannung immer mehr Elektronen die Anode erreichten. Je größer die Beschleunigungsspannung, desto mehr Elektronen werden nämlich von der Kathode abgesaugt. Dann aber, bei einem gewissen Wert U^* der Beschleunigungsspannung, fiel der Anodenstrom plötzlich drastisch ab. Viele der Elektronen konnten plötzlich die Anode nicht mehr erreichen. Sie mußten auf irgendeine Weise ihre kinetische Energie verloren haben, und konnten nicht mehr gegen die Gegenspannung zwischen Gitter und Anode anlaufen.

[5] S. Elektrizität, Abschnitt 3.6.

Offenbar waren auf einmal Stöße möglich geworden, bei denen die Elektronen nennenswerte Energiebeträge an die Gasatome abgaben. Solche Stöße bezeichnet man als *inelastisch.*

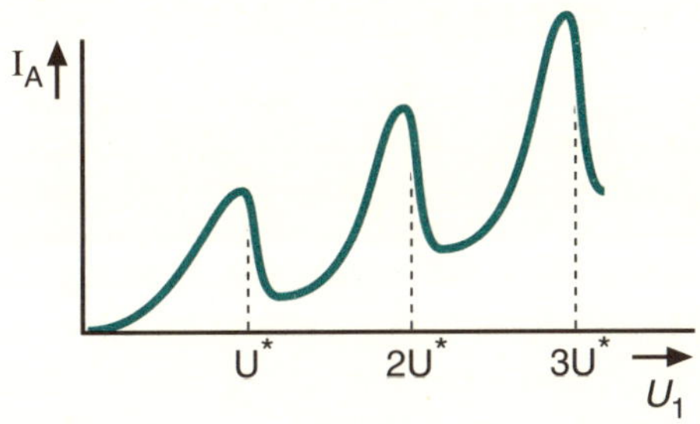

Bild 7.7: Beobachteter Anodenstrom I_A in Abhängigkeit von der Beschleunigungsspannung U_B

Die Erkenntnis, daß inelastische Stöße erst ab einem bestimmten Schwellenwert U^* der Beschleunigungsspannung möglich sind, ist die zentrale Beobachtung des Franck-Hertz-Versuchs. Bei Quecksilber als Füllgas beispielsweise muß die Beschleunigungsspannung mindestens 4,9 Volt betragen, das heißt, die fliegenden Elektronen müssen eine kinetische Energie von mindestens 4,9 eV besitzen, bevor sie Energie an die Gasatome abgeben können.[6]

Der Grund dafür ist folgender: Die Gasatome verwenden die aufgenommene Energie dazu, eines ihrer Hüllenelektronen von seiner Bahn auf eine andere, höhere Bahn zu heben. Dies ist aber nur möglich, wenn die vom fliegenden Elektron mitgebrachte Energie mindestens so groß ist wie der Energieunterschied zwischen den beiden Bahnen. Kleinere Energiebeträge können von den Gasatomen nicht aufgenommen werden. Die Ergebnisse des Franck-Hertz-Versuchs liefern somit eine elegante Bestätigung des zweiten Bohrschen Postulates, daß in der Atomhülle nur diskrete Energiezustände erlaubt sind.

Wird die Beschleunigungsspannung jenseits des Schwellenwertes weiter erhöht, so steigt der Anodenstrom wieder an. Die Elektronen werden dann nämlich nach einem inelastischen Stoß erneut beschleunigt. Sie können daher die Gegenspannung trotz der Energieabgabe überwinden. Sobald allerdings die Beschleunigungsspannung das Zweifache des Schwellenwertes erreicht, fällt der Anodenstrom wieder drastisch ab. Die Elektronen haben dann gerade genug kinetische Energie, um *zweimal* inelastisch mit einem Gasatom zu stoßen. Entsprechend findet man Minima des Anodenstroms auch beim Dreifachen, Vierfachen, usw. des Schwellenwertes.

Aufgabe

1. Im Franck-Hertz-Versuch betrage die Beschleunigungsspannung 3 Volt und die Gegenspannung 0,5 Volt. Es finden noch keine inelastischen Stöße statt. Wie groß ist dann die kinetische Energie der Elektronen (a) an der Kathode, (b) auf halben Weg zwischen Kathode und Gitter, (c) am Gitter, (d) auf halbem Weg zwischen Gitter und Anode, und (e) an der Anode?

[6] Ein Elektronvolt (eV) ist die Energie, die ein Elektron besitzt, nachdem es eine Spannung von 1 Volt durchlaufen hat. ($1 eV = 1{,}6022 \cdot 10^{-19}$ J)

7.3.4 Strahlungsübergänge

Nicht nur das zweite, auch das dritte Bohrsche Postulat wird durch den Franck-Hertz-Versuch untermauert. Die Elektronen in der Hülle der Gasatome, die durch einen Stoß auf eine höhere Bahn gehoben wurden, kehren nämlich bald wieder auf ihre ursprüngliche Bahn zurück. Wie jedes physikalische System streben sie immer einen Zustand möglichst geringer Energie an. Bei diesem Übergang strahlen sie nun tatsächlich, wie von Bohr behauptet, die überschüssige Energie im Form von Licht ab. Ein solcher Übergang heißt daher auch **Strahlungsübergang**.

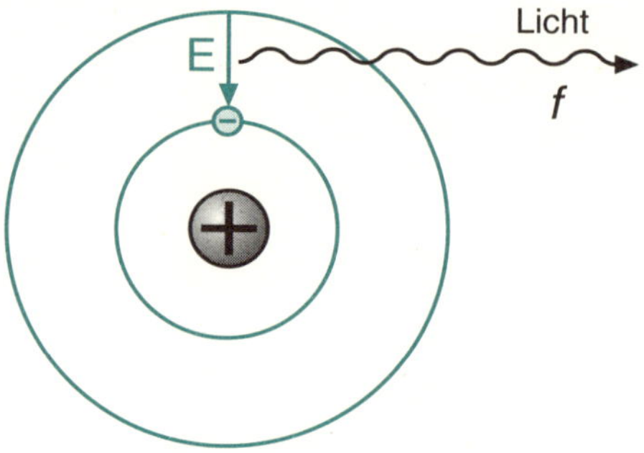

Bild 7.8: Bahnwechsel unter Aussendung von Strahlung

Das ausgesendete Licht kann man beobachten. Immer dann, wenn die Beschleunigungsspannung über dem Schwellenwert für inelastische Stöße liegt, geht von dem Gas ein Leuchten aus. Dies haben Sie in der Sendung gesehen. Die Farbe dieses Leuchtens hängt davon ab, welches Gas man in der Röhre verdampft hat. Für manche Elemente liegt es außerhalb des sichtbaren Bereiches und ist nur mit Hilfe von Instrumenten, sogenannten Spektrometern, nachweisbar. Eine genauere Analyse zeigt, daß es sich jeweils um Licht einer ganz bestimmten Frequenz handelt. Die Tabelle zeigt einige Beispiele:

Element	Kalium	Natrium	Quecksilber
Farbe des abgestrahlten Lichts	rot	gelb	ultraviolett
Frequenz f des abgestrahlten Lichts $[10^{14}\ \text{Hz}]$	3,9	5,1	11,8
Mindestenergie W_{kin} für inelastische Stöße [eV]	1,6	2,1	4,9
Quotient $\frac{W_{kin}}{f} \left[\frac{\text{eV}}{(10^{14}\ \text{Hz})}\right]$	0,41	0,41	0,42

Bild 7.9

Die Energie W_{kin} ist gerade gleich der Energiedifferenz zwischen den beiden beteiligten Bahnen im Gasatom. Beim Sprung des Elektrons auf die niedrigere Bahn wird diese Energie der ausgesandten Lichtwelle mitgegeben. Der Tabelle entnehmen wir, daß ein enger Zusammenhang besteht zwischen dieser Energie W_{kin} einerseits und der Frequenz des abgestrahlten Lichtes andererseits. Die letzte Zeile der Tabelle legt nahe, daß diese beiden Größen proportional zueinander sind.

Es gilt also (**Gleichung A 7,1**):

$$W_{kin} = h \cdot f$$

Die Proportionalitätskonstante h ist eine Naturkonstante. Sie heißt **Plancksches Wirkungsquantum** und hat den Wert **(Gleichung A 7,2):**

$$h = 0{,}41 \cdot 10^{-14}\ \frac{\text{eV}}{\text{Hz}}$$

Auf die Beziehung (A 7,1) werden wir im nächsten Kapitel noch einmal zu sprechen kommen.

Aufgaben

2. Für die Naturkonstante h findet man häufig statt der obigen die äquivalente Angabe $h = 6{,}6 \cdot 10^{-34}$ Js. Zeigen Sie, wie man die beiden Angaben ineinander umrechnen kann.

3. Bei einem Franck-Hertz-Versuch mit einem gewissen Füllgas erscheint das Leuchten bei einer Beschleunigungsspannung von 1,8 Volt. Wie groß ist die Frequenz des abgestrahlten Lichtes? Kann man es mit bloßem Auge beobachten? Welche Farbe könnte es haben? (Verwenden Sie Bild 7.9)

7.4 Röntgenstrahlung

Das Bohrsche Atommodell ermöglicht uns die Beschreibung einer technisch sehr bedeutenden Erscheinung, der Röntgenstrahlen. Sie sind benannt nach ihrem Entdecker, *W. C. Röntgen* (1845–1923). Es handelt sich dabei wie bei Licht um elektromagnetische Strahlung, allerdings von einer sehr viel größeren Frequenz. Um zu verstehen, wie Röntgenstrahlen entstehen, müssen wir uns zunächst klarmachen, wie die Elektronen eines Atoms sich auf die Bahnen in der Hülle verteilen.

7.4.1 Anordnung der Hüllenelektronen

Wie jedes physikalische System sind die Elektronen bestrebt, einen Zustand möglichst geringer Energie einzunehmen. Am liebsten würden sich also alle Elektronen auf die innerste Schale mit der Nummer $n = 1$ setzen. Dies ist ihnen aber leider nicht erlaubt. Die Anzahl der Elektronen, die auf einer Bahn Platz finden, ist beschränkt. Auf der Bahn mit der Nummer n dürfen sich maximal $2 \cdot n^2$ Elektronen aufhalten.[7] Die Elektronen füllen deshalb notgedrungen die Bahnen von innen her auf. Eine neue Bahn wird erst angebrochen, wenn alle weiter innen liegenden Bahnen vollständig besetzt sind.

[7] Eine Begründung hierfür liefert die Quantentheorie; wir können darauf jedoch hier nicht näher eingehen.

Beispiel

Das Element Aluminium hat die Ordnungszahl $Z = 13$. Ein Aluminiumatom besitzt also 13 Elektronen. Diese verteilen sich wie folgt auf die Schalen:

Schalennummer n	1	2	3	4
Maximalzahl Elektronen = $2 \cdot n^2$	2	8	18	32
im Al-Atom besetzt	2	8	3	0

Die Art, wie sich die Elektronen eines Atoms auf die Schalen verteilen, bezeichnet man auch als seine **Elektronenkonfiguration**.

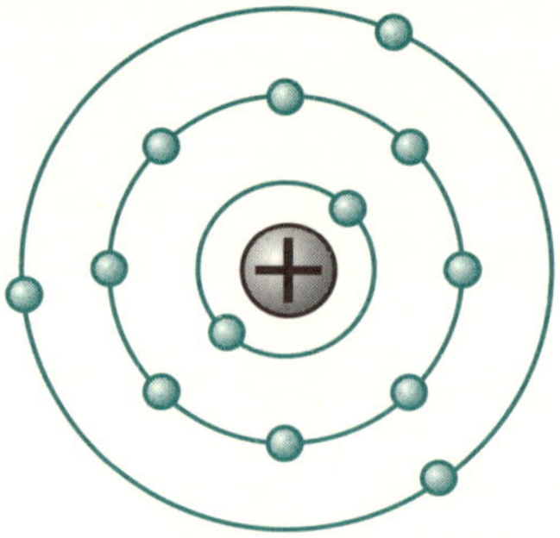

Bild 7.10: Die Elektronenkonfiguration von Aluminium

7.4.2 Erzeugung von Röntgenstrahlung

Damit sind wir in der Lage zu verstehen, wie Röntgenstrahlung entsteht. Man erzeugt sie, indem man freie Elektronen sehr stark beschleunigt und auf eine Metallplatte, das *Target*, schießt. Ähnlich wie beim Franck-Hertz-Versuch kann ein auftreffendes Elektron seine Energie an ein Hüllenelektron eines Metallatoms abgeben. Die dabei übertragene Energie ist aber hier nun so groß, daß das Hüllenelektron, meist eines der innersten, nicht einfach auf eine höhere Bahn gehoben wird - nein, es wird ganz aus dem Atom herausgeschlagen.

Dadurch entsteht auf seiner ursprünglichen Bahn ein freier Platz. Sofort wird ein Elektron auf einer darüber liegenden Bahn die Gelegenheit nutzen, seine Energie zu vermindern, und in diese Leerstelle springen. Die dabei freiwerdende Energie strahlt es, wiederum ähnlich wie beim Franck-Hertz-Versuch, in Form von elektromagnetischer Strahlung ab - und das ist die Röntgenstrahlung. Eine sehr viel größere Frequenz als das Licht hat sie unter anderem deshalb, weil man als Target relativ „schwere" Metalle verwendet, in deren Atomen sehr viele der Bahnen mit Hüllenelektronen besetzt sind, viel mehr als im obigen Beispiel des Aluminiums, so daß auch viel größere Energiedifferenzen auftreten können.

Wir haben bisher nur einen Teil der Röntgenstrahlung besprochen. Bei diesem Teil treten nur ganz bestimmte, diskrete Frequenzen auf, denn in der Elektronenhülle der Targetatome sind ja auch nur bestimmte Energieunterschiede zwischen den Bahnen erlaubt. Welche Frequenzen auftreten, hängt vom gewählten Targetmaterial ab; die Frequenzen sind charakteristisch für das Targetmaterial. Der bisher diskutierte Teil der Röntgenstrahlung heißt daher **charakteristische Strahlung.** Daneben entsteht beim Auftreffen der Elektronen auf das Target noch die sogenannte **Bremsstrahlung**, die aber im Gegensatz zur charakteristischen Strahlung kein atomphysikalischer Effekt ist. Sie rührt daher, daß die Elektronen im Target abgebremst werden. Nach den Gesetzen des Elektromagnetismus senden Ladungen, die ihre Geschwindigkeit ändern, elektromagnetische Strahlung aus. In der Bremsstrahlung können, bis zu einer gewissen oberen Grenze, beliebige Werte für die Frequenzen auftreten.

7.4.3 Anwendung der Röntgenstrahlung

Röntgenstrahlen können Gegenstände aller Art durchdringen. Dabei werden sie immer ein wenig geschwächt. Je dicker der Gegenstand ist, desto weniger Röntgenstrahlen können durch ihn hindurchtreten. Vergleicht man Gegenstände gleicher Dicke, oder verschiedene Bereiche innerhalb eines einzelnen Gegenstandes, dann kommt es auf die *Dichte* des Materials an: Je dichter ein Material ist, desto weniger Röntgenstrahlen läßt es hindurch.

Dies nutzt man aus, um mit Röntgenstrahlen das Innenleben von Gegenständen, oder auch von Körperteilen abzubilden. Bereiche höherer Dichte, zum Beispiel Knochen, lassen weniger Röntgenstrahlen durchtreten als Bereiche geringerer Dichte, wie Haut und Gewebe. Dementsprechend wird der Film hinter den Knochen von den Röntgenstrahlen weniger stark geschwärzt; auf dem entwickelten Film, dem Negativ, das die Ärzte betrachten, erscheinen die Knochen daher weiß.

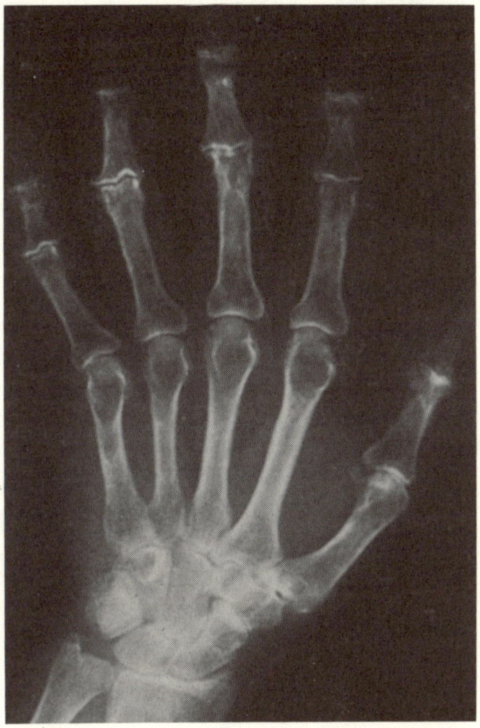

Bild 7.11: Röntgenaufnahme einer Hand

7

Aufgaben

4. Nennen Sie die jeweiligen Mängel der Atommodelle von Dalton, Thomson und Rutherford.
5. Welche Bedingungen müssen erfüllt sein, damit ein Elektron auf eine höhere Schale wechseln kann?
6. Auf welche Arten können Elektronen auf eine höhere Schale gehoben werden?
7. Das Element Krypton hat die Ordnungszahl $Z = 36$, ein Kryptonatom hat also 36 Elektronen. Wie verteilen diese sich auf die verschiedenen Schalen?

Zusammenfassung der wichtigsten Aussagen

- Atome bestehen aus dem positiv geladenen Atomkern und den negativ geladenen Elektronen. Fast die gesamte Masse des Atoms ist im Kern konzentriert.
- Nach dem Bohrschen Atommodell kreisen die Elektronen auf Bahnen um den Kern. Es sind nur bestimmte Bahnradien erlaubt. Die $n$te Bahn von innen kann maximal $2 \cdot n^2$ Elektronen aufnehmen.
- Die Energie eines Elektrons auf einer Bahn ist um so größer, je größer der Radius der Bahn ist.
- Wenn ein Elektron auf eine andere Bahn wechseln will, muß es die Energiedifferenz aufnehmen oder abgeben.
- Geschieht dies in Form von elektromagnetischer Strahlung, so hängen die Energiedifferenz W und die Frequenz f der Strahlung zusammen über (Gleichung A 7,1) $W = h \cdot f$
- Das Plancksche Wirkungsquantum h hat den Wert[8] (Gleichung A 7,2): $h = 0{,}41 \cdot 10^{-14}\ \frac{\text{eV}}{\text{Hz}} = 6{,}6 \cdot 10^{-34}\ \text{Js}$
- Röntgenstrahlung ist elektromagnetische Strahlung sehr hoher Frequenz. Sie entsteht, wenn schnelle Elektronen auf ein Metalltarget treffen.

[8] Die Werte sind hier zum schnelleren Auffinden angegeben, aber nicht zum Auswendiglernen.

Folge 8: Ein Teilchen namens Photon
Laser, Fotoeffekt und Bändermodell

Übersicht

8.0 Einführung

Es ist schon bemerkenswert, auch heute noch, was man mit Laserlicht alles bewerkstelligen kann. Ärzte können abgelöste Netzhaut wieder anschweißen, Biologen stimulieren gezielt die Bestandteile winziger Zellen, Astronomen vermessen die Entfernung des Mondes auf Zentimeter genau. Im Tunnelbau kann ein Laserstrahl als Richtschnur dienen. Daten können in hoher Dichte schnell und zuverlässig über weite Entfernungen übertragen werden. Die Compact Disc wäre ohne Laser undenkbar. Und sollten Sie einmal in die Verlegenheit geraten, ein haarfeines Loch in einen Diamanten bohren zu müssen: Auch dazu können Sie auf einen Laser zurückgreifen. Im ersten Teil dieser Folge erfahren Sie, warum: Wir werden diskutieren, wodurch sich Laserlicht auszeichnet, und wie man es erzeugt. Danach wenden wir uns dem Fotoeffekt zu und vertiefen unsere Kenntnisse des Zusammenspiels von Licht mit den Bausteinen der Materie. Dabei stoßen wir auf tiefgreifende, fast philosophische Fragen über die Natur des Lichtes. Im dritten Teil dieser Folge schließlich wird eine weitere moderne Anwendung, die Halbleiter, zur Sprache kommen.

8.1 Der Laser

8.1.1 Eigenschaften des Laserlichts

Was sind die Eigenschaften des Laserlichtes, die die gerade genannten Anwendungen möglich machen? Die wichtigsten dieser Eigenschaften haben Sie in der Sendung kennengelernt. Zum einen ist Laserlicht extrem **stark gebündelt**: Alle Strahlen, die von einem Laser ausgehen, laufen parallel in ein und dieselbe Richtung und nicht etwa rundum in den Raum wie bei einer gewöhnlichen Lampe. Zweitens kann Laserlicht eine sehr **hohe Intensität** besitzen und kann dadurch sehr viel Energie transportieren. Insbesondere kann diese Energie aufgrund der starken Bündelung auf eine eng begrenzte Stelle im Raum konzentriert werden. Und schließlich ist Laserlicht fast perfekt **monochromatisch**, das heißt einfarbig: Es enthält nur Licht einer einzigen Frequenz beziehungsweise Wellenlänge.[1] Dies ist die Voraussetzung für eine exakte Längenmessung und für das Aufmodulieren von Daten auf eine Trägerwelle. Im Licht einer gewöhnlichen Lampe hingegen sind sehr viele verschiedene Frequenzen enthalten, es ist nahezu „weiß".

Wie lassen sich diese unterschiedlichen Eigenschaften erklären? Dazu müssen wir verstehen, wie die beiden verschiedenen Arten von Licht entstehen. In der letzten Folge haben Sie gesehen, daß eine Lichtwelle ausgesendet wird, wenn ein Hüllenelektron eines Atoms von einer höheren auf eine niedrigere Bahn übergeht.[2] In einer gewöhnlichen Glühlampe werden durch Zufuhr elektrischer Energie von außen ständig Elektronen auf höhere Bahnen gehoben. Jedes dieser Elektronen springt dann irgendwann auf eine niedrigere Bahn und sendet dabei eine Lichtwelle aus. Man nennt diesen Vorgang **spontane Emission**. Es gibt eine Vielzahl von Bahnen, zwischen denen solche Übergänge stattfinden können.

Dadurch entsteht Licht vieler verschiedener Frequenzen. Die Richtung der bei der spontanen Emission ausgesandten Welle ist beliebig und unvorhersagbar. Dasselbe gilt für den Zeitpunkt des Übergangs, so daß die verschiedenen ausgesandten Lichtwellen in beliebigen Phasenbeziehungen zueinander stehen können. Manche der Wellen werden sich daher durch destruktive Interferenz gegenseitig schwächen oder gar auslöschen.[3]

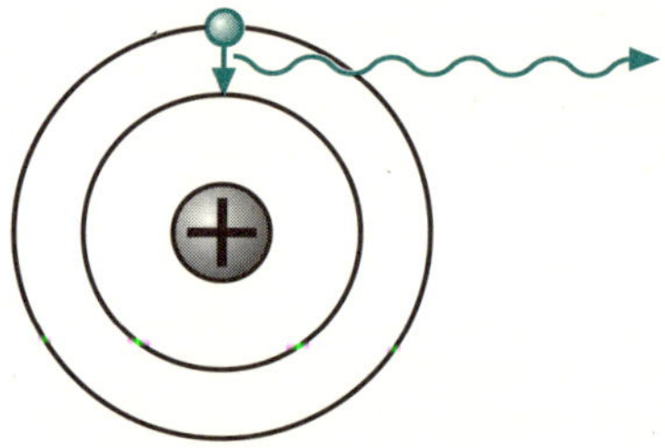

Bild 8.1: Spontane Emission

8.1.2 Induzierte Emission

Beim Laser sieht das anders aus. Dort gibt es nämlich einen Mechanismus, der die verschiedenen Wellen synchronisiert. Laser bestehen häufig aus einem Zylinder, der mit einem Gas aus Neonatomen gefüllt ist. Konzentrieren wir uns auf zwei bestimmte Bahnen der Neonatome, eine höhere und eine tiefer gelegene, und betrachten wir ein Elektron, das auf der höheren Bahn sitzt.

---

1 Wie Sie wissen, sind Frequenz f und Wellenlänge λ einer Lichtquelle verknüpft durch $c = \lambda \cdot f$, wobei c die Lichtgeschwindigkeit ist (siehe Schwingungslehre, Gleichung S 3,1).

2 Siehe Abschnitt 7.3.2.

3 Siehe Schwingungslehre, Abschnitt 5.1.

Neben der *spontanen* Emission gibt es für das Elektron noch eine zweite Art, auf die tiefere Bahn zu gelangen. Eine Lichtwelle, die von irgendwo her auf das Elektron zuläuft, kann es nämlich gewissermaßen dazu *auffordern*, auf die niedrigere Bahn zu springen. Den Energieunterschied zwischen den Bahnen strahlt das Elektron auch hier wieder als Lichtwelle ab: Es wird eine zweite, zusätzliche Welle erzeugt. Dieser Vorgang heißt **induzierte Emission** oder stimulierte Emission.

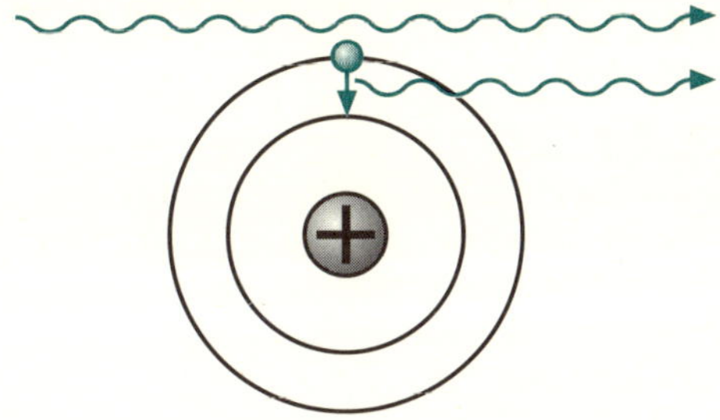

Bild 8.2: Induzierte Emission

Man hat festgestellt, daß die induzierte Emission nur möglich ist, wenn die Energie der ursprünglichen Welle gleich dem Energieunterschied der beiden Bahnen ist. Die ursprüngliche Welle verändert sich bei der induzierten Emission in keiner Weise. Daher haben die ursprüngliche und die zusätzlich erzeugte Welle die gleiche Energie, also auch die gleiche Frequenz und Wellenlänge.[4] Auch die Phasen der beiden Wellen sind gleich. Schließlich kann sich das Elektron den Zeitpunkt des Übergangs nicht mehr selbst aussuchen; die Emission wird von der ursprünglichen Welle phasenrichtig ausgelöst. Dadurch verstärken sich die beiden Wellen maximal.
Auf ihrem weiteren Weg können diese beiden Wellen dann auf weitere Elektronen treffen, die auf der höheren Bahn sitzen, und weitere induzierte Emissionen auslösen. So entsteht nach und nach eine ganze Lawine von Wellen, die alle die gleiche Wellenlänge und Phase haben und sich daher alle maximal verstärken. Dies ist die Grundlage für die hohe Intensität des Laserlichtes. Daher hat der Laser auch seinen Namen. Er ist die Abkürzung für „**L**ight **A**mplification by **S**timulated **E**mission of **R**adiation", zu deutsch: Lichtverstärkung durch induzierte Emission von Strahlung.
Besonders ausgeprägt wird der Verstärkungseffekt dadurch, daß man an beiden Enden des Zylinders Spiegel anbringt. Dadurch läuft jede Welle viele Male im Zylinder hin und her, trifft dabei auf viele Elektronen auf der höheren Bahn und kann viele induzierte Emissionen auslösen. Und schon ist unser Laser perfekt. Könnte man meinen – doch die Sache hat noch einen Haken.

8.1.3 Besetzungsinversion

Es gibt neben der induzierten Emission auch einen Mechanismus, durch den wieder Wellen verloren gehen.

Auf ihrem Weg durch den Laser treffen die Wellen ja nicht nur auf Elektronen auf der höheren Bahn, sondern gelegentlich auch auf ein Elektron auf der tieferen. In einem solchen Fall, das haben Sie in der letzten Folge gesehen,[5] kann das Elektron die Welle absorbieren und ihre Energie nutzen, um auf die höhere Bahn zu

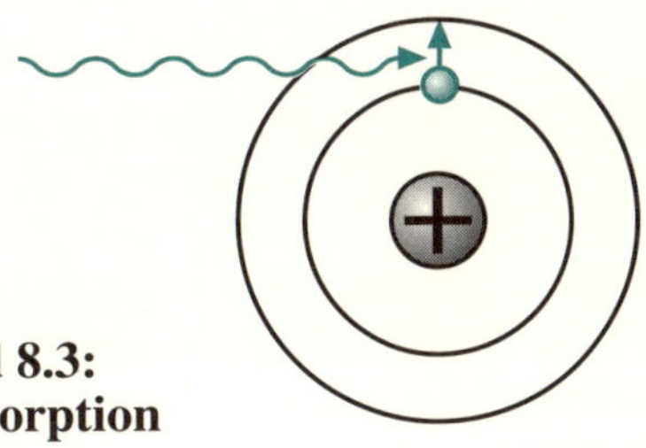

Bild 8.3: Absorption

---

[4] Der Zusammenhang zwischen Energie und Frequenz einer Lichtwelle wird in Abschnitt 8.2.3 genauer diskutiert. Siehe auch Gleichung A 7,1.

[5] Drittes Bohrsches Postulat, siehe Abschnitt 7.3.2.

springen. Diesen Vorgang bezeichnet man als **Absorption**. Durch Absorptionsereignisse wird die Wellenlawine geschwächt.

Wie kann man nun erreichen, daß die Lawine nicht verebbt? Man muß dafür sorgen, daß eine Welle auf ihrem Weg durch den Laser mehr induzierte Emissionen auslöst als Absorptionen. Dazu muß gewährleistet sein, daß die Wellen häufiger auf Elektronen auf der hohen Bahn treffen als auf Elektronen auf der tiefen. Diese Situation, daß mehr Elektronen auf der hohen Bahn sitzen als auf der tiefen, bezeichnet man als **Besetzungsinversion**.

Es handelt sich dabei um einen „unnatürlichen" Zustand,[6] denn wir hatten ja gesehen, daß sich die Elektronen eigentlich am liebsten auf der tieferen Bahn aufhalten. Besetzungsinversion muß also künstlich von außen hergestellt und aufrechterhalten werden. Es müssen auf irgendeine Weise ständig Elektronen in großer Zahl von der tieferen auf die höhere Bahn befördert werden. Diesen Vorgang bezeichnet man als **Pumpen**. Dem Neongas muß dabei Energie zugeführt werden.

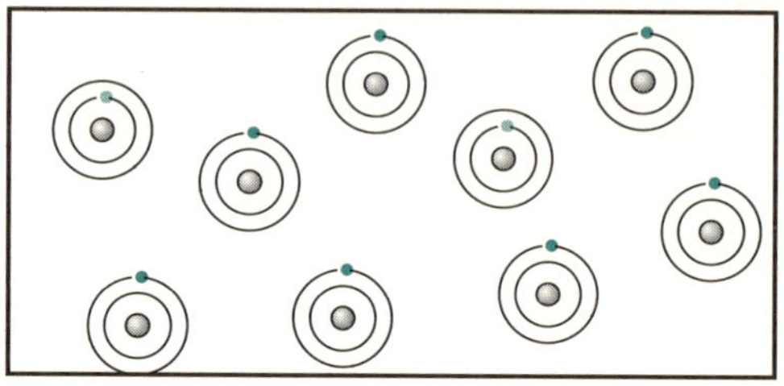

Bild 8.4: Besetzungsinversion

Der Pumpvorgang ist technisch nicht einfach zu realisieren. Eine Möglichkeit ist die folgende: Man gibt eine zweite Gassorte in den Zylinder, zum Beispiel Helium. Durch Gasentladungen teilt man den Heliumatomen die nötige Pumpenergie mit. Sie geben diese Energie dann durch inelastische Stöße an die Neonatome weiter und heben dort Elektronen auf die höhere Bahn.

Ein paar Fragen sind noch offen. Wie kommt die Lawine in Gang? Die ersten Wellen entstehen durch spontane Emission, sobald einige Elektronen nach oben gepumpt worden sind.
Wie kommt das Licht aus dem Laser heraus? Dazu macht man einen der Spiegel leicht durchlässig, so daß nur etwa 98% der Wellen reflektiert werden. Die restlichen zwei Prozent treten aus und bilden den nutzbaren Laserstrahl.

Warum aber ist dieser Strahl so scharf gebündelt? Auch bei der induzierten Emission werden Wellen in alle möglichen Raumrichtungen ausgesandt. Aber nur Wellen, die entlang der Zylinderachse laufen, werden immer wieder von den Spiegeln hin- und hergeworfen und sammeln sich im Laser an; andere Wellen treten sehr bald durch die Seitenwand des Zylinders aus oder werden dort absorbiert. Daher besteht das Laserlicht im Zylinder, und somit auch der nutzbare Laserstrahl, fast ausschließlich aus Wellen parallel zur Zylinderachse.

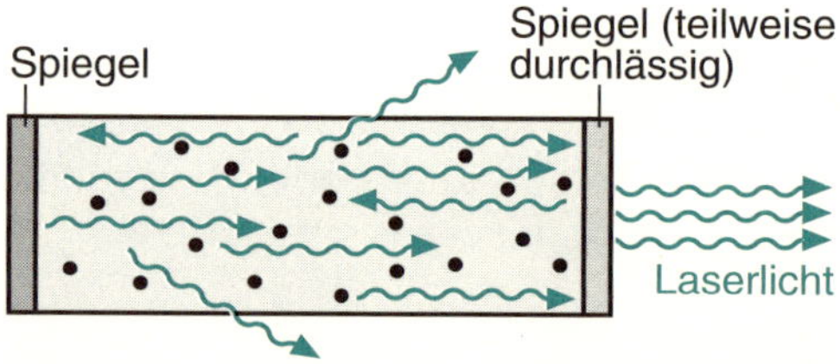

Bild 8.5: Aufbau des Lasers (schematisch)

[6] Der physikalische Fachausdruck hierfür ist „Nicht-Gleichgewichtszustand".

Und schließlich: Warum ist Laserlicht monochromatisch? Der Hauptgrund dafür ist einfach: Der Pumpvorgang ist so angelegt, daß er nur zwischen einem bestimmten Paar von Bahnen stattfindet. Die Wellen haben daher eine ganz bestimmt Energie, und damit nur eine Frequenz.

8.2 Der Dualismus des Lichts

Wenn man Sie nach Durcharbeiten der Kapitel über Schwingungen gefragt hätte, was Licht eigentlich ist, dann hätten Sie (hoffentlich) geantwortet: Das ist doch klar, Licht ist eine elektromagnetische Welle. Wenn Ihnen das nun, nach Genuß der Sendung zum Fotoeffekt, plötzlich wieder weit weniger klar ist, dann hat das seinen guten Grund: So einfach ist es nämlich leider nicht. Diese schmerzliche Erfahrung mußten auch die Physiker zu Anfang dieses Jahrhunderts machen. Sie hatten geglaubt, das Licht vollständig verstanden zu haben. Mit der Vorstellung von Licht als Welle ließen sich Erscheinungen wie Beugung und Interferenz bestens erklären. Doch dann wurden Versuchsergebnisse bekannt, die mit dieser Vorstellung ganz und gar nicht zu vereinbaren waren. Mit diesen Ergebnissen und ihrer Deutung werden wir uns im folgenden beschäftigen.

8.2.1 Der äußere Fotoeffekt

Die Elektronen eines Festkörpers können diesen normalerweise nicht verlassen. Daran hindert sie die elektrostatische Anziehung der positiven Atomkerne. Den Energiebetrag, den ein Elektron aufnehmen muß, um diese Anziehung überwinden zu können, bezeichnet man als **Austrittsarbeit**. Sie ist bei Metallen besonders niedrig. Läßt man Licht auf eine Metallplatte fallen, dann können Elektronen diesen Energiebetrag vom Licht aufnehmen und aus dem Metall austreten. Sie können sich dann außerhalb des Metalls frei bewegen. Diesen Effekt bezeichnet man als (äußeren) **Fotoeffekt**.

8

Man kann die austretenden Elektronen nachweisen, indem man in der Nähe der Metallplatte ein Gitter anbringt, das man über einen Meßverstärker mit dem positiven Pol einer Spannungsquelle verbindet. Den negativen Pol verbindet man mit der Metallplatte. Wenn Elektronen aus der Metallplatte austreten, werden sie zum Gitter hingezogen. Sie verursachen so einen Strom, den sogenannten **Fotostrom**, der vom Meßverstärker anzeigt wird. Je geringer die Intensität des eingestrahlten Lichtes ist, desto weniger Elektronen werden aus der Platte ausgeschlagen, und desto schwächer ist der Fotostrom. Bis hierhin ist am Fotoeffekt wenig Überraschendes.

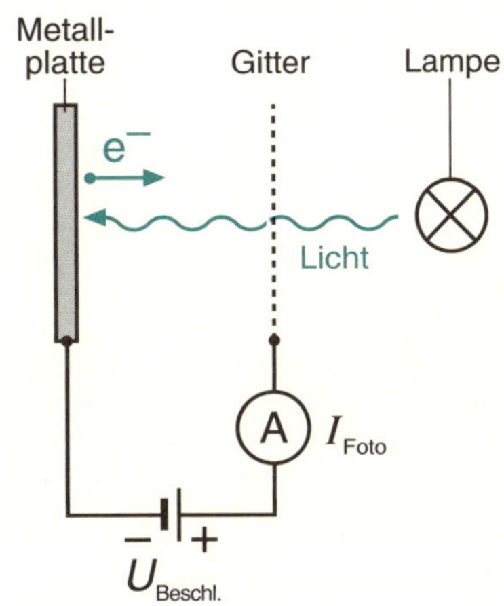

Bild 8.6: Fotoeffekt: Nachweis der austretenden Elektronen

Eine merkwürdige Beobachtung macht man jedoch, wenn man die Lichtintensität immer schwächer macht und untersucht, wie lange es nach dem Einschalten des Lichtes jeweils dauert, bis der Fotostrom zu fließen beginnt. Der Fotostrom setzt immer sofort ein, selbst bei noch so geringer Intensität des Lichtes. Merkwürdig ist dies aus folgendem Grund. Nimmt man an, daß das Licht eine Welle ist, dann müßte es seine Energie kontinuierlich transportieren, und der Energieeinstrom müßte sich gleichmäßig auf alle Elektronen in der Nähe der Metalloberfläche verteilen. Bei sehr geringer Lichtintensität müßte jedes Elektron zunächst eine ganze Weile Energie sammeln, bis es die nötige Austrittsarbeit zusammengetragen hat. Der Fotostrom müßte also mit merklicher Verzögerung einsetzen.
Tatsächlich aber fließt er sofort. Es muß also zumindest einige, wenn auch nur wenige Elektronen geben, die unmittelbar nach dem Einschalten des Lichts auf einen Schlag die gesamte von ihnen benötigte Austrittsarbeit übertragen bekommen. Mit der Vorstellung von Licht als Welle ist dies nicht zu vereinbaren: Von einem kontinuierlichen Energiefluß kann keine Rede sein. Vielmehr wird die Energie des Lichtes in Portionen transportiert: Licht scheint aus Teilchen zu bestehen! *Einstein*, der für diese revolutionäre Deutung den Nobelpreis erhielt, nannte diese Teilchen **Lichtquanten** oder **Photonen**.

8.2.2 Einfluß der Lichtintensität

Wir wollen den Teilchencharakter des Lichts genauer untersuchen. Dazu messen wir die kinetische Energie, die die Elektronen nach dem Austritt aus dem Metall besitzen. Oft absorbieren nämlich die Elektronen vom Licht mehr Energie, als sie zum Austritt benötigen. Die überschüssige Energie steht ihnen dann anschließend als kinetische Energie zur Verfügung. Wenn man diese Energie mißt, kann man interessante Rückschlüsse auf die Energie des Lichtes ziehen.

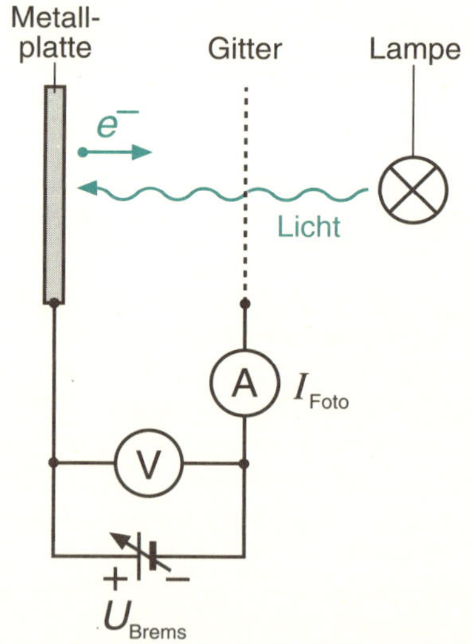

Bild 8.7: Bestimmung der maximalen kinetischen Energie der Fotoelektronen

Einschub: Wie mißt man diese Energie? Dazu muß man den obigen Versuchsaufbau ein wenig abwandeln. Die Beschleunigungsspannung zwischen Metallplatte und Gitter wird umgepolt. Sie wirkt also ab sofort als Bremsspannung. Um das Gitter zu erreichen, müssen ausgetretene Elektronen jetzt *gegen* diese Bremsspannung anlaufen. Dies gelingt ihnen nur, wenn sie nach dem Austritt genügend kinetische Energie mitbringen. Macht man die Bremsspannung immer stärker, so wird der Fotostrom immer schwächer: es gibt immer weniger Elektronen, die die nötige kinetische Energie besitzen. Wenn beispielsweise bei einer Gegenspannung von 3 Volt der Fotostrom gerade ganz versiegt, dann sagt uns das, daß in diesem Fall keine Elektronen mit einer kinetischen Energie von mehr als 3 Elektronvolt ausgetreten sind. Genau genommen ist also das, was wir messen, die *maximale* kinetische Energie der Elektronen, aber wir werden ab sofort nur noch von *der* kinetischen Energie der Elektronen schlechthin sprechen. Daß manche Elektronen etwas weniger Energie mitbringen, können wir hier getrost ignorieren.

Von welchen Eigenschaften des Lichtes hängt die kinetische Energie der Elektronen beim Austritt ab? Erste Kandidatin ist die *Intensität* des Lichtes. Wir verändern die Helligkeit des Lichtstroms[7] und messen jeweils die kinetische Energie der Elektronen. Erstaunliche Beobachtung: die kinetische Energie der Elektronen ist *unabhängig* von der Lichtintensität! Nur die Stärke des Fotostroms, das heißt die Anzahl der ausgetretenen Elektronen, ändert sich. Das haben wir bereits im vorigen Abschnitt gesehen.
Dies ist ein zweiter Befund, der im Wellenbild des Lichtes nicht zu verstehen ist. Wenn man die Intensität erhöht, müßte nach der Wellenvorstellung auf jedes Elektron mehr Energie einströmen, und somit müßte es manchen Elektronen möglich sein, einen größeren Energiebetrag von der Lichtwelle aufzunehmen. Statt dessen werden nur *mehr* Elektronen ausgeschlagen.
Verstehen können wir die Unabhängigkeit von der Lichtintensität aber in Einsteins *Teilchenbild*: Lichtenergie wird in Portionen übertragen, den Lichtquanten, und bei Erhöhen der Lichtintensität ändert sich nicht die Größe dieser Quanten, sondern nur deren Anzahl.[8] Doch wovon hängt die Energie eines Lichtquants nun eigentlich ab?

8.2.3 Einfluß der Lichtfrequenz

Betrachten wir noch einmal die kinetische Energie der Elektronen nach dem Austritt. Variieren wir nun statt der Intensität die *Frequenz* des eingestrahlten Lichts. Dazu bringen wir nacheinander verschiedene Filter zwischen Lampe und Metallplatte an, die jeweils nur Licht einer bestimmten Frequenz hindurchlassen, und messen zu jeder Frequenz die Elektronenenergie. Eine Auftragung typischer Meßergebnisse finden Sie im nebenstehenden Bild.

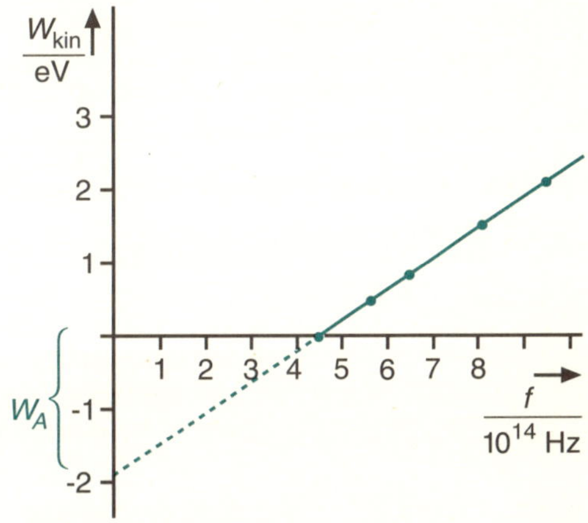

Bild 8.8: Kinetische Energie der Elektronen in Abhängigkeit von der Frequenz des eingestrahlten Lichts

Was können wir aus dieser Auftragung ablesen? Ein Ergebnis ist offensichtlich: Erhöht man die Lichtfrequenz, so wächst die kinetische Energie der Elektronen. Wie können wir dieses Ergebnis verstehen? Im Wellenbild ist das schwierig. Die Energie der elektromagnetischen Strahlung, wie man sie sich Ende des letzten Jahrhunderts vorstellte, sollte nämlich *nur* von ihrer Intensität abhängen, nicht aber von ihrer Frequenz.
Im Photonenbild hingegen können wir uns vorstellen, daß die Energie der einzelnen Photonen immer größer wird, wenn man die Frequenz des Lichts erhöht. Man erkennt in Bild 8.8, daß dieser Zusammenhang linear ist.

Die Gleichung der Geraden lautet $$W_{kin} = h \cdot f - W_A$$

[7] Dies läßt sich durch zwei Polarisationsfilter im Lichtstrom erreichen, deren Ausrichtung gegeneinander verstellt wird (vgl. Abschnitt 4.2.2).

[8] Wir müssen außerdem annehmen, daß es keinem Elektron möglich ist, mehrere solcher Quanten zu sammeln.

8

Mathematisch gesprochen ist h die Steigung der Geraden, und W_A die Länge des y-Achsenabschnitts. Physikalisch bezeichnet W_A die Austrittsarbeit der Elektronen, und W_{kin} ihre kinetische Energie nach dem Austritt. Die Summe dieser beiden Energien erhält das Elektron vom Photon. Somit muß $h \cdot f$ die Energie des auftreffenden Photons sein.

Die **Energie *W* eines Photons** ist also proportional zur Frequenz f des Lichts **(Gleichung A 8,1):**

$$W_{Photon} = h \cdot f$$

Dies ist ein sehr wichtiger Befund. Wir kennen diese Gleichung bereits aus dem letzten Kapitel. Die Proportionalitätskonstante ist wieder das Plancksche Wirkungsquantum h.

Man lernt aber aus Bild 8.8 noch ein zweites: Macht man die Lichtfrequenz immer kleiner, so wird bei einer gewissen Frequenz die kinetische Energie der austretenden Elektronen gleich null: Jedes Photon hat dann gerade genügend Energie, um einem Elektron die Austrittsarbeit mitzugeben. In Bild 8.8 passiert dies bei $4{,}5 \cdot 10^{14}$ Hz. Bei noch kleineren Frequenzen treten überhaupt keine Elektronen mehr aus! Bei solch kleinen Frequenzen ist die Energie der Photonen so gering, daß sie den Elektronen im Metall nicht einmal die nötige Austrittsarbeit mitteilen können. Da hilft es auch nicht, die Licht*intensität* größer und größer zu machen. Wir hatten ja schon gesehen: Die Lichtintensität hat keinen Einfluß auf die Energie der einzelnen Photonen. Beim Fotoeffekt gibt es eine **Grenzfrequenz**, unterhalb derer keine Elektronen ausgelöst werden.

Aufgaben

1. Die Austrittsarbeit von Natrium ist 2,3 eV. Mit Licht welcher Frequenz muß man eine Natriumplatte bestrahlen, damit die austretenden Elektronen gerade die kinetische Energie Null haben?
2. Bestrahlt man eine Kupferplatte mit Licht der Frequenz $2{,}0 \cdot 10^{15}$ Hz, so haben die austretenden Elektronen eine kinetische Energie von 3,7 eV. Wie groß ist die Austrittsarbeit von Kupfer?

8.2.4 Modelle des Lichts

Was ist die wichtigste Erkenntnis aus dem Fotoeffekt? Es gibt physikalische Effekte, die sich mit dem Wellenmodell des Lichts nicht erklären lassen. Ist damit das Wellenmodell überholt und kommt zu den Akten? Verlassen wir uns fortan nur noch auf das Teilchenbild? Mitnichten! Denn das Wellenbild hat nach wie vor seine Stärken. *Alles* kann das Teilchenbild auch nicht erklären. Vor allem Interferenz und Beugung lassen sich im Wellenbild sehr elegant beschreiben, im Teilchenbild aber so gut wie gar nicht.

Was aber ist nun Licht? Welle oder Teilchen? Licht ist beides! Oder auch: Licht ist keines von beidem. Wie können wir das verstehen? Verstehen im Sinne unserer Anschauung aus dem Alltag läßt sich das eigentlich überhaupt nicht. Das Problem ist, daß in der Welt der kleinsten Teilchen (bzw. Wellen) völlig andere Gesetze gelten als in unserer Erfahrungswelt. Um uns in diese mikroskopische Welt hineinzudenken, können wir zwar Anleihen bei unserer Alltagserfahrung machen und Hilfsvorstellungen, sogenannte **Modelle**, entwickeln, wie das Wellen- oder das Teilchenmodell. Richtig passend sind solche Modelle allerdings in der Regel nicht. Und wie wir beim Licht gesehen haben, kann es sogar vorkommen, daß erst zwei scheinbar unverträgliche Modelle zusammen eine passable Beschreibung ergeben. Man spricht daher vom **Dualismus** des Lichts. Die Eigenschaften des Lichts sind heute sehr gut verstanden, und sind in der Quantentheorie in einer einheitlichen Weise mathematisch formuliert. Es ist aber nicht gelungen, *ein* anschauliches Modell zu finden, das alle diese Eigenschaften gut beschreibt. Wenn man in der Physik anschaulich über Licht reden will, muß man sowohl Wellen- als auch Teilchenmodell zur Hand haben. Dies gilt übrigens nicht nur für das sichtbare Licht, sondern für alle elektromagnetische Strahlung, also zum Beispiel auch für die Röntgenstrahlen. Man muß sich stets der Grenzen beider Modelle bewußt sein und jeweils das Modell verwenden, das für die betreffende Fragestellung das geeignetere ist. Man kann zwischen den Modellen hin- und herspringen und sie sogar mischen. Genau genommen haben wir dies bei der Beschreibung des Lasers bereits getan.

8.3 Elektronen im Festkörper

Die Bedeutung des Fotoeffekts liegt nicht nur in der Klärung fundamentaler physikalischer Fragen. Die Möglichkeit, mit Licht Elektronen zu beeinflussen, ist auch die Grundlage zahlreicher technischer Anwendungen. Die Fotoelemente in Lichtschranken beispielsweise wirken als optische Schalter: Nur wenn sie mit Licht bestrahlt werden, lassen sie einen Strom fließen. Ein Belichtungsmesser beim Fotografieren macht im Prinzip das gleiche, nur etwas differenzierter: Je mehr Licht auf ihn fällt, desto mehr Strom läßt er fließen. In der Fernsehkamera wandelt eine große Zahl solcher Fotoelemente das auftreffende Bild in elektrische Impulse um. All dies läßt sich im Prinzip mit dem äußeren Fotoeffekt realisieren, bei dem Elektronen aus einem Metall austreten. Einfacher, billiger und zuverlässiger leisten dies aber heute die sogenannten Halbleiterbauelemente. Wie sie das tun, werden wir in diesem Abschnitt erfahren. Dazu gehen wir zunächst noch einmal auf den Mechanismus der Stromleitung ein.

8.3.1 Das Bändermodell

In der Elektrizitätslehre[9] haben Sie bereits einige Aspekte der Stromleitung in Festkörpern kennengelernt. Dort wurde gezeigt, daß Isolatoren den elektrischen Strom deswegen so schlecht leiten, weil alle ihre Elektronen fest an bestimmte Atomkerne gebunden sind. Bei dieser Beschreibung wurde angenommen, daß sich im Festkörper die Elektronen auf den gleichen Bahnen um den Kern bewegen, wie wenn die Atome einzeln vorliegen, zum Beispiel als Gasatome. Dies ist bei gewissen Substanzen auch recht gut erfüllt, am besten bei den Ionenkristallen.[10] Selbstverständlich ist dies allerdings nicht. Das Bohrsche Atommodell wurde nämlich zunächst nur für isolierte Atome entwickelt.

[9] Siehe Elektrizitätslehre, Abschnitt 4.2.
[10] Siehe Elektrizitätslehre, Abschnitt 4.2.1.

Bringt man viele Atome sehr dicht zusammen, wie im Festkörper, dann kann es passieren, daß sich die Bahnen benachbarter Atome stark überlappen und sich dadurch gegenseitig beeinflussen. Dies geschieht in gewissem Maß bei Halbleitern wie Silizium und ganz besonders bei guten Leitern, den Metallen.

Bild 8.9: Überlappung der Elektronenbahnen im Festkörper

Dabei können ganz neuartige Zustände für die Elektronen entstehen, die sehr verschieden sind von den Bahnen im isolierten Atom. Die überlappenden Schalen verbinden sich, und es entstehen sogenannte **Bänder**, die sich durch den ganzen Festkörper ziehen. Auf den Bändern können die Elektronen durch den ganzen Festkörper „surfen" sind also nicht mehr an das Atom gebunden, zu dem sie ursprünglich gehört hatten. Man sagt, die Elektronen sind delokalisiert.

Während im Bohrschen Modell (vgl. 7.3.2) zu jeder Schale genau ein Energiewert gehörte, besteht im Festkörper jedes Band nun aus einem ganzen *Bereich* von erlaubten Energiewerten. Energiewerte, die zwischen den Bändern liegen, sind aber auch hier verboten.

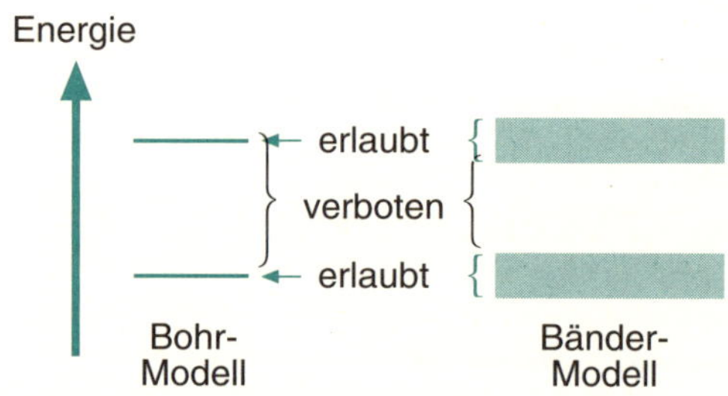

Bild 8.10: Erlaubte Energiezustände (schematisch)

8.3.2 Leitfähigkeit im Bändermodell

Elektrische Leitfähigkeit allerdings ist durch die Existenz der Bänder noch nicht garantiert. Es gibt nämlich Beschränkungen, wie viele Elektronen höchstens auf einem Band sitzen dürfen, wie auch im Bohrschen Atommodell auf einer Schale nicht beliebig viele Elektronen sitzen durften. Und wenn ein Band voll besetzt ist, dann sind die Elektronen blockiert.[11] Sie können nicht in Schwung kommen, wenn man von außen ein elektrisches Feld anlegt, und folglich kann kein Strom fließen. Bildlich gesprochen: Die Straße durch den Kristall ist zwar gebaut, aber sie ist so verstopft, daß niemand fahren kann.

[11] Wie im Bohrschen Modell ist dies eine Regel aus der Quantenmechanik.

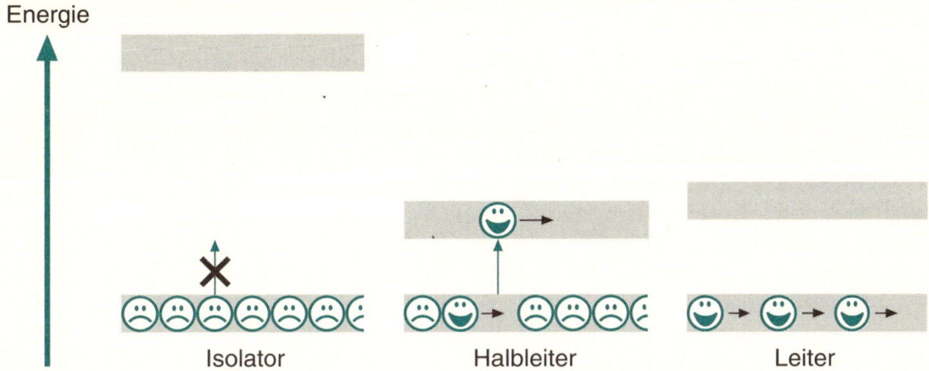

Bild 8.11: Isolatoren, Halbleiter und Leiter im Bändermodell

In diesem Modell sind alle Stoffe, die nur ganz volle und ganz leere Bänder besitzen, **Isolatoren**. Besitzt ein Festkörper hingegen ein Band, das nur teilweise mit Elektronen besetzt ist, dann ist in diesem Band Bewegung möglich, und der Körper ist ein guter **Leiter**. Eine Zwischenstellung nehmen die **Halbleiter** ein. Wie die Isolatoren haben sie nur ganz volle oder ganz leere Bänder. Allerdings ist der Energieunterschied zwischen den Bändern, die sogenannte **Energielücke**, bei den Halbleitern viel geringer.

Sie ist so gering, daß unter Umständen ein Elektron aus dem vollbesetzten Band in das darüberliegende leere Band springen kann. In diesem Band kann es sich dann bewegen und zur elektrischen Leitung beitragen. Dieses höhergelegene Band wird daher als das **Leitungsband** bezeichnet. Das tiefere Band hingegen heißt **Valenzband**. Der Sprung ins Leitungsband gelingt aber immer nur wenigen Elektronen. Daher reicht die Leitfähigkeit der Halbleiter nie an die der Metalle heran.

8

Nicht nur ins Leitungsband, auch ins Valenzband kommt durch einen solchen Sprung Bewegung. Dort entsteht nämlich ein freier Platz, ein *Loch*, und dadurch werden die übrigen Elektronen aus ihrer Blockade befreit. Getrieben von einem elektrischen Feld kann ein Nachbarelektron in das Loch springen, das nächste Elektron kann ihm folgen und so fort. Man kann auch einfach das Loch als ein imaginäres positiv geladenes Teilchen auffassen, das in die entgegengesetzte Richtung wandert. Insgesamt haben wir im Halbleiter also zwei Beiträge zur Leitfähigkeit: die Elektronenleitung im Leitungsband und die Löcherleitung im Valenzband.

Doch woher nehmen eigentlich die Elektronen die nötige Energie zum Sprung in das Leitungsband? Dafür gibt es zwei wichtige Möglichkeiten: Eine ist die Wärmeenergie. Daher steigt die Leitfähigkeit eines Halbleiters mit der Temperatur. Eine andere Möglichkeit ist die Absorption eines Photons mit hinreichend großer Energie, also hinreichend hoher Frequenz. Dies ist der sogenannte **innere Fotoeffekt**, der die Grundlage bildet für die zu Beginn dieses Abschnitts erwähnten Fotoelemente. Je stärker die Lichteinstrahlung auf ein solches Fotoelement, desto mehr Elektronen springen ins Leitungsband und desto größer ist die Leitfähigkeit.

Aufgabe

3. Rotes Licht hat eine Wellenlänge von ungefähr 700 nm. Sie wollen ein Fotoelement bauen, das bei Bestrahlung mit rotem Licht leitfähig wird. Wie groß muß dazu die Energielücke des verwendeten Materials ungefähr sein?

8.3.3 Solarzellen

Das Fotoelement stellt einen lichtempfindlichen Widerstand dar, mit dem sich bei vorhandener äußerer Spannungsquelle ein Strom *steuern* läßt. Die **Solarzelle** hingegen ist ein anderes Halbleiterbauelement, mit dem sich aus Licht eine Spannung *erzeugen* und damit Energie gewinnen läßt. Wie das Fotoelement basiert die Solarzelle auf dem inneren Fotoeffekt. Sie ist allerdings komplizierter aufgebaut. Um eine Solarzelle herzustellen, muß man zwei Halbleiterstücke unterschiedlich vorbehandeln (dotieren[12]) und sie dann zusammenfügen. Wie man zeigen kann, entsteht dabei an der Grenzschicht ein elektrisches Feld. Fallen nun Photonen auf die Solarzelle, so werden dadurch Elektronen vom Valenzband in das Leitungsband angehoben. Die negativen Elektronen im Leitungsband und die positiven Löcher im Valenzband werden durch das Feld in entgegengesetzte Richtungen transportiert. Die entstandenen Ladungen werden also getrennt: In der Solarzelle baut sich eine Spannung auf. Mit dieser Spannung kann ein elektrischer Verbraucher betrieben werden.

Solarzellen machen den Verbraucher unabhängig vom Anschluß an ein Stromnetz. Sie finden deshalb Einsatz in tragbaren Kleingeräten, entlegen stehenden Notrufsäulen, Meßstationen und ähnlichem, und auch zur Unterstützung der Stromversorgung abgelegener Häuser und Siedlungen. Auch Satelliten können ihre Energie aus Solarzellen beziehen.

Bild 8.12: Nachrichtensatellit mit Solarzellen

Zwar gilt die Solarenergie zur Energieerzeugung im großen Maßstab nach rein betriebswirtschaftlicher Rechnung heute noch als unrentabel. Ihre wichtigsten Vorteile werden allerdings von einer solchen Rechnung nur ungenügend erfaßt: Beim Betrieb von Solarzellen werden keine begrenzt vorhandenen Energiequellen wie Öl, Kohle oder auch Uran verbraucht; und wichtiger noch: es fallen keinerlei Schadstoffe an, die die Umwelt belasten.

8.4 Energieübertrag auf Elektronen – Übersicht

Wir haben in dieser und der vorherigen Folge mehrere Effekte kennengelernt, bei denen Energie auf ein Elektron in einem Gas oder einem Festkörper übertragen wird. Das Elektron konnte darauf auf zwei Arten reagieren: Es konnte entweder auf ein höheres Energieniveau in der Elektronenhülle springen, oder es konnte ausgeschlagen werden. Die dazu notwendige Energie wurde entweder von beschleunigten freien Elektronen oder von Photonen geliefert. In der folgenden Tabelle fassen wir die verschiedenen Effekte noch einmal zusammen.

[12] Beim Dotieren werden Fremdatome in das Kristallgitter „eingebaut", so daß Elektronen im Leitungsband oder Löcher im Valenzband verfügbar sind.

	Elektron springt auf höheres Energieniveau	Elektron wird ausgeschlagen
freies Elektron liefert Energie	Franck-Hertz-Versuch	Röntgenstrahlung
Photon liefert Energie	innerer Fotoeffekt Absorption, z.B. im Laser	äußerer Fotoeffekt

Bild 8.13

Aufgaben

4. Welche Rolle spielen spontane Emission, induzierte Emission und Absorption im Laser. Welche dieser Prozesse sind erwünscht?

5. Wie äußert sich im Photonenbild eine Erhöhung (a) der Lichtintensität und (b) der Lichtfrequenz?

6. Wie hängt die kinetische Energie der Elektronen beim Fotoeffekt ab (a) von der Intensität des auffallenden Lichts und (b) von seiner Frequenz?

7. Die Grenzfrequenz von Kalium beträgt $f_{Grenz} = 5{,}5 \cdot 10^{14}$ Hz.
   a) Licht welcher Wellenlänge kann man verwenden, um aus einer Kaliumplatte Elektronen auszulösen?
   b) Kann man mit Licht der Frequenz $8{,}2 \cdot 10^{14}$ Hz Elektronen aus Kalium auslösen?
   c) Wenn ja, wie groß ist dann die kinetische Energie der austretenden Elektronen?

8. a) Welche Beobachtungen beim Fotoeffekt lassen sich mit dem Wellenbild des Lichtes nicht erklären?
   b) Welches andere physikalische Phänomen läßt sich mit dem Teilchenbild nicht erklären?

9. Stellen Sie sich vor, sie haben einen Festkörper mit drei Bändern. Jedes dieser Bänder sei 1 eV breit, das heißt jedes Band umfasse einen Bereich von erlaubten Energiewerten der Breite 1 eV. Die Energielücken zwischen den Bändern seien jeweils 3 eV groß. Das unterste Band sei voll mit Elektronen besetzt, die oberen beiden Bänder seien leer. Skizzieren Sie die Bänder.

   a) Kann der Festkörper in diesem Zustand Strom leiten?
   b) Nun strahlen Sie Photonen mit einer Energie von genau 6 eV ein. Ändert sich die Leitfähigkeit, und wenn ja, wie? Beachten Sie: Ein Elektron absorbiert ein Photon immer entweder ganz oder gar nicht.
   c) Was passiert, wenn man Photonen der Energie 4 eV einstrahlt?

Zusammenfassung der wichtigsten Aussagen

- Laserlicht ist sehr intensiv, stark gebündelt und monochromatisch. Es entsteht durch induzierte Emission. Bei der induzierten Emission sind ursprüngliche und erzeugte Welle in Phase und verstärken sich daher maximal.
- Selbstverstärkung ist beim Laser nur möglich, wenn die induzierte Emission die Absorption überwiegt. Dazu muß Besetzungsinversion vorliegen.
- Beim äußeren Fotoeffekt treffen Lichtquanten auf eine Metallplatte und lösen dort Elektronen aus.
- Gleichung A 8,1: Die Energie W eines Lichtquants und die Frequenz f des Lichts sind verknüpft über $$W_{Photon} = h \cdot f$$
- Zur anschaulichen Beschreibung von elektromagnetischer Strahlung benötigt man sowohl das Wellenmodell als auch das Teilchenmodell.
- Das Bohrsche Atommodell ist im Festkörper nur eingeschränkt anwendbar. Die Zustände der Elektronen im Festkörper werden durch das Bändermodell beschrieben.
- Nur Elektronen in teilweise besetzten Bändern können zum Ladungstransport beitragen.
- Beim inneren Fotoeffekt wird ein Halbleiter durch Lichteinstrahlung leitfähig gemacht.

Folge 9: Auf den Kern gekommen
Radioaktivität und Atomkern

Übersicht

9.0 Einführung

Die Radioaktivität ist innerhalb der Physik von großer grundlegender Bedeutung. Ihre Erforschung hat viele überraschende Einsichten geliefert. In Medizin und Technik hat sie zahlreiche nützliche Anwendungen gefunden. Von allen physikalischen Erscheinungen ist aber die Radioaktivität vermutlich auch diejenige, die die größte Rolle spielt in gesellschaftlichen und politischen Diskussionen, die am stärksten emotional besetzt ist, und die mit den größten Risiken in Verbindung gebracht wird. Radioaktive Strahlung ist in vielen Situationen eine unerwünschte Begleiterscheinung, die schwer zu kontrollieren ist und erhebliche Gefahren birgt. In Kernwaffen wird dieses zerstörerische Potential sogar gezielt eingesetzt. Sowohl rein physikalisch als auch gesellschaftlich ist daher von großem Interesse, was radioaktive Strahlung ist, welche Eigenschaften sie besitzt und wie sie sich nachweisen läßt. Mit diesen Fragen beschäftigen wir uns im ersten Teil dieser Folge. Dies führt uns weiter zum Aufbau des Atomkerns, der Gegenstand des zweiten Teiles ist. Die Entstehung radioaktiver Strahlung behandeln wir dann in Folge 10, Kernspaltung und Kernfusion in Folge 11 und biologische Wirkung der Strahlung und Strahlenschutz in Folge 12.

9.1 Radioaktive Strahlung

9.1.1 Grundeigenschaften

Radioaktive Strahlung wurde 1896 von *Henri Becquerel* entdeckt und in den folgenden Jahren von dem Ehepaar *Curie* und anderen Forschern weiter untersucht. Dabei handelte es sich um natürliche radioaktive Strahlung, wie sie unabhängig von menschlichen Eingriffen seit Entstehung der Erde in der Natur vorkommt. Nach ihrer Entdeckung vergingen über zwanzig Jahre, bis man radioaktive Strahlung zum ersten Mal künstlich im Labor *erzeugte*. Radioaktivität wurde zuerst an Gesteinsbrocken beobachtet, die kleine Mengen von Elementen wie Radium, Polonium, Thorium oder Uran enthielten. Solche Proben hatten eine Reihe bemerkenswerter Eigenschaften: Bringt man eine Probe in die Nähe einer fotografischen Platte, so wird die Platte geschwärzt, selbst wenn sie sich in einem lichtundurchlässigen Behälter befindet. Die Strahlung kann also den Behälter durchdringen.

Außerdem kann die Strahlung Gase ionisieren. Dies zeigt man am einfachsten so: Man lädt einen Plattenkondensator auf und schließt ihn an ein Elektroskop: Das Elektroskop schlägt aus. Nun gibt man die radioaktive Probe in den Kondensator: Der Ausschlag geht zurück. Die von der Probe ausgehenden Strahlen schlagen aus einigen Gasatomen Elektronen aus. Die entstandenen Gasionen und freien Elektronen fliegen im Feld des Kondensators zu den Platten und entladen diese teilweise.
Aufgrund dieser Ionisationsfähigkeit wird die radioaktive Strahlung auch als **ionisierende Strahlung** bezeichnet. Nicht nur Gasatome, auch Atome und Moleküle in Flüssigkeiten und Festkörpern können ionisiert werden, wenn sie von radioaktiver Strahlung getroffen werden. Auf der Ionisationsfähigkeit beruht auch die Gefährlichkeit der radioaktiven Strahlung für lebende Organismen. Hierüber erfahren Sie mehr in Folge 12.

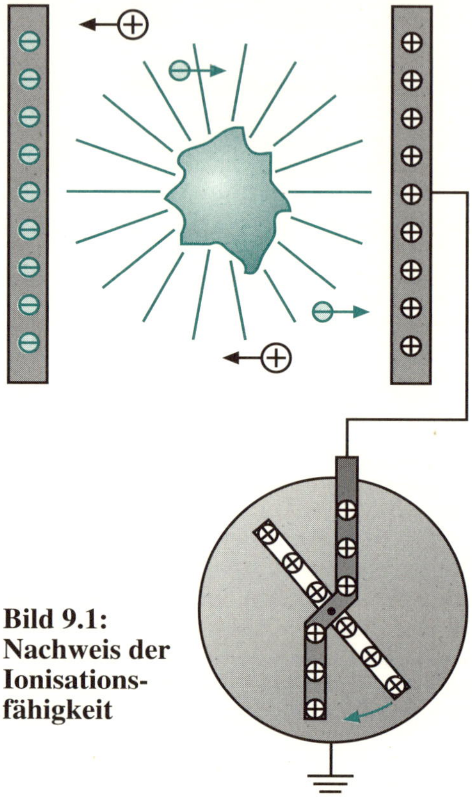

Bild 9.1: Nachweis der Ionisationsfähigkeit

Die bisher genannten Eigenschaften besitzen auch die Röntgenstrahlen.[1] Was aber zeichnet nun speziell die radioaktive Strahlung aus? Zum einen natürlich, daß Röntgenstrahlen künstlich erzeugt werden müssen, und damit auch kontrollierbar sind, während radioaktive Strahlung von gewissen Substanzen fortwährend selbständig ausgesandt wird. Zum zweiten hat radioaktive Strahlung im allgemeinen eine deutlich höhere Energie als Röntgenstrahlung. Drittens wird in radioaktiven Gesteinsproben im Lauf der Zeit der Anteil gewisser chemischer Elemente immer geringer, während sich der Anteil anderer erhöht. Die Aussendung radioaktiver Strahlung ist häufig begleitet von der Umwandlung einer Atomsorte in eine andere. Dies ist bei der Röntgenstrahlung nicht der Fall. Auf diese sogenannte *Kernumwandlung* gehen wir in der nächsten Folge näher ein.

[1] Siehe Abschnitt 7.3.

9.1.2 α-, β- und γ-Strahlen

Bei genauerer Untersuchung stellte sich heraus, daß man drei verschiedene Arten von radioaktiver Strahlung unterscheiden kann. Leitet man radioaktive Strahlung aus einer Gesteinsprobe durch ein homogenes Magnetfeld, so wird sie in drei Teilbündel zerlegt: Ein Teil der Strahlen wird nach links abgelenkt, ein anderer nach rechts, und ein dritter Teil wird vom Magnetfeld nicht beeinflußt. Die abgelenkten Strahlen beschreiben Kreisbahnen. Beobachten kann man dies in einer Nebelkammer, siehe Abschnitt 9.1.4, in einer Ebene senkrecht zu den Magnetfeldlinien.

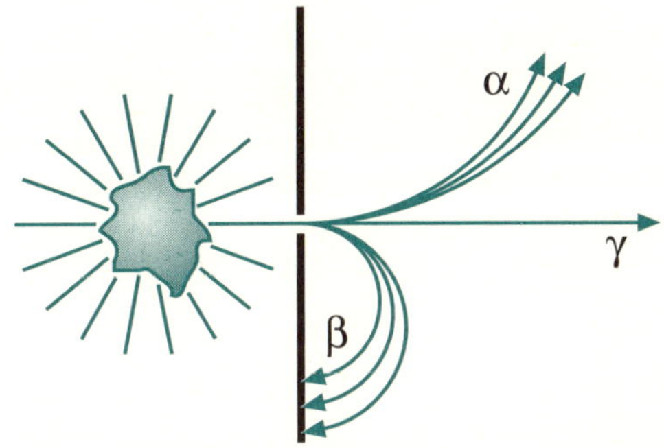

Bild 9.2: Verhalten von α-, β- und γ-Strahlung im Magnetfeld (Richtung des Magnetfelds in die Zeichenebene)

Wie Sie wissen, sind Kreisbahnen im homogenen Magnetfeld charakteristisch für geladene Teilchen.[2] Aus der Krümmungsrichtung kann man das Vorzeichen der Ladung ablesen. Somit besteht eine erste Art radioaktiver Strahlung aus positiv geladenen Teilchen, man nennt sie **α-Strahlung**; eine zweite Art, die sogenannte **β-Strahlung**, besteht aus negativen Teilchen, und die dritte Strahlungsart, die **γ-Strahlung**, trägt überhaupt keine Ladung.

Mit geeigneten Geräten gelang es einige Zeit später, die Masse und die Ladung der α- und β-Teilchen exakt zu messen. Aus den Ergebnissen schloß man, daß es sich bei α-Teilchen um zweifach positiv geladene **Heliumionen** handelt und bei β-Teilchen um **Elektronen**. γ-Strahlung schließlich wurde als **elektromagnetische Strahlung** identifiziert. Auch γ-Strahlung hat also Teilcheneigenschaften;[3] ihre Photonen werden oft als γ-Quanten bezeichnet. Wie alle Photonen besitzen auch die γ-Quanten keine Masse und bewegen sich mit Lichtgeschwindigkeit.

9.1.3 Verhalten in Materie

α-, β- und γ-Strahlen unterscheiden sich jedoch nicht nur in ihrem Verhalten im Magnetfeld. Sie besitzen auch eine sehr unterschiedliche Fähigkeit, Materie zu durchdringen. α-Strahlung läßt sich bereits durch einen Pappkarton *abschirmen*, das heißt aufhalten. β-Strahlung durchdringt zwar den Karton, nicht aber beispielsweise eine Aluminiumplatte. Am durchdringendsten schließlich ist die γ-Strahlung: Sie läßt sich von keinem dieser beiden Hindernisse beeindrucken.

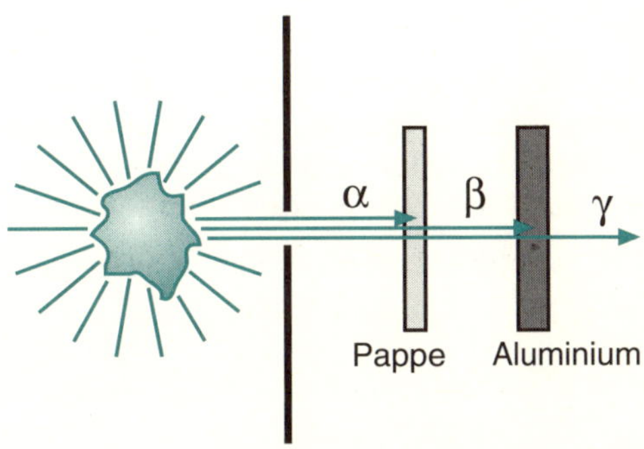

Bild 9.3: Durchdringungsvermögen von α-, β- und γ-Strahlung

[2] Siehe Elektrizitätslehre, Abschnitte 8.3.1 und 8.3.2.
[3] Siehe Schwingungslehre, Abschnitt 5.1.

9

Was aber widerfährt den Teilchen im einzelnen, wenn sie auf Materie treffen? Wie verringern sich dabei die Intensität und die Energie des Strahls? Wichtig zu wissen ist dies zum Beispiel, wenn man kostengünstige, raumsparende, leichte und trotzdem wirkungsvolle Abschirmungen zum Schutz vor radioaktiver Strahlung konstruieren will.

Alle Strahlungsteilchen wechselwirken, das heißt, sie stoßen auf ihrem Weg durch das Material mit dessen Elektronen.[4] Allerdings tun dies die geladenen Teilchen, also α- und β-Strahlung, auf ganz andere Weise als die ungeladene γ-Strahlung.[5] Die Unterschiede liegen in der Häufigkeit der Stöße, und darin was bei einem Stoß passiert.

α- und β-Teilchen stoßen sehr häufig mit Elektronen des Materials zusammen. Bei jedem Stoß geben sie aber nur einen kleinen Energiebetrag ab und erfahren eine kleine Richtungsänderung. Jedes Teilchen stößt auf seinem Weg mit sehr vielen Elektronen zusammen. Es bewegt sich auf einem leichten Zick-Zack-Kurs durch das Material und wird dabei nach und nach immer langsamer. Alle Teilchen eines Strahls verlieren ihre Energie ungefähr im gleichen Tempo. Die *Anzahl* der Teilchen ändert sich dabei jedoch nicht. Erst wenn die Teilchen ihre gesamte kinetische Energie abgegeben haben, kommen sie zum Stillstand. Dies geschieht für alle Teilchen eines Strahls nach ungefähr derselben Flugstrecke. Diese Strecke bezeichnet man als die **Reichweite** der Teilchen. Kein Teilchen kann deutlich weiter gelangen. Dies bedeutet, daß α- und β-Strahlung sich **vollständig abschirmen** läßt, wenn man nur die Materieschicht hinreichend dick macht.

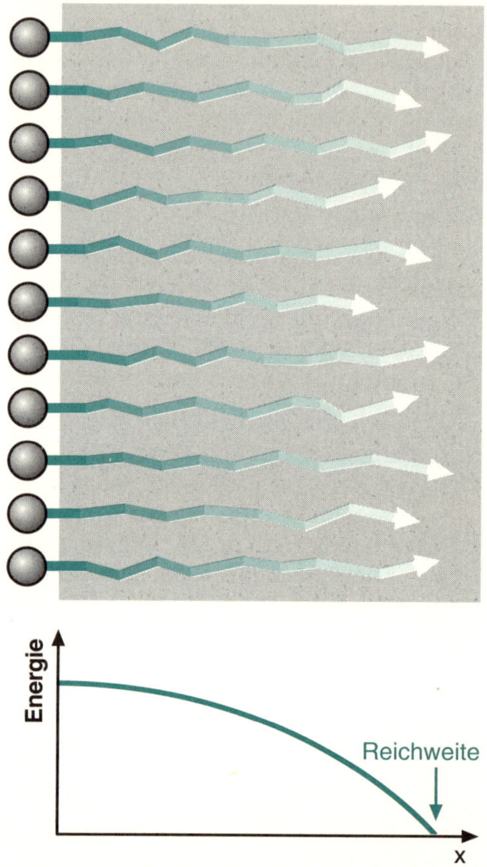

Bild 9.4: Bewegung von geladenen Teilchen durch Materie, am Beispiel von α-Teilchen. Die Farbstärke der Strahlen zeigt die Energie der Teilchen.

Die Reichweite der Teilchen ist abhängig von ihrer kinetischen Energie und von dem verwendeten Absorbermaterial. Je schneller die Teilchen sind, desto öfter müssen sie stoßen, bis sie ihre gesamte Energie abgegeben haben, und desto tiefer dringen sie in den Absorber ein. Je dichter das Material ist, desto mehr Elektronen stellen sich den Teilchen entgegen, und desto geringer ist deren Reichweite. Blei ist aufgrund seiner hohen Dichte ein besonders geeignetes Absorbermaterial.

[4] Stöße mit den Atomkernen sind zwar im Prinzip auch möglich. Man hat aber errechnet, daß sie nur eine untergeordnete Rolle spielen.

[5] Eine Begründung hierfür liefert die Quantentheorie.

Das Verhalten von α- und β-Teilchen in Materie ist qualitativ gleich, jedoch bestehen gewisse quantitative Unterschiede: β-Teilchen stoßen seltener mit den Elektronen des Materials zusammen als α-Teilchen und besitzen daher eine größere Reichweite. Außerdem werden sie aufgrund ihrer geringeren Masse bei einem Stoß stärker abgelenkt als die α-Teilchen, so daß ihre Bahn stärker gezackt ist.

Betrachten wir nun die γ-Strahlung. Die ungeladenen γ-Quanten verhalten sich in Materie völlig anders als die geladenen Teilchen. Wechselwirkt ein γ-Quant mit einem Elektron des Materials, dann wird es stets vollständig absorbiert, genau wie beim Fotoeffekt:[6] es muß auf einen Schlag seine gesamte Energie an das Elektron abgeben. Entlang des Strahls wird daher die *Anzahl* der γ-Quanten immer geringer. Die Energie eines Quants ändert sich während seines Fluges jedoch *nicht*.

Andererseits stoßen die γ-Quanten wesentlich seltener mit Elektronen zusammen als die geladenen Teilchen. Dies ist der Grund für das extrem hohe Durchdringungsvermögen der γ-Strahlung. Ihre Stoßwahrscheinlichkeit ist so klein, daß es nach jeder noch so langen Flugstrecke durch Materie immer noch eine gewisse, kleine Anzahl von γ-Quanten gibt, die noch nicht absorbiert worden sind. Man kann daher prinzipiell keine maximale Reichweite für γ-Strahlung angeben. γ-Strahlung kann durch Schutzmauern immer nur ausgedünnt, nie aber vollständig abgeschirmt werden.

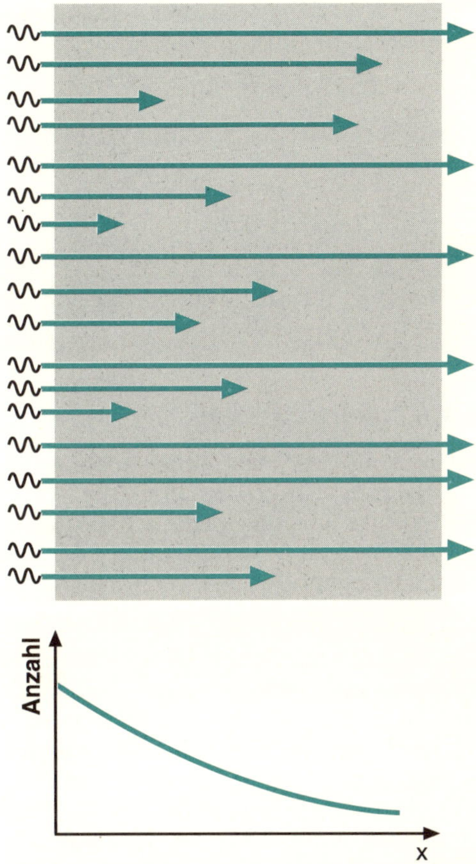

Bild 9.5: Bewegung von γ-Quanten durch Materie. Die Energie der fliegenden Teilchen ändert sich nicht

Auch γ-Strahlung wird um so stärker absorbiert, je höher die Dichte des Absorbermaterials ist. Die Abhängigkeit von der Energie der Strahlung ist allerdings komplizierter als bei α- und β-Strahlen.

In der folgenden Tabelle stellen wir noch einmal die verschiedenen Arten radioaktiver Strahlung und ihre wichtigsten Eigenschaften zusammen:

[6] Es gibt noch zwei andere Stoßprozesse, die Comptonstreuung und die Paarbildung, die γ-Quanten auf einen Schlag aus dem Strahl entfernen; wir wollen aber hier nicht näher darauf eingehen.

Bezeichnung der Strahlung	α	β	γ
Teilchensorte	Heliumion	Elektron	Photon
Masse	groß	klein	null
Ladung	++	–	null
Ablenkung im Magnetfeld	ja	ja	nein
Durchdringungsvermögen	klein	mittel	groß
Häufigkeit der Stöße mit Elektronen	sehr groß	groß	klein
Beim Stoß werden die Teilchen …	leicht gebremst	leicht gebremst	vollständig absorbiert
In Materie sinkt die Teilchen-…	Energie	Energie	Anzahl
Strahlung ist vollständig abschirmbar, Reichweite ist definierbar	ja	ja	nein

9.1.4 Nachweisgeräte

Zwei elementare Nachweismethoden für radioaktive Strahlung haben Sie zu Anfang der Folge kennengelernt. In diesem Abschnitt besprechen wir einige Nachweisgeräte, die in Forschung und Technik praktisch eingesetzt werden. Alle diese Nachweisgeräte beruhen auf der Wechselwirkung der Strahlungsteilchen mit den Elektronen der Gerätematerialien.

Die **Nebelkammer** dient vor allem dazu, radioaktive Strahlung sichtbar zu machen. Sie besteht aus einem Behälter, der mit gesättigtem Wasserdampf gefüllt ist. Die Oberseite des Behälters ist durchsichtig. Das Volumen des Behälters läßt sich durch einen verschiebbaren Kolben verändern. Gibt man eine radioaktive Probe in die Kammer und zieht dann plötzlich am Kolben, werden weiße Nebelspuren sichtbar, siehe Bild 9.7. Sie werden gedeutet als die Spuren der einzelnen Strahlungsteilchen, die von der Probe ausgehen.

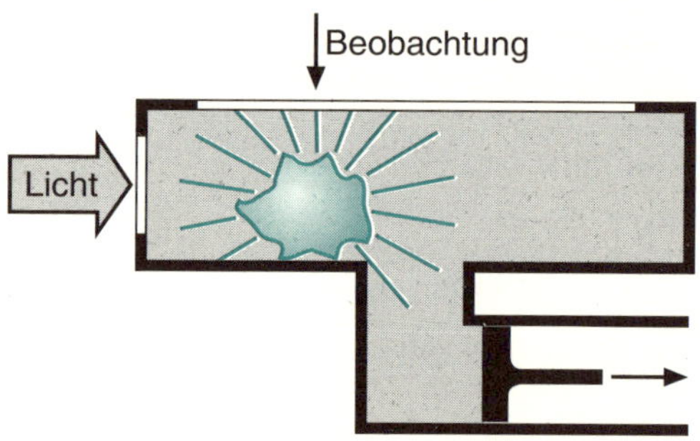

Bild 9.6: Aufbau einer Nebelkammer

Diese Spuren entstehen wie folgt: Wie wir wissen, ionisieren die Strahlungsteilchen entlang ihrer Bahn Luftmoleküle. Wird nun durch Herausziehen des Kolbens der Wasserdampf plötzlich ausgedehnt, so fällt seine Temperatur schlagartig ab. Der Dampf wird *übersättigt*, das heißt, es sind plötzlich „zu viele“ Wassermoleküle in der Luft gelöst, der Dampf besitzt eine Neigung zu kondensieren. Die ionisierten Luftmoleküle in der Nähe der Teilchenbahnen wirken als Kondensationskeime: Entlang der Bahnen bilden sich Wassertröpfchen und machen so die Spuren der Teilchen sichtbar (s. Bild 9.7).

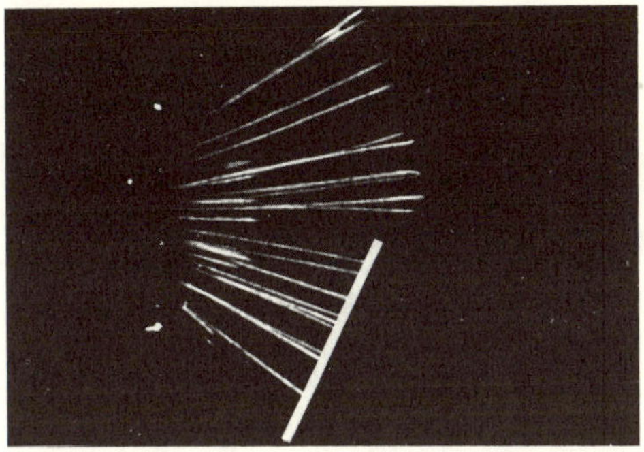

Bild 9.7: Nebelkammerspuren von α-Teilchen, teilweise durch Pappe abgeschirmt (aus: Gentner, Maier-Leibnitz, Bothe, „Atlas typischer Nebelkammerbilder“, Springer-Verlag, Berlin – Heidelberg – New York.)

Die Länge der Spuren ist gleich der Reichweite der Teilchen in Luft. Die Dicke der Spuren zeigt an, wie viele Luftmoleküle die Teilchen entlang der Bahnen ionisiert haben, das heißt, wie oft die Teilchen mit Elektronen der Gasatome zusammengestoßen sind. α-Teilchen stoßen sehr häufig und erzeugen daher dicke Spuren, β-Strahlen hingegen nur sehr feine, und γ-Strahlen lassen sich mit der Nebelkammer überhaupt nicht nachweisen.[7]

Das **Geiger-Müller-Zählrohr**, auch kurz Geigerzähler genannt, ist auch heute noch eines der verbreitetsten Nachweisgeräte. Es zeichnet sich durch folgende Vorzüge aus: Es ist einfach gebaut, robust und leicht tragbar, es spricht auf alle drei Strahlungsarten an, und es ist sehr empfindlich, das heißt, es ist besonders geeignet zum Nachweis sehr geringer Strahlungsdosen.

Das Geiger-Müller-Zählrohr als „Fensterzählrohr“ besteht aus einem Metallzylinder, entlang dessen Achse ein Draht gespannt ist. Zwischen Draht und Zylinder liegt eine Spannung von ungefähr 1000 V. Tritt nun ein α- oder β-Teilchen durch die durchlässige Stirnwand in den Zylinder ein, ionisiert es dort einige Luftmoleküle.[8] Die entstandenen Ionen und freien Elektronen werden von der Spannung in entgegengesetzte Richtungen stark beschleunigt. Jedes von ihnen ionisiert auf seinem Weg zur ungleichnamig geladenen Elektrode weitere Gasatome, so daß es zu einer Entladungslawine, einer sogenannten *Gasentladung* kommt.

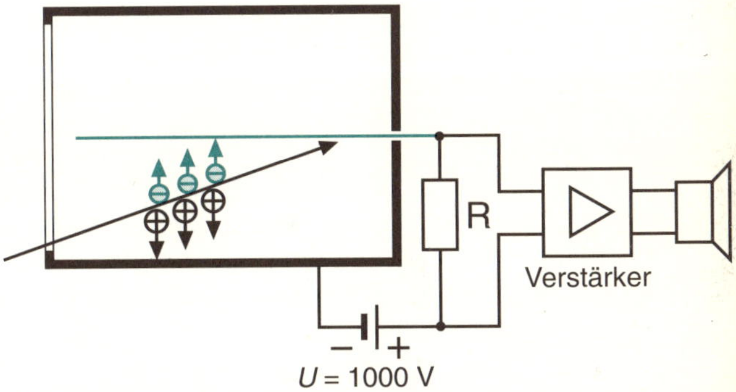

Bild 9.8: Geiger-Müller-Zählrohr

Die starke Vervielfachung erklärt die hohe Empfindlichkeit des Zählrohrs. Der entstandene Stromstoß wird über einen Verstärker einem Lautsprecher zugeleitet und erzeugt dort ein Knacken. Es kann auch eine Zähleinheit angeschlossen werden, die z.B. die Zahl der eingefallenen Strahlungsteilchen pro Minute registriert. Das Geiger-Mül-

[7] Gebräuchlich ist auch die „kontinuierliche Nebelkammer“, bei welcher der übersättigte Wasserdampf durch Abkühlung mit Trockeneis erzeugt wird.

[8] γ-Quanten erzeugen freie Elektronen durch Fotoeffekt in der Metallwand.

ler-Zählrohr registriert nur die Anzahl der Teilchen, also die Intensität der Strahlung, nicht aber ihre Energie.
Nach jeder Entladung gibt es während des Abklingens der Entladungslawine eine kurze **Totzeit**. Dabei kann das Zählrohr nicht ansprechen: Strahlungsteilchen, die während dieser Totzeit im Zählrohr eintreffen, werden nicht registriert. Hohe Intensitäten, bei denen die Teilchen in zu schneller Folge auftreffen, können mit dem Geigerzähler daher nicht korrekt gemessen werden.

Zur Untersuchung intensiverer Strahlung und zur Messung ihrer Energie verwendet man heute für α- und β-Strahlung Halbleiterdetektoren, und für γ-Strahlung Szintillationszähler. Ein **Halbleiterdetektor** ähnelt in seiner Funktionsweise einem lichtempfindlichen Widerstand.[9] Die eintretenden α- oder β-Teilchen heben solange Elektronen vom Valenzband in das Leitungsband, bis sie ihre gesamte Energie abgegeben haben. Die Anzahl der freigesetzten Ladungsträger, die mit der angeschlossenen Elektronik nachgewiesen wird, ist somit ein Maß für die Energie der eingefallenen Strahlung. Ein **Szintillationszähler** andererseits wandelt jedes einfallende hochenergetische Photon der γ-Strahlung in einem komplizierten Prozeß um in einen Schauer von Photonen, deren Frequenz im Bereich des sichtbaren Lichts liegt. Die Photonen werden ihrerseits mit einem sogenannten *Fotomultiplier* in Ladungsstöße umgewandelt, die elektronisch registriert werden. Die Stärke der Ladungsstöße ist wiederum ein Maß für die Energie der einfallenden Teilchen.

9.2 Aufbau des Atomkerns

Nach Entdeckung der radioaktiven Strahlung fragte man sich natürlich, woher diese Strahlung kommt und wie sie entsteht. Für die α-Teilchen ist die Sache klar: Sie sind zweifach positiv geladen und ungefähr 7000mal so schwer wie ein Elektron und müssen daher aus dem Atomkern stammen. Aber auch β- und γ-Strahlen müssen aus dem Atomkern kommen, denn sie besitzen Energien im Bereich von Millionen Elektronvolt (MeV). Solche großen Energien, das kann man zum Beispiel mit Hilfe des Bohrschen Atommodells ausrechnen, können in der Atomhülle niemals vorkommen. Was bei der Aussendung der radioaktiven Strahlung im Atomkern vor sich geht, besprechen wir in der nächsten Folge. Hier interessiert uns zunächst nur, wie die Atomkerne eigentlich aufgebaut sind.

9.2.1 Protonen und Neutronen

Sie wissen, daß der Atomkern positiv geladen ist. Wie groß ist aber diese positive Ladung? Eines ist klar: Damit das Atom neutral ist, muß die Ladung des Kerns genau so groß sein wie die Ladung aller Elektronen in der Hülle zusammen. In der Anfangszeit der Atomphysik war allerdings kein Weg bekannt, die Zahl der Elektronen zu bestimmen. Durch Streuung von α-Teilchen am Kern (Rutherfords Streuversuch) gelang es dann jedoch, die *Kern*ladungen vieler Elemente zu ermitteln, und damit indirekt auch die Zahl der Elektronen. Man stellte fest, daß diese Ladungszahl mit der **Ordnungszahl Z** übereinstimmte, anhand derer die Elemente aufgrund ihrer chemischen

[9] Siehe Abschnitt 8.3.3.

Eigenschaften in das Periodensystem[10] eingeordnet worden waren. Daß die Anzahl der Elektronen mit der chemischen Ordnungszahl übereinstimmt, ist plausibel, denn schließlich werden die chemischen Eigenschaften eines Elements durch seine Elektronenkonfiguration bestimmt.

Da die Ladungszahl von Hülle und Kern von Element zu Element immer um eine *ganze* Ladungseinheit springt, darf man vermuten, daß auch der Kern nicht aus einem unteilbaren Ganzen besteht, sondern aus Teilchen zusammengesetzt ist, die je eine positive Ladungseinheit tragen. Diese Vermutung wird erhärtet, wenn man mit Hilfe eines sogenannten Massenspektrometers die Massen verschiedener Kerne mißt. Auch die Masse springt nämlich von Kern zu Kern immer in (nahezu) ganzen Einheiten. Die positiven Teilchen im Kern nennt man **Protonen**.

Allerdings kann der Kern nicht nur aus Protonen bestehen. Man stellt nämlich fest, daß (außer bei einfachem Wasserstoff) der Kern stets mehr Masseneinheiten enthält als Ladungseinheiten. Daraus schließt man, daß im Kern noch andere Teilchen vorkommen müssen, die zwar (fast) dieselbe Masse tragen wie die Protonen, die aber elektrisch neutral sind. Diese Teilchen heißen **Neutronen**. Protonen und Neutronen zusammen werden als **Nukleonen** bezeichnet. Die Anzahl der Nukleonen ist die **Massenzahl** oder **Nukleonenzahl** A.

Bild 9.9: Atomkern, bestehend aus Protonen und Neutronen

Es gilt **Gleichung A 9,1**:

$$A = N + Z$$

wobei N die **Neutronenzahl** ist und Z die Ladungszahl, Protonenzahl und Ordnungszahl.

In dieser Vorstellung vom Atomkern ergibt sich ein Problem: Die positiven Protonen, die dort auf engstem Raum zusammengedrängt sind, stoßen sich gegenseitig ab. Warum also fliegt der Atomkern nicht auseinander? Es muß noch eine andere, und zwar eine anziehende Kraft geben, die die Coulombabstoßung kompensiert. Dies ist die sogenannte **Kernkraft** oder **starke Kraft**. Sie ist von einer völlig anderen Natur als die beiden Kräfte, die Sie bisher kennengelernt haben: die elektromagnetische Kraft (Coulomb- und Lorentzkraft) und die Gravitationskraft. Die Kernkraft wirkt sehr stark anziehend zwischen allen Nukleonen, allerdings nur über eine sehr kurze Entfernung, also nur innerhalb des Kerns. Die Neutronen mischen sich im Kern unter die Protonen und machen so den Kern erst stabil: Zum einen üben die Neutronen eine zusätzliche Anziehung auf die Protonen aus, und zum anderen halten sie die Protonen auf Distanz voneinander und schwächen so deren Coulombabstoßung.

[10] Siehe Formeln und Tabellen, Abschnitt T1.

9.2.2 Isotope

Wie wir gesehen haben, besitzen alle Atome eines bestimmten Elements die gleiche Anzahl Z von Protonen. Es gibt aber von jedem Element mehrere „Varianten“, genannt **Isotope**, die sich in ihrer Neutronenzahl N, und damit auch in ihrer Massenzahl A unterscheiden.

● **Beispiel**

Von Wasserstoff gibt es drei Isotope: (einfachen) Wasserstoff, Deuterium und Tritium. Jedes dieser Isotope hat ein Elektron und ein Proton, $Z = 1$. Der einfache Wasserstoff besitzt kein Neutron, das Deuterium eins und das Tritium zwei. Daher hat einfacher Wasserstoff die Massenzahl $A = 1$, Deuterium die Massenzahl $A = 2$, und Tritium die Massenzahl $A = 3$.

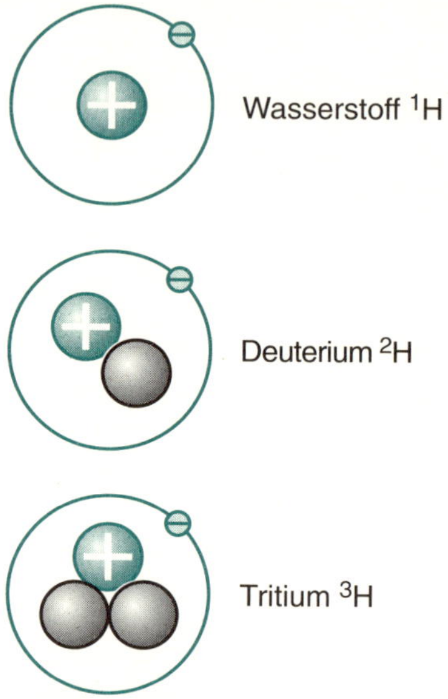

Bild 9.10: Die Isotope des Wasserstoffs. Protonen grün, Neutronen schwarz (Größe der Nukleonen stark übertrieben im Vergleich zum Radius der Elektronenbahn)

Alle Isotope eines Elements haben identische chemische Eigenschaften, denn sie haben ja (im neutralen Zustand) gleich viele Elektronen. Sie stehen daher im Periodensystem an derselben Stelle. Dies erklärt die Bezeichnung *Isotope* (griech. *iso* = gleich, *topos* = Ort). Sie unterscheiden sich aber zum Teil sehr stark in ihren physikalischen Eigenschaften, insbesondere darin, ob sie radioaktive Strahlung aussenden, und wenn ja, welche.

Nur bei Wasserstoff hat jedes Isotop einen eigenen Namen. Allgemein kennzeichnet man die Isotope eines Elements, indem man dem chemischen Formelzeichen die Massenzahl als oberen Index voranstellt: $\mathbf{^{40}K}$ zum Beispiel bezeichnet das Isotop des Kaliums mit der Massenzahl $A = 40$, also mit 40 Nukleonen. Kalium hat die Ordnungszahl $Z = 19$, also enthält ^{40}K 19 Protonen und 21 Neutronen. Gelegentlich gibt man zusätzlich die Protonenzahl Z als unteren Index an, hier also $^{40}_{19}K$, doch diese Angabe ist strenggenommen überflüssig. ^{40}K schreibt man manchmal auch als K-40.

Eine Übersicht über alle Isotope, die jemals in der Natur beobachtet oder künstlich erzeugt wurden, gibt die **Nuklidkarte**, siehe Bild 9.10. In ihr sind die Isotope, oder *Nuklide*, nach Protonenzahl Z und Neutronenzahl N angeordnet. In der Nuklidkarte sind für jedes Nuklid verschiedene Angaben eingetragen, insbesondere seine relative Häufigkeit in der Natur.

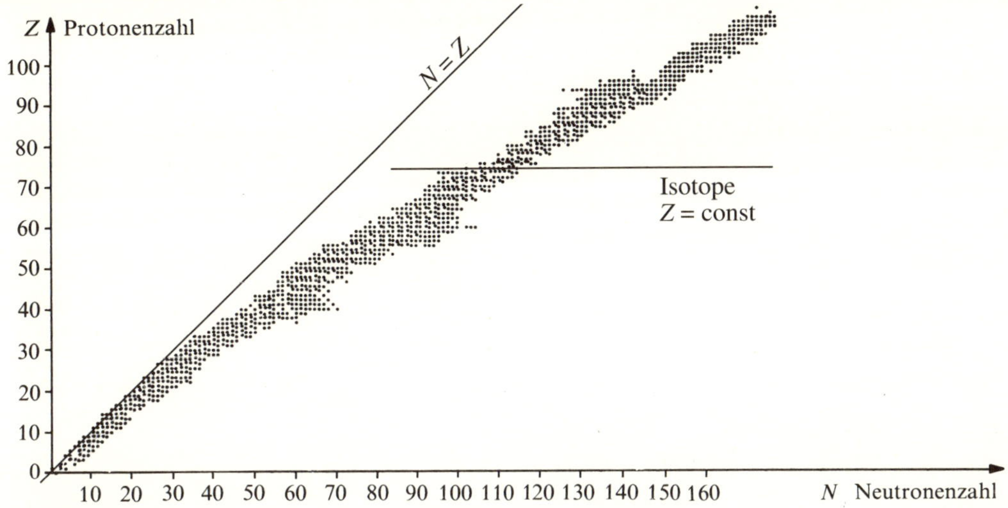

Bild 9.11: Nuklidkarte (stark verkleinert) (aus: Dorn-Bader: *Physik in einem Band.* © 1989 Schroedel Schulbuchverlag GmbH, Hannover.)

● **Beispiel**

In der Natur vorkommendes Kalium besteht zu 93,1% aus dem Isotop ^{39}K, zu 0,012% aus dem Isotop ^{40}K, und zu 6,8% aus dem Isotop ^{41}K.

Aufgaben

1. (a) Was haben radioaktive Strahlung und Röntgenstrahlung gemeinsam?
   (b) Was unterscheidet sie?
2. Nennen Sie zwei Möglichkeiten, aus einem Strahl, der sowohl β- als auch γ-Strahlung enthält, die β-Strahlung zu entfernen.
3. Wie in Bild 9.2 gezeigt, beobachtet man bei α-Strahlen im homogenen Magnetfeld Kreisbahnen mit verschiedenen Radien (ebenso bei β-Strahlen). Worauf ist dies zurückzuführen? Tip: Verwenden Sie die Gleichungen (M 7,6) und (E 8,3).
4. Nennen Sie für jede der drei Strahlungsarten verschiedene Nachweismöglichkeiten. Welche Eigenschaften der Strahlung werden jeweils nachgewiesen?
5. Gegeben sind ein α- und ein β-Teilchen mit einer Energie von jeweils 10 MeV. Überlegen Sie sich qualitativ, welches der Teilchen die größere Geschwindigkeit hat.
6. Warum ist der untere Index in der symbolischen Schreibweise für Isotope strenggenommen überflüssig?
7. Wie groß ist die Anzahl der Protonen, der Neutronen, der Nukleonen und der Elektronen in einem (elektrisch neutralen) Isotop (a) der Sorte ^{23}Na, (b) der Sorte U-238? Hinweis: Natrium hat die Ordnungszahl 11, und Uran die Ordnungszahl 92.

9

Zusammenfassung der wichtigsten Aussagen

- **Radioaktive Strahlung ist eine Strahlung von sehr hoher Energie, die vom Atomkern ausgesendet wird.**
- **α-Strahlung besteht aus zweifach positiv geladenen Heliumionen, β-Strahlung aus schnellen Elektronen, und γ-Strahlung aus Photonen einer sehr hohen Frequenz.**
- **Der Nachweis der radioaktiven Strahlung beruht auf ihrer Wechselwirkung mit den Elektronen der Materie, insbesondere auf der Ionisation von Gasen.**
- **α- und β-Strahlen können durch hinreichend dicke Materieschichten vollständig abgeschirmt werden, γ-Strahlen jedoch nicht.**
- **Ein Atomkern besteht aus A Nukleonen, und zwar aus Z Protonen und N Neutronen. Es gilt Gleichung A 9,1:** $A = N + Z$
- **Die Protonenzahl Z eines Atoms ist gleich der chemischen Ordnungszahl des Elements.**
- **Protonen sind einfach positiv geladen, Neutronen sind neutral. Protonen und Neutronen haben (fast) die gleiche Masse.**
- **Die Isotope eines Elements besitzen gleich viele Protonen, aber unterschiedlich viele Neutronen in ihrem Kern.**
- **Die Schreibweisen ^{A}X, $^{A}_{Z}X$ und X-A bezeichnen das Isotop des chemischen Elements X mit der Massenzahl (Nukleonenzahl) A und der Protonenzahl Z.**

Folge 10: Aus eins mach' zwei – und umgekehrt Kernumwandlung

Übersicht

10.0 Einführung

In der letzten Folge haben wir die Eigenschaften der radioaktiven Strahlung kennengelernt. Wir hatten auch erwähnt, daß die radioaktive Strahlung aus dem Atomkern stammen muß. In dieser Folge richten wir unseren Blick nun auf den Atomkern selbst und diskutieren, wie der Kern sich verändert, wenn er radioaktive Strahlung aussendet. Dabei begegnen wir weiteren Beispielen dafür, daß die moderne Physik unkonventionelle und manchmal unanschauliche Denkansätze verlangt. Wir untersuchen auch die Energieverhältnisse im Kern und erklären, wieso sich sowohl durch Kernverschmelzung als auch durch Kernspaltung Energie gewinnen läßt.

10.1 Radioaktiver Zerfall

Was passiert im Kern, wenn radioaktive Strahlung ausgesendet wird? Betrachten wir zunächst die **α-Strahlung**. ^{212}Rn beispielsweise ist ein radioaktives Isotop des Edelgases Radon, das α-Teilchen aussendet. Gibt man eine bestimmte Menge ^{212}Rn in einen Behälter, so beobachtet man, daß sich die vorhandene Gasmenge im Lauf der Zeit immer weiter verringert. Gleichzeitig entsteht das Isotop ^{208}Po des Metalls Polonium. Die Erklärung dafür ist einfach: Wie Sie wissen, ist ein α-Teilchen ein zweifach positiv geladenes Heliumion; es besteht also aus zwei Protonen und zwei Neutronen, sein Formelzeichen ist also $^4_2$He. Wenn ein Radonatom ein α-Teilchen aussendet, müssen sich seine Protonenzahl und seine Neutronenzahl um jeweils zwei verringern. Die Protonenzahl Z ist aber gleich der chemischen Ordnungszahl, das heißt, das Radonatom wandelt sich bei Aussendung eines α-Teilchens um in ein Atom eines anderen chemischen Elements, nämlich Polonium. Man sagt auch, das Radonatom *zerfällt* in ein Poloniumatom und ein α-Teilchen.

Den α-Zerfall dieses Beispiels beschreibt man durch folgende Gleichung:

$$^{212}_{86}\text{Rn} \rightarrow {}^{208}_{84}\text{Po} + {}^{4}_{2}\text{He}$$

10

Kommen wir nun zur β-**Strahlung**. Sie besteht, wie Sie wissen, aus Elektronen, die vom Kern ausgesendet werden. Man kann aber zeigen, daß das Elektron unmöglich bereits vor seiner Aussendung im Kern vorgelegen haben kann. Kerne enthalten nur Protonen und Neutronen. Dies läßt nur den Schluß zu, daß das Elektron unmittelbar vor Aussendung im Kern *gebildet* worden sein muß. Man weiß heute, daß dies durch die *Umwandlung* eines Neutrons in ein Proton und ein Elektron geschieht.

Gibt man dem Elektron symbolisch die Nukleonenzahl $A = 0$ und die Ladungszahl $Z = -1$, so kann man diese Umwandlung des Neutrons durch folgende Gleichung beschreiben:[1]

$$^{1}_{0}\mathrm{n} \rightarrow {}^{1}_{1}\mathrm{p} + {}^{0}_{-1}\mathrm{e}$$

Zu Beginn dieses Jahrhunderts hatte man noch nicht für möglich gehalten, daß sich Teilchen in andere Teilchen umwandeln können.

Ein Beispiel für eine β-Umwandlung eines Kerns zeigt die folgende Gleichung:

$$^{234}_{90}\mathrm{Th} \rightarrow {}^{234}_{91}\mathrm{Pa} + {}^{0}_{-1}\mathrm{e}$$

Dabei wandelt sich ein Thorium-Isotop unter Aussendung eines Elektrons um in ein Palladium-Isotop. Auch hier findet also eine chemische Elementumwandlung statt, denn es ändert sich die Zahl Z der Protonen im Kern. Die Nukleonenzahl A bleibt in diesem Fall aber erhalten.
Betrachten wir schließlich die γ-**Strahlung**. Sie entsteht, wenn innerhalb des Kerns die Kernbausteine von einem *angeregten Zustand*, das heißt einem Zustand höherer Energie, in einen Zustand niedrigerer Energie übergehen. Dabei strahlen sie die überschüssige Energie in Form eines Photons ab. Dieser Vorgang ist vergleichbar dem Übergang eines Elektrons in der Atomhülle von einer Bohrschen Bahn auf eine andere, tiefergelegene Bahn unter Aussendung von Licht oder Röntgenstrahlung.[2] Nukleonenzahl A, Protonenzahl Z und Elementzugehörigkeit des Atoms ändern sich bei der Aussendung von γ-Strahlung *nicht*.

Bezeichnet man den angeregten Kernzustand höherer Energie mit einen Stern, so kann man zum Beispiel für Cäsium-137 schreiben:

$$^{137}_{55}\mathrm{Cs}^{*} \rightarrow {}^{137}_{55}\mathrm{Cs} + \gamma$$

Kerne in angeregten Zuständen entstehen als Folgeprodukte von α- und β-Zerfällen. Die Kerne verbleiben zum Teil sehr lange in diesen Zuständen. Wie lange sie dort verbleiben, und was sie zum Übergang veranlaßt, diskutieren wir in Abschnitt 10.3.
Noch eine Bemerkung zur Sprechweise: Nur bei der Aussendung von α-Strahlung findet im strengen Sinn des Wortes ein Zerfall eines Kerns in zwei Bestandteile statt. Bei β-Strahlung hingegen handelt es sich um eine Umwandlung, und bei γ-Strahlung um einen Übergang. Genaugenommen sollte man daher von **α-Zerfall**, **β-Umwandlung** und **γ-Übergang** sprechen. Es hat sich jedoch eingebürgert, in allen drei Fällen etwas unpräzise von Zerfall zu sprechen.

---

[1] Bei dieser Umwandlung entsteht außerdem ein sogenanntes *Antineutrino*, ein Teilchen mit winziger Masse und ohne Ladung, das für die weitere Diskussion aber keine Rolle spielt, und das wir daher hier ignorieren.

[2] S. Abschnitte 7.3.4, 7.4.2 und 8.1.1.

10.2 Zerfallsreihen

Im allgemeinen wandeln sich alle Atome eines radioaktiven Nuklids auf dieselbe Art in ein anderes Nuklid um: entweder alle durch α-Zerfall oder alle durch β-Umwandlung. Mit anderen Worten, ein bestimmtes Nuklid ist in der Regel entweder ein α-Strahler oder ein β-Strahler. Es gibt allerdings auch einige Nuklide, die sowohl die Möglichkeit eines α-Zerfalls als auch einer β-Umwandlung besitzen. Jedes *einzelne Atom* kann aber nur entweder einen α-Zerfall oder eine β-Umwandlung ausführen. Welches von beiden es ausführt, ist zufällig und unvorhersagbar. Zusätzlich zur α- und/oder β-Strahlung kann ein Nuklid stets auch γ-Strahlung aussenden, denn bei einem γ-Übergang ändert sich ja die Nuklidsorte nicht.

Das beim Zerfall entstehende Nuklid ist häufig selbst radioaktiv, und zerfällt weiter. Dasselbe gilt für seine Folgeprodukte. Es gibt daher ganze Ketten von radioaktiven Zerfällen. Jede dieser Ketten endet mit einem Zerfall, bei dem ein *stabiler* Tochterkern entsteht, das heißt ein Kern, der nicht mehr weiter zerfällt. Manche der Zerfallsketten sind nur wenige Zerfälle lang. Im Bereich der schwersten Nuklide gibt es aber auch einige Ketten, die sich über 10 bis 15 Zerfälle erstrecken. Solche Ketten bezeichnet man als **Zerfallsreihen**. Es gibt in der Natur drei solcher Zerfallsreihen, deren Nuklide so langlebig sind, daß sie trotz des hohen Alters der Erde noch nicht vollständig ausgestorben sind. Die längste dieser Zerfallsreihen, die sogenannte Uran-Radium-Reihe, ist in Bild 10.1 gezeigt.

Uran-Radium-Reihe

^{238}U
↓α
^{234}Th
↓β
^{234}Pa
↓β
^{234}U
↓α
^{230}Th
↓α
^{226}Ra
↓α
^{222}Rn
↓α
^{218}Po
α↙ ↘β
^{214}Pb ^{218}At
β↘ ↙α
^{214}Bi
β↙ ↘α
^{214}Po ^{210}Tl
α↘ ↙β
^{210}Pb
↓β
^{210}Bi
β↙ ↘α
^{210}Po ^{206}Tl
α↘ ↙β
^{206}Pb

Bild 10.1: Uran-Radium-Zerfallsreihe

10

10.3 Zerfallsgesetz

Bringt man ein Geiger-Müller-Zählrohr in die Nähe einer schwach radioaktiven Probe, so hört man im angeschlossenen Lautsprecher jedesmal, wenn ein Strahlungsteilchen im Zählrohr eintrifft, einen einzelnen Knacklaut. Jeder Knacklaut entspricht also dem Zerfall eines einzelnen Atoms. Die Knacklaute ertönen in völlig unregelmäßiger Folge; die Zeitabstände zwischen zwei aufeinanderfolgenden Ereignissen variieren sehr stark. Es ist prinzipiell unmöglich vorherzusagen, wann ein Kern zerfällt. Auch kann man den Zerfallszeitpunkt in keiner Weise beeinflussen. Die Zerfälle ereignen sich *spontan*.

Alles, was man angeben kann, ist eine *Wahrscheinlichkeit* dafür, daß ein Kern innerhalb eines bestimmten Zeitintervalls zerfällt. In der klassischen Physik des letzten Jahrhunderts hatte man noch angenommen, daß alle Vorgänge *deterministisch*, das heißt nach vorherbestimmten Regeln, ablaufen. Überraschend ist daher die Erkenntnis, daß es im Bereich der Physik der kleinsten Teilchen Ereignisse gibt, die sich *zufällig* ereignen und nur statistischen Regeln genügen.
Wenn man auch keine Aussage über den Zerfallszeitpunkt einzelner Atome treffen kann, so ist es doch immerhin möglich, das Verhalten einer großen Zahl von Atomen durch statistische Aussagen zutreffend zu beschreiben. Betrachten wir eine Probe, die aus N Atomen einer Sorte besteht. Aufgrund der Zerfälle wird N im Laufe der Zeit abnehmen. Die Funktion $N(t)$ wollen wir nun bestimmen.
Durch jeden Zerfall sinkt die Atomanzahl N um eins. Während eines Zeitintervalls Δt verringert sich also die Atomanzahl um so viele Atome, wie in diesem Intervall Zerfälle stattfinden. Die Zahl der Zerfälle ist somit gleich der Differenz $N_{Anfang} - N_{Ende}$. Dafür schreibt man auch $-\Delta N$.[3]

Die Zahl der Zerfälle *pro Zeiteinheit* ist daher $-\Delta N/\Delta t$. Diese Größe bezeichnet man als die **Aktivität** A der Probe.[4] Es gilt also **Gleichung A 10,1**:

$$A = -\frac{\Delta N}{\Delta t}$$

Die Einheit der Aktivität ist

$$[A] = \frac{[\Delta N]}{[\Delta t]} = \frac{1}{\mathrm{s}}$$

Dafür sagt man auch 1 **Becquerel**, abgekürzt 1 Bq.

Wenn man eine Probe betrachtet, die aus doppelt so vielen Atomen besteht wie die erste, dann wird man auch doppelt so viele Zerfälle pro Zeiteinheit, also eine doppelt so große Aktivität messen, und entsprechend für eine dreimal so große Probe die dreifache Aktivität.

Die Aktivität ist also proportional zur Anzahl der vorhandenen Atome N. Das heißt (**Gleichung A 10,2**):

$$\mathbf{A = \lambda \cdot N}$$

Die Proportionalitätskonstante λ heißt **Zerfallskonstante**. Sie ist stets positiv. Damit die Einheiten in (A 10,2) stimmen, muß λ die Einheit $[\lambda] = 1/\mathrm{s}$ besitzen. Je größer λ ist, desto größer ist die Neigung der Atome zu zerfallen, das heißt desto größer ist bei gegebener Probenmenge N die Zahl der Zerfälle pro Zeiteinheit.

Wenn wir die Gleichungen (A 10,1) und (A 10,2) kombinieren, erhalten wir

$$-\frac{\Delta N}{\Delta t} = \lambda \cdot N$$

Diese Gleichung setzt die *Änderung* der Atomanzahl in Beziehung zur Atomanzahl selbst. Aus ihr können wir das zeitliche Verhalten der Atomanzahl, also die Funktion

[3] Das Minuszeichen tritt auf, weil ΔN üblicherweise defineiert ist als $N_{Ende} - N_{Anfang}$.
[4] Beachten Sie, daß die Symbole A und N hier eine andere Bedeutung besitzen als in Gleichung (A 9,1). Diese Doppelverwendung ist bedauerlich, aber in der Kernphysik weit verbreitet.

$N(t)$, gewinnen. Genaugenommen sollte man dabei sehr kleine Zeitintervalle betrachten. Dann wird $\Delta N/\Delta t$ zur Ableitung $N'(t)$ der Atomanzahl $N(t)$ nach der Zeit.[5]

Damit geht die vorige Gleichung über in **Gleichung A 10,3**:

$$N'(t) = -\lambda \cdot N(t)$$

Diese Bestimmungsgleichung für $N(t)$ wird erfüllt, wenn $N(t)$ die folgende funktionale Form hat (**Gleichung A 10,4**):

$$N(t) = N(0) \cdot e^{-\lambda \cdot t}$$

Dies können Sie selbst leicht nachrechnen (siehe Aufgabe 10.3). Die Größe $N(0)$ ist die Anzahl der Atome zum Anfangszeitpunkt $t = 0$, und $e \approx 2{,}718\ldots$ ist die Eulersche Zahl.

Wir finden also als Ergebnis, daß die Anzahl der Atome gemäß einer Exponentialfunktion abnimmt. Diese Aussage bezeichnet man als das **Zerfallsgesetz**.

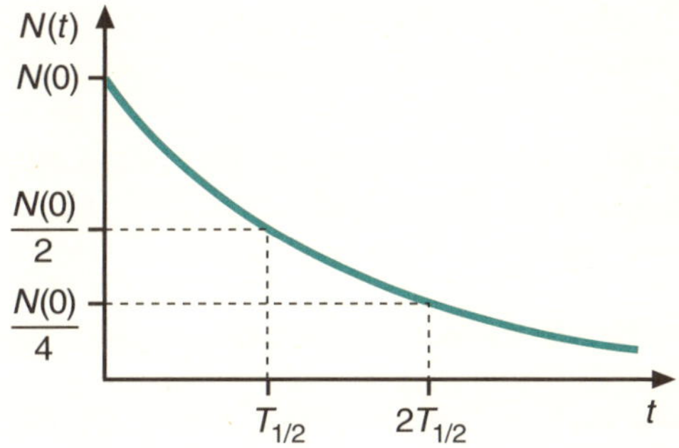

Bild 10.2: Exponentielle Abnahme der Atomanzahl

Auch die Aktivität nimmt gemäß einer Exponentialfunktion ab. Dies zeigt man wie folgt: Gleichung A 10,2 gilt zu jedem beliebigen Zeitpunkt t, also

$$A(t) = \lambda \cdot N(t)$$

Darin ersetzen wir $N(t)$ gemäß A 10,4:

$$A(t) = \lambda \cdot N(0) \cdot e^{-\lambda \cdot t}$$

Nun ersetzen wir $\lambda \cdot N(0)$ durch $A(0)$, denn Gleichung A 10,2 gilt natürlich auch für $t = 0$. Damit erhalten wir das Exponentialgesetz für die Aktivität (**Gleichung A 10,5**):

$$A(t) = A(0) \cdot e^{-\lambda \cdot t}$$

Das von uns hier theoretisch hergeleitete Exponentialgesetz wird durch Experimente einwandfrei bestätigt, sowohl für die Atomanzahl $N(t)$ als auch für die Aktivität $A(t)$. Es gilt für alle drei Arten des radioaktiven Zerfalls, α-, β- und γ-Zerfall. Da es eine statistische Aussage ist, gilt es nur, wenn die Zahl der vorhandenen Atome hinreichend groß ist.
Zur Charakterisierung der Zerfallsgeschwindigkeit eines Nuklids verwendet man statt der Zerfallskonstante λ häufiger die anschaulichere *Halbwertszeit* $T_{1/2}$ des Nuklids. Sie ist wie folgt definiert:

Die **Halbwertszeit** ist die Zeit, innerhalb derer die Anzahl der noch unzerfallenen Atome auf die Hälfte des Anfangswertes zurückgeht.

[5] S. Mathematik, Analysis · Integralrechnung, Abschnitt 9.1.

Die Halbwertszeit $T_{1/2}$ und die Zerfallskonstante λ lassen sich folgendermaßen ineinander umrechnen: Nach Ablauf der Halbwertszeit sind nur noch halb so viele Atome vorhanden wie zu Beginn, also $N(0)/2$.

Nach dem Zerfallsgesetz (A 10,4) muß also gelten:

$$\frac{N(0)}{2} = N(0) \cdot e^{-\lambda \cdot T_{1/2}}$$

das heißt

$$e^{-\lambda \cdot T_{1/2}} = \frac{1}{2}$$

Durch Logarithmieren folgt daraus

$$-\lambda \cdot T_{1/2} = \ln \frac{1}{2} = -\ln 2$$

und somit **(Gleichung A 10,6):**

$$\mathbf{T_{1/2} = \frac{\ln 2}{\lambda} \approx \frac{0{,}693}{\lambda}}$$

Jedes Nuklid hat seine eigene, charakteristische Halbwertszeit. Sie ist unabhängig von äußeren Einflüssen wie Druck und Temperatur. Sie ist auch unabhängig von der Ausgangsanzahl der Atome, das heißt, es dauert immer gleich lange, bis die Hälfte der Atome zerfallen ist, egal mit wie vielen Atomen man startet. Die Halbwertszeiten der bekannten Nuklide liegen zwischen Bruchteilen von Mikrosekunden und Milliarden von Jahren. Einige Beispiele finden Sie in der nebenstehenden Tabelle (a = *anni*, Jahre).

Element	Isotop	Halbwertszeit
Thorium	^{232}Th	$1{,}4 \cdot 10^{10}$ a
Uran	^{238}U	$4{,}5 \cdot 10^{9}$ a
Kohlenstoff	^{14}C	5730 a
Cäsium	^{137}Cs	30,2 a
Uran	^{239}U	24 min
Radium	^{216}Ra	0,18 µs

10.4 Altersbestimmung

Praktische Anwendung findet das Zerfallsgesetz in der **C-14-Methode**, auch Radiokarbonmethode genannt, die es Archäologen erlaubt, das Alter der Überreste eines Lebewesens zu bestimmen.[6] Auch Gegenstände, die aus pflanzlichen oder tierischen Stoffen hergestellt wurden, können auf diese Weise datiert werden. Die Methode ist anwendbar für Funde, die zwischen 1000 und 30 000 Jahre alt sind und besitzt einen relativen Fehler von ungefähr 5%.

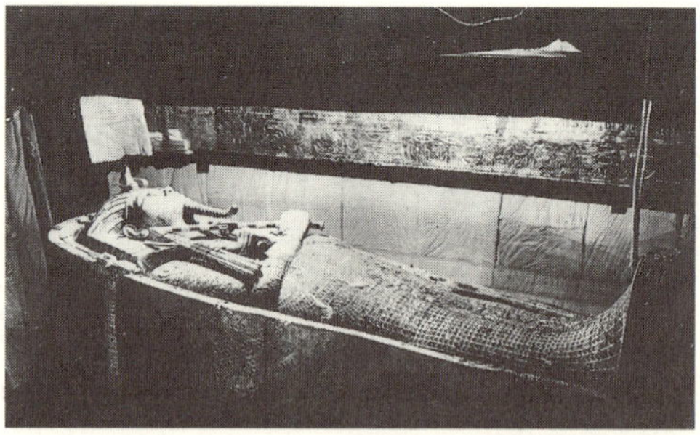

Bild 10.3: Holzsarg mit goldener Totenmaske *Tut-Ench-Amuns*, 14. Jh. v. Chr.

[6] Siehe auch Mathematik, Funktionen in Anwendungen, Abschnitt 9.3.

Die C-14-Methode beruht auf folgenden Überlegungen: Kohlenstoff in der Atmosphäre besteht aus einem Gemisch der Isotope ^{12}C und ^{14}C. Das Isotop ^{12}C ist stabil, während ^{14}C mit einer Halbwertszeit von $T_{1/2} = 5730$ a durch β-Umwandlung in das stabile Stickstoffisotop ^{14}N übergeht. ^{14}N seinerseits kann sich unter dem Einfluß der kosmischen Höhenstrahlung in ^{14}C umwandeln (siehe Abschnitt 10.5). Zwischen ^{14}C und ^{14}N besteht also ein *dynamisches Gleichgewicht*, das den Anteil an ^{14}C konstant hält.

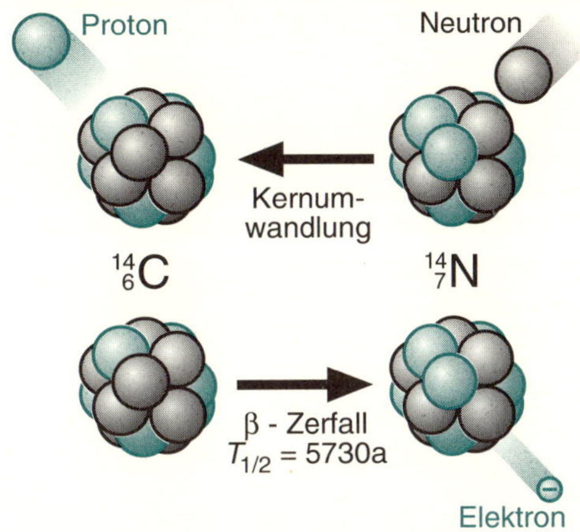

Bild 10.4: Zerfall und Nachbildung von ^{14}C

Infolgedessen hat das Kohlenstoffgemisch der Atmosphäre stets die gleiche **spezifische Aktivität**, das ist die Zahl der Zerfälle pro Zeiteinheit und pro Masse der Substanz. Sie beträgt 0,285 Bq/g, das sind 16 Zerfälle pro Minute und Gramm Kohlenstoffgemisch. Ein lebender Organismus steht mit seiner Umgebung durch Aufnahme von Kohlendioxid bzw. Nahrung im Austausch. Er enthält daher das gleiche Kohlenstoffgemisch wie seine Umgebung.

Sobald der Organismus stirbt, wird er von diesem Austausch abgeschnitten; es endet die Zufuhr von nachgebildetem ^{14}C. Ab diesem Zeitpunkt verringert sich in seinen Überresten der Mengenanteil des ^{14}C, und somit die spezifische Aktivität des Kohlenstoffgemischs. Zur Altersbestimmung extrahiert man aus dem Fund eine kleine Menge Kohlenstoff und mißt deren Aktivität. Daraus ergibt sich das Alter gemäß (A 10,5).

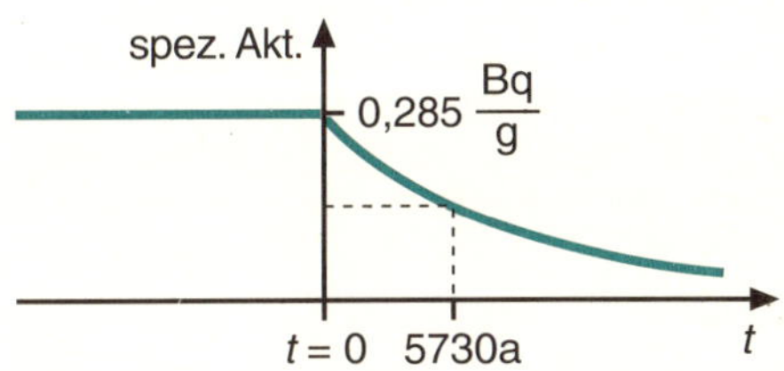

Bild 10.5: Spezifische Aktivität des ^{12}C-^{14}C-Gemischs in Organismen

● **Beispiel**

Das aus einem Fund extrahierte Kohlenstoffgemisch besitzt eine spezifische Aktivität von 0,112 Bq/g. Wie alt ist der Fund?

Der Todestag des Organismus ist der Anfangszeitpunkt $t = 0$ in Gleichung A 10,5. Zu diesem Zeitpunkt war die spezifische Aktivität

$$A(0) = 0{,}285 \, \frac{\text{Bq}}{\text{g}}$$

Heute, zur Zeit t, beträgt sie

$$A(t) = 0{,}112 \, \frac{\text{Bq}}{\text{g}}$$

Diese beiden Werte setzen wir in A 10,5 ein und erhalten

$$0{,}112 \, \frac{\text{Bq}}{\text{g}} = 0{,}285 \, \frac{\text{Bq}}{\text{g}} \cdot e^{-\lambda \cdot t}$$

10

Durch Division und Logarithmieren folgt daraus

$$t = \frac{\ln\left(\frac{0{,}285}{0{,}112}\right)}{\lambda} \approx \frac{0{,}934}{\lambda}$$

Die Zerfallskonstante λ von ^{14}C berechnen wir mit Hilfe von A 10,6:

$$\lambda \approx \frac{0{,}696}{T_{1/2}} \approx \frac{0{,}000121}{a}$$

Damit erhalten wir für das Alter t der Probe:

$$t \approx \frac{0{,}934}{\left(\frac{0{,}000121}{a}\right)} \approx 7720\ a$$

10.5 Künstliche Kernumwandlungen

Wir haben bisher fast ausschließlich von den natürlichen Kernumwandlungen gesprochen, bei denen sich ein Nuklid spontan unter Aussendung eines α- oder β-Teilchens in ein anderes Nuklid verwandelt. Man kann Kernumwandlungen aber auch künstlich herbeiführen, indem man Kerne mit schnellen Teilchen beschießt. Als Geschoß läßt sich dabei fast alles verwenden, was die Natur an Teilchen zu bieten hat: γ-Quanten, Elektronen, Neutronen, Protonen, α-Teilchen und auch andere, beliebig schwere Ionen. Die Geschosse übertragen Energie an den beschossenen Kern. Oft werden sie auch selbst in den Kern eingebaut. Dieser Zwischenkern zerfällt daraufhin in der Regel schnell unter Aussendung eines Teilchens in ein anderes Nuklid, das entweder stabil sein kann oder unter Aussendung radioaktiver Strahlung weiter zerfällt. Aus der Fülle der möglichen Reaktionen geben wir drei Beispiele:

● Beispiel 1:

Erstmals beobachtet wurde eine künstliche Kernumwandlung 1919 von Rutherford, als er im Rahmen seiner Streuversuche Stickstoff mit α-Teilchen beschoß.

Dabei entstanden ein stabiles Sauerstoffisotop und ein freies Proton:

$${}^{14}_{7}N + {}^{4}_{2}\alpha \rightarrow {}^{17}_{8}O + {}^{1}_{1}p$$

Dafür schreibt man auch kurz

$${}^{14}_{7}N\ (\alpha, p)\ {}^{17}_{8}O$$

Außerhalb der Klammern stehen das ursprüngliche und das erzeugte Nuklid, und innerhalb der Klammern das eingeschossene und das ausgesendete Teilchen.

● Beispiel 2:

1934 wurde erstmals die folgende Kernumwandlung durchgeführt:

$${}^{27}_{13}Al\ (\alpha, n)\ {}^{30}_{15}P$$

Drei Dinge sind an dieser Reaktion bemerkenswert: Zum einen werden hierbei freie Neutronen erzeugt. Vor 1934 waren Neutronen nur aufgrund theoretischer Überlegungen vermutet,[7] aber noch nicht direkt beobachtet worden.

[7] S. Abschnitt 9.2.1.

Zum zweiten wurde mit dieser Kernumwandlung erstmals aus einem stabilen Kern ein radioaktives Isotop, ^{30}P, künstlich erzeugt, das in der Natur nicht vorkommt. Daß sich durch Beschuß stabiler Kerne radioaktive Zerfälle künstlich in Gang setzen lassen, hat eine gute und eine schlechte Seite. Einerseits lassen sich so radioaktive Nuklide für Anwendungen in Medizin und Technik gezielt herstellen. Darauf kommen wir in Folge 12 zurück. Zum anderen wird auf diese Weise zum Beispiel in Kernreaktoren ursprünglich stabiles Umgebungsmaterial radioaktiv gemacht.

Drittens schließlich wurde durch die obige Reaktion eine vierte Art des radioaktiven Zerfalls ausgelöst, die man bis dahin noch nicht beobachtet hatte: Das entstandene ^{30}P wandelt sich seinerseits um in ein anderes Nuklid und sendet dabei ein Teilchen aus, das die gleichen Eigenschaften besitzt wie das Elektron, das aber *positiv* geladen ist. Dieses Teilchen heißt **Positron**, und der beobachtete Zerfall **β^+-Zerfall**.[8] Er tritt ausschließlich bei künstlich erzeugten radioaktiven Nukliden auf.

● **Beispiel 3:**

Auch in der Natur werden Kernumwandlungen durch Teilchenbeschuß ausgelöst. Die im vorigen Abschnitt erwähnte Rückumwandlung von Stickstoff in das radioaktive Kohlenstoffisotop ^{14}C vollzieht sich gemäß

$$^{14}_{7}N\ (n, p)\ ^{14}_{6}C$$

Die benötigten Neutronen stammen aus der kosmischen Höhenstrahlung.

10.6 Der Kern – weniger als die Summe seiner Teile?

Betrachten wir einen Kern, dessen Protonen- und Neutronenzahlen wir kennen. Auch die Massen des freien Protons und des freien Neutrons sind bekannt. Anhand dieser Angaben sollte es eigentlich durch einfaches Zusammenzählen möglich sein, die Masse des Kerns zu berechnen.

Wenn man aber die Masse des Kerns mit einem Massenspektrometer genau mißt, stellt man fest, daß sie in Wahrheit *geringer* ist als der erwartete Wert. Bei Helium beispielsweise beträgt der Unterschied ungefähr 1 Prozent. Das gleiche Phänomen findet man bei allen anderen Kernen. Stets scheint im Kern Masse zu fehlen. Den Unterschied Δm zwischen errechnetem und gemessenem Wert nennt man den **Massendefekt** des Kerns. Was kann die Ursache für diesen Unterschied sein?

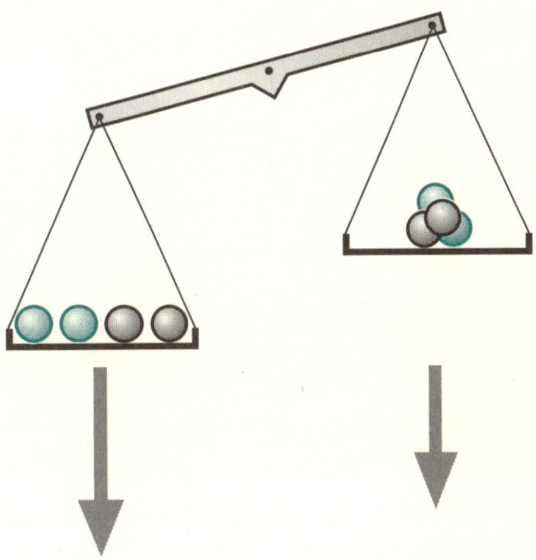

Bild 10.6: Massen von Kern und getrennten Nukleonen

[8] Den β-Zerfall bezeichnet man daher auch manchmal als β^--Zerfall.

Sie wissen aus der vorigen Folge, daß die Nukleonen im Kern von der sogenannten starken Kraft zusammengehalten werden.[9] Wenn man die Nukleonen alle ganz weit auseinander bringen will, muß man Arbeit gegen diese Kraft verrichten. Dadurch erhöht man die **potentielle Energie** der Nukleonen. (Das ist so ähnlich, als wollte man den Mond gegen die Gravitationskraft ganz weit von der Erde entfernen. Auch dabei erhöht sich die potentielle Energie des Systems Erde-Mond.[10]) Die voneinander entfernten Nukleonen besitzen also eine *größere* potentielle Energie als der zusammengesetzte Kern. Den Energie*unterschied* W_B zwischen zusammengesetztem Kern und getrennten Nukleonen nennt man die **Bindungsenergie** des Kerns.

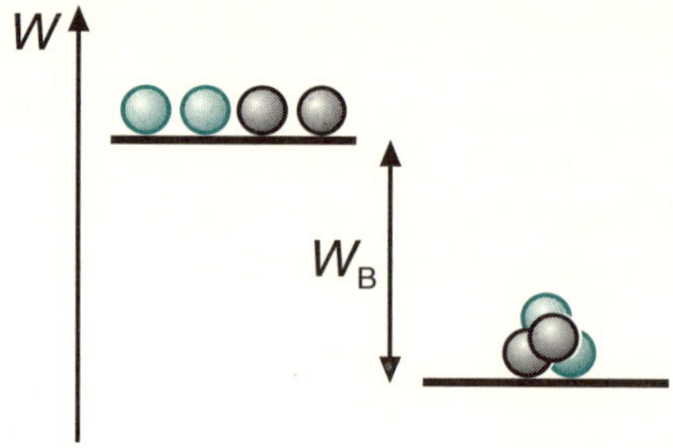

Bild 10.7: Energien von Kern und getrennten Nukleonen

Man findet also, daß der zusammengesetzte Kern sowohl eine geringere Masse als auch eine geringere potentielle Energie besitzt als die getrennten Nukleonen. Besteht hier vielleicht ein Zusammenhang?

Ein solcher Zusammenhang besteht in der Tat. Er wird hergestellt durch Einsteins **Relativitätstheorie**. Einstein fand durch Überlegungen, die völlig unabhängig waren von Kernen und der starken Kraft, daß ganz allgemein Masse im Prinzip das gleiche ist wie Energie.

Wir können hier auf diese Überlegungen nicht näher eingehen, aber Sie haben sicher schon einmal Einsteins berühmte Formel gesehen, mit der man Masse in Energie umrechnen kann.[11]

$$E = m \cdot c^2$$

Diese Äquivalenz von Masse und Energie ist anschaulich nicht leicht verständlich, aber sie ist durch viele Experimente bestens bestätigt. Auch diese Äquivalenz ist eine Aussage, die über den Rahmen der klassischen Physik hinausgeht.

[9] S. Abschnitt 9.2.1.

[10] S. Mechanik, Abschnitt 15.3.

[11] In heute üblicher Schreibweise lautet die Formel: $W = m \cdot c^2$. Mit c ist die Lichtgeschwindigkeit $c \approx 3 \cdot 10^8$ m/s gemeint.

Aber was bedeutet die Äquivalenz von Masse und Energie für unsere Kerne? Sie bedeutet, daß Massendefekt und Bindungsenergie gewissermaßen zwei Seiten derselben Medaille sind. Bis auf den Faktor c^2 ist der Massendefekt *dasselbe* wie die Bindungsenergie! Diese Äquivalenz ist außerordentlich praktisch. Sie erlaubt es nämlich, auf relativ einfache Art die Energie eines Kerns zu bestimmen, indem man seine Masse mißt. Man findet, daß diese Energie von der Nukleonenzahl A des Kerns abhängt. Bild 10.8 zeigt schematisch die potentielle Energie *pro Nukleon* W/A als Funktion der Nukleonenzahl A. Dieser Auftragung entnimmt man am einfachsten, wie stark jedes einzelne Nukleon an den Kern gebunden ist.

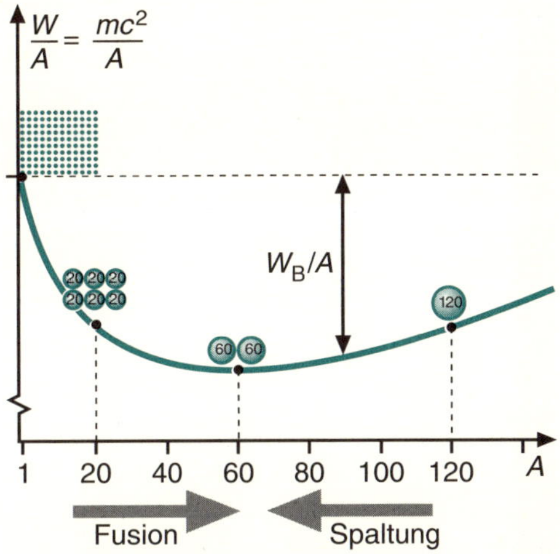

Bild 10.8: Potentielle Energie pro Nukleon als Funktion der Nukleonenzahl *A* (schematisch)

Die höchste potentielle Energie haben, im Einklang mit unseren obigen Überlegungen, getrennte Nukleonen ($A = 1$). Diese potentielle Energie ist durch eine gestrichelte Linie markiert. Alle zusammengesetzten Kerne, wie zum Beispiel die eingezeichneten Kerne mit $A = 20$, $A = 60$ und $A = 120$ haben eine geringere potentielle Energie als die getrennten Nukleonen. Die *Bindungs*energie pro Nukleon W_B/A der zusammengesetzten Kerne ist jeweils der Abstand der Kurve von der gestrichelten Linie.
Das Bemerkenswerte an dieser Kurve ist, daß sie ein Minimum besitzt. Kerne mit Nukleonenzahlen in der Nähe von $A = 56$ besitzen die kleinsten potentiellen Energien, und damit die größten Bindungsenergien pro Nukleon. Die Nukleonen dieser Kerne sind also besonders fest aneinander gebunden; die Kerne sind besonders stabil. Den stabilsten aller Kerne besitzt das Eisenisotop $^{56}_{26}Fe$.

Kerne mit größeren Nukleonenzahlen, zum Beispiel $A = 120$, besitzen eine größere potentielle Energie als die Kerne in der Mitte. Daher wird beispielsweise bei der Umwandlung eines Kerns aus 120 Nukleonen in zwei Kerne aus je 60 Nukleonen Energie freigesetzt (die Gesamtzahl der Nukleonen ändert sich bei einer solchen Umwandlung natürlich nicht).

Aber Kerne mit kleineren Nukleonenzahlen, zum Beispiel $A = 20$, besitzen ebenfalls größere potentielle Energien als die Kerne in der Mitte. Daher wird auch bei der Umwandlung von 6 Kernen aus je 20 Nukleonen in 2 Kerne aus je 60 Nukleonen Energie frei.

Man erkennt also, daß man im Prinzip sowohl durch **Kernspaltung** von Kernen mit großen Nukleonenzahlen als auch durch **Kernfusion**, das heißt Verschmelzung, von Kernen mit kleinen Nukleonenzahlen Energie gewinnen kann. Wie sich dies technisch realisieren läßt, diskutieren wir in der nächsten Folge.

Aufgaben

1. Um wie viele Einheiten ändert sich die Nukleonenzahl A (a) beim α-Zerfall, (b) beim β-Zerfall und (c) beim γ-Zerfall?

2. Welches Nuklid entsteht (a) beim α-Zerfall des Americium-Isotops $^{241}_{95}Am$, (b) beim β-Zerfall des Blei-Isotops $^{210}_{82}Pb$, (c) beim γ-Zerfall des Jod-Isotops $^{131}_{53}I^*$? Wie lauten jeweils die Zerfallsgleichungen? Hinweis: Zur Bestimmung von Elementsymbolen können Sie das Periodensystem im Band „Formeln und Tabellen" benutzen.

3. Zeigen Sie durch Ableiten und Einsetzen, daß die Exponentialfunktion (A 10,4) die Bestimmungsgleichung (A 10,3) für die Atomanzahl $N(t)$ erfüllt.

4. Die Zerfallskonstante des radioaktiven Fluor-Isotops ^{18}F beträgt $\lambda = 0{,}0063/\text{min}$. (a) Wie groß ist die Halbwertszeit von ^{18}F? (b) Eine ^{18}F-Probe enthält zu Beginn der Beobachtung 25 Millionen Atome. Wie viele Atome sind 8 Stunden später noch vorhanden?

5. Das Thallium-Isotop ^{208}Tl hat eine Halbwertszeit von 3 Minuten. Das bei seinem Zerfall entstehende Nuklid ist selbst nicht radioaktiv. (a) Wie lange muß man warten, bis die Aktivität einer ^{208}Tl-Probe auf ein Viertel ihres Wertes zurückgegangen ist? (b) Die Aktivität einer ^{208}Tl-Probe betrage 1600 Becquerel. Wie groß ist ihre Aktivität 9 Minuten später?

6. Die spezifische Aktivität eines archäologischen Fundes beträgt 0,21 Bq/g.
   a) Geben Sie zunächst ohne Rechnung an, ob der Fund älter oder jünger als 5730 Jahre ist (5730 a ist die Halbwertszeit von ^{14}C).
   b) Berechnen Sie nun sein Alter.

7. Ein Kern des Lithium-Isotops ^{7}Li wird mit einem Proton beschossen. Dadurch wird eine Kernreaktion ausgelöst, bei der ein Neutron und ein anderer Kern entstehen. Aus wie vielen Protonen und wie vielen Neutronen besteht dieser Kern? Wie lautet sein vollständiges Symbol? Wie lautet die Reaktionsgleichung in Kurzschreibweise?

Zusammenfassung der wichtigsten Aussagen

- **Beim α-Zerfall verliert der Kern zwei Neutronen und zwei Protonen in Form eines α-Teilchens.**
- **Beim β-Zerfall wandelt sich im Kern ein Neutron in ein Proton und ein Elektron um. Das Elektron wird ausgesendet.**
- **In beiden Fällen entsteht ein Kern eines anderen chemischen Elements.**
- **Beim γ-Zerfall geht ein Kern von einem hohen in einen niedrigen Energiezustand über. Dabei wird ein γ-Quant ausgesendet. Protonen- und Neutronenzahl ändern sich dabei *nicht*.**
- **Beim radioaktiven Zerfall nehmen die Zahl der vorhandenen Atome und die Aktivität exponentiell ab (Zerfallsgesetz):**

  Gleichung A 10,4 $N(t) = N(0) \cdot e^{-\lambda \cdot t}$

  Gleichung A 10,5 $A(t) = A(0) \cdot e^{-\lambda \cdot t}$
- **Die Halbwertszeit $T_{1/2}$ ist die Zeit, in der sich die Anzahl der unzerfallenen Kerne halbiert.**
- **Die Zerfallskonstante λ und die Halbwertszeit $T_{1/2}$ sind verknüpft durch Gleichung A 10,6:** $T_{1/2} \approx \frac{0{,}693}{\lambda}$
- **Durch Beschuß mit Teilchen lassen sich Kernumwandlungen künstlich auslösen. Die Produkte sind häufig radioaktiv.**
- **Durch Wiegen eines Kerns kann seine Energie bestimmt werden.**
- **Der Massendefekt eines Kerns ist gleich seiner Bindungsenergie.**
- **Sowohl durch Verschmelzung von Kernen mit kleiner Nukleonenzahl als auch durch Spaltung von Kernen mit großer Nukleonenzahl wird Energie frei.**

Folge 11: Entfesselte Kräfte
Kernspaltung und Kernfusion

Übersicht

11.0 Einführung

Sie wissen aus der letzten Folge, daß bei der Spaltung eines Kerns mit großer Nukleonenzahl Energie frei wird. Unter welchen Umständen aber kommt es zu einer solchen Spaltung? Kann sie spontan stattfinden? Wie kann man sie auslösen? Und wie kann man die frei werdende Energie im großen Maßstab zur Energiegewinnung nutzen? Mit diesen und anderen Fragen beschäftigen wir uns in den folgenden Abschnitten. Sie erfahren dabei unter anderem, warum gerade Uran als Kernbrennstoff verwendet wird, wie ein Kernkraftwerk aufgebaut ist und welche Gefahren bei seinem Betrieb bestehen. Wir erklären auch das Funktionsprinzip von Atomwaffen und zeigen, welche Schwierigkeiten bei der zivilen Nutzung der Kernfusion zu bewältigen sind.

11.1 Kernspaltung

Am Ende der letzten Folge haben Sie erfahren, daß Kerne mit mittleren Nukleonenzahlen von ungefähr $A = 60$, zum Beispiel Eisen, von allen Kernen die niedrigsten Energien besitzen. Sie wissen auch, daß ein physikalisches System immer bestrebt ist, in einen Zustand niedrigerer Energie zu gelangen. Warum aber besteht dann nicht das gesamte Universum nur aus Eisen? Was hindert zum Beispiel die Kerne mit großen Nukleonenzahlen daran, sich spontan zu spalten und dadurch ihre Energie zu erniedrigen?

Der Grund für diese Stabilität ist der folgende: Die kurzreichweitige *starke Kraft*[1] verhält sich wie ein Klettverschluß. Damit sich ein Kern spalten kann, muß man ihm zunächst Energie *zuführen*, um die extreme Anziehung der starken Kraft zwischen den Nukleonen zu lockern. Sind die Nukleonen aber erst einmal ein Stück weit voneinander entfernt, hört die starke Kraft sofort völlig auf zu wirken. Die Coulombabstoßung zwischen den Protonen treibt dann die Bruchstücke auseinander und beschleunigt sie in entgegengesetzte Richtungen. Die kinetische Energie der Bruchstücke kann man im Kernreaktor nutzen.

[1] S. Abschnitt 9.2.1.

Der Energieverlauf ist in Bild 11.1 schematisch dargestellt. Es zeigt die potentielle Energie zweier Kernbruchstücke der Nukleonenzahlen $A = 60$ in Abhängigkeit von ihrem Abstand. Der Verlauf entsteht durch das Zusammenspiel der anziehenden starken Kraft und der abstoßenden Coulombkraft. Der gespaltene Zustand (im Bild rechts) liegt zwar tiefer als der ungespaltene (im Bild links), doch die beiden Zustände sind durch eine **Energiebarriere** voneinander getrennt.

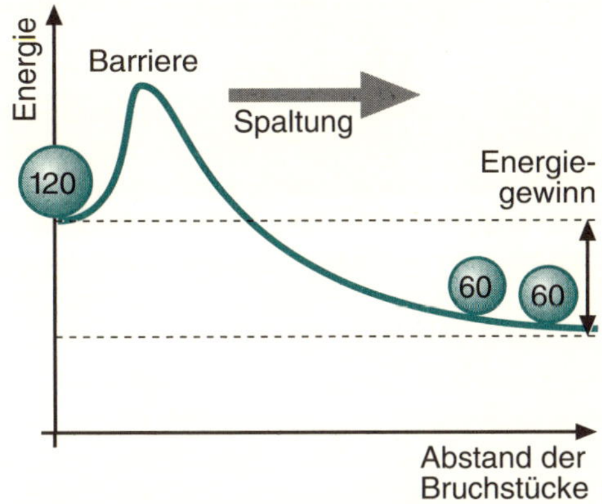

Bild 11.1: Energiebarriere bei der Kernspaltung

Manchmal gelingt es einem Kern ohne äußeres Zutun, die Energiebarriere zu überwinden, und er spaltet sich **spontan**. Spontane Kernspaltungen sind allerdings außerordentlich selten. Will man hingegen eine Kernspaltung **induzieren**, das heißt gezielt auslösen, so muß man einem Kern von außen Energie zuführen. Dies erreicht man am einfachsten, indem man Neutronen auf den Kern treffen läßt. Neutronen können nämlich, weil sie ungeladen sind, am leichtesten bis zum Kern vordringen.

Wenn ein Neutron einen Kern erreicht, nimmt der Kern das Neutron in sich auf und deformiert sich dadurch sehr stark, siehe Bild 11.2. Schließlich bricht er in zwei ungefähr gleich große Spaltkerne auseinander. Welche Isotope dabei jeweils entstehen, unterliegt dem Zufall. Die Spaltkerne sind in der Regel hochradioaktiv mit häufig sehr langen Halbwertszeiten. Neben den Spaltkernen werden bei der Kernspaltung zwei bis drei schnelle Neutronen sowie γ-Strahlung frei. Ein typisches Beispiel für eine Kernspaltung ist die folgende Reaktion:

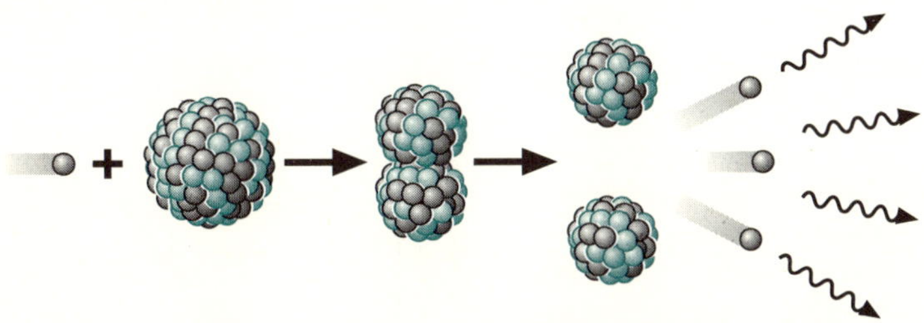

$$^{1}_{0}n + ^{235}_{92}U \longrightarrow ^{89}_{36}Kr + ^{144}_{56}Ba + 3\,^{1}_{0}n + \gamma$$

Bild 11.2: Kernspaltung

Nach diesem Schema verlief auch die erste Kernspaltung, die 1938 von *Otto Hahn* und *Fritz Straßmann* beobachtet wurde.

11

11.2 Kettenreaktion

Bei einer einzelnen Kernspaltung wird typischerweise eine Energie von 190 MeV frei, der größte Teil davon als kinetische Energie der entstehenden Spaltkerne und Neutronen. Für die einzelnen Teilchen sind dies zwar sehr hohe Energien, aber sie sind dennoch winzig im Vergleich zu den Energiemengen, die in Haushalt und Industrie benötigt werden. Will man aus Kernspaltungen im großen Maßstab Energie gewinnen, so benötigt man daher eine außerordentliche große Zahl von Spaltungen pro Sekunde. In dem Reaktor eines durchschnittlichen Kernkraftwerks finden ungefähr 10^{20} Kernspaltungen pro Sekunde statt![2] Natürlich kann dabei nicht mehr jede Kernspaltung einzeln durch Beschuß mit Neutronen ausgelöst werden. Statt dessen läßt man den Vorgang automatisch ablaufen. Dazu nutzt man aus, daß die bei der Spaltung eines Kerns frei werdenden Neutronen in anderen Kernen weitere Spaltungen auslösen können. Man setzt also eine **Kettenreaktion** in Gang. Ein Beispiel für eine Kettenreaktion mit drei **Generationen** von Spaltungen zeigt Bild 11.4.

Den zeitlichen Verlauf einer Kettenreaktion beschreibt man durch das Verhältnis **(Gleichung A 11,1):**

$$k = \frac{\text{Anzahl der Spaltungen in betrachteter Generation}}{\text{Anzahl der Spaltungen in voriger Generation}}$$

Dieses Verhältnis wird **Multiplikationsfaktor** genannt. Es gibt an, wie viele Tochterspaltungen eine erfolgte Spaltung in der nächsten Generation im Mittel auslöst:

- Ist $k < 1$, so nimmt die Zahl der Spaltungen von Generation zu Generation ab. Die freigesetzte Leistung wird immer geringer, und die Kettenreaktion kommt schließlich zum Erliegen. In diesem Fall bezeichnet man die Anordnung des spaltbaren Materials als **unterkritisch**.
- Im Fall $k = 1$ bleibt die Zahl der Spaltungen, und damit die freigesetzte Leistung, von Generation zu Generation konstant. Dieser Fall wird beim Betrieb von Kernreaktoren angestrebt. Die entsprechende Anordnung nennt man **kritisch**.
- Im Fall einer **überkritischen** Anordnung mit $k > 1$ schließlich wächst die Zahl der Spaltungen exponentiell an. Dadurch kann es in kürzester Zeit zur Freisetzung sehr großer Energiemengen kommen. Dies wird bei Kernwaffen ausgenutzt, siehe Abschnitt 11.8. Im Kernreaktor darf k niemals deutlich über eins steigen. Andernfalls besteht die Gefahr, daß die Kettenreaktion außer Kontrolle gerät, das heißt, daß der Reaktor *durchgeht*.

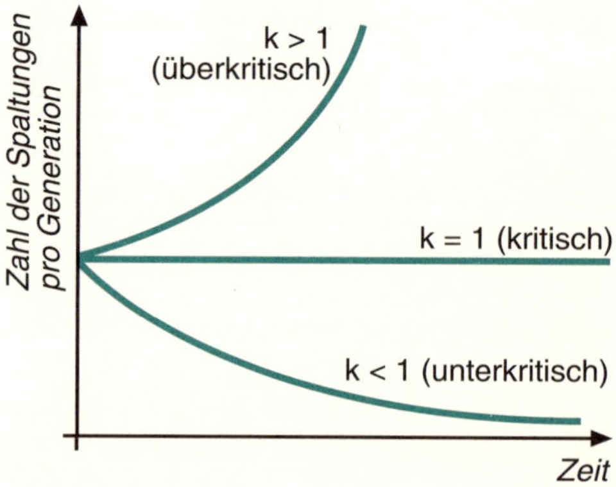

Bild 11.3: Zahl der Spaltungen im zeitlichen Verlauf

[2] S. Aufgabe 11.5.

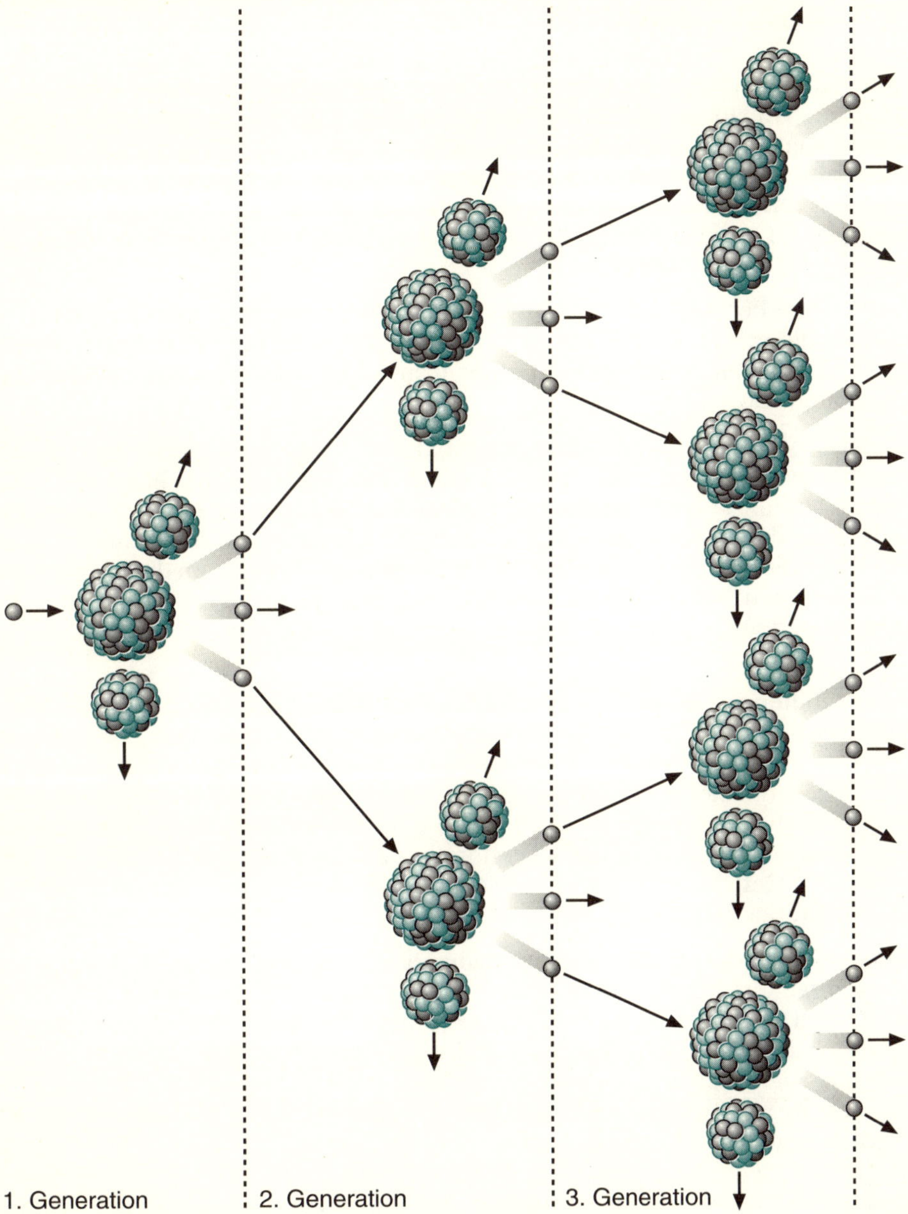

Bild 11.4: Kettenreaktion mit Multiplikationsfaktor $k = 2$

11.3 Neutronenhaushalt

In einem Klumpen rohen Uranerzes kann niemals eine Kettenreaktion ablaufen. Sein Multiplikationsfaktor k ist sehr viel kleiner als eins. Zwar könnte man durch Beschuß mit Neutronen einige Kernspaltungen auslösen, aber sie würden nicht genügend Tochterspaltungen nach sich ziehen, um eine Kettenreaktion aufrechtzuerhalten. Will man in einer Substanz eine Kettenreaktion ablaufen lassen, so muß man gezielte Maßnahmen treffen, um den Multiplikationsfaktor auf mindestens eins zu erhöhen. Dazu gibt es folgende Möglichkeiten:

- Erstens sollte der Anteil der spaltbaren Kerne in der Substanz möglichst hoch sein. Je größer dieser Anteil ist, desto größer ist die Wahrscheinlichkeit, daß in der nächsten Generation eines der freien Neutronen auf einen spaltbaren Kern trifft und eine Kernspaltung auslöst.

- Zweitens sollten die freien Neutronen möglichst *langsam* sein. Wie eine quantentheoretische Rechnung zeigt, steigt dadurch ihre Wahrscheinlichkeit, eine Kernspaltung auszulösen. Die meisten Kernreaktoren besitzen daher einen sogenannten **Moderator**, dessen Aufgabe es ist, die Neutronen durch inelastische Stöße abzubremsen.[3] Wenn die Neutronen ihre gesamte überschüssige Energie an die Moderatoratome abgegeben haben, ist ihre kinetische Energie nur noch durch die unvermeidliche Wärmebewegung bestimmt.[4] Solche langsamen Neutronen bezeichnet man als **thermische Neutronen**.

- Drittens sollten möglichst wenige freie Neutronen durch die Oberfläche des Materials *entweichen*, denn je mehr freie Neutronen sich in der Substanz befinden, desto mehr Kernspaltungen können in der nächsten Generation ausgelöst werden. Um die Oberflächenverluste zu verringern, kann man zum einen das Material in eine Form bringen, die bei gegebener Materialmenge eine möglichst geringe Oberfläche aufweist (optimal wäre hierzu die Kugelform). Zum anderen kann man an der Oberfläche einen **Reflektor** anbringen, der austretende Neutronen in das spaltbare Material zurückreflektiert.

- Weitere Neutronenverluste entstehen dadurch, daß Neutronen von Atomkernen *eingefangen* werden können, ohne dabei eine Kernspaltung auszulösen. Die Gefahr, eingefangen zu werden, ist für mittelschnelle und schnelle Neutronen besonders groß. Damit sich die Neutronen nicht lange in diesem Geschwindigkeitsbereich aufhalten, sollten sie *zügig*, das heißt in wenigen Stößen, abgebremst werden. Bei jedem Stoß mit einem Moderatoratom sollte das Neutron also möglichst viel Energie abgeben. Nach den allgemeinen Stoßgesetzen *verliert* ein Neutron bei einem Stoß um so *mehr* Energie, je *leichter* das Teilchen ist, mit dem es zusammenstößt.[5] Am besten verwendet man daher Moderatoren mit kleinen Massenzahlen A. In der Regel wählt man Wasser oder Graphit (Kohlenstoff). Diese Materialien besitzen gleichzeitig selbst eine erfreulich geringe Neigung, Neutronen einzufangen.

---

[3] Reaktoren mit Moderator heißen *thermische Reaktoren*, solche ohne Moderator *Schnelle Reaktoren*, denn in ihnen werden die Kernspaltungen durch ungebremste Neutronen ausgelöst. In Deutschland werden zur Energieerzeugung ausschließlich thermische Reaktoren verwendet.

[4] S. Mechanik, Abschnitt 13.2.1.

[5] Vergleichen Sie: Im entgegengesetzten Extremfall eines Stoßes an einer harten Wand mit sehr großer Masse verliert der Körper überhaupt keine Energie, sondern wird elastisch reflektiert.

Wenn im Kernreaktor der Multiplikationsfaktor aus irgendwelchen Gründen über den Sollwert $k = 1$ gestiegen ist, oder wenn man den Reaktor zum Abschalten herunterfahren möchte, dann benötigt man eine Möglichkeit, k zu *senken*. Dazu schiebt man **Regelstäbe** in den Spaltstoff hinein, die die Aufgabe besitzen, Neutronen einzufangen. Diese Regelstäbe fertigt man aus stark neutronenabsorbierenden Materialien wie Cadmium, Indium oder Bor.

11.4 Spaltmaterial

Die meisten Nuklide besitzen eine sehr hohe Spaltbarriere, das heißt, sie lassen sich nur von Neutronen spalten, die sehr viel kinetische Energie mitbringen. Im Labor können solche hochbeschleunigten Neutronen realisiert werden. Für eine Kettenreaktion im Reaktor allerdings ist man auf die Neutronen angewiesen, die bei den Kernspaltungen selbst frei werden. Es gibt nur sehr wenige Nuklide, deren Spaltbarriere so niedrig ist, daß sie durch diese Neutronen gespalten werden können. Diese Nuklide bezeichnet man als **spaltbares Material**.

Das *einzige* spaltbare Material, das in der Natur vorkommt, ist das Uranisotop U-235. Die meisten Kernreaktoren verwenden U-235 als Brennstoff.[6] Allerdings besteht natürliches Uran nur zu 0,7 % aus U-235, den Rest bildet das nicht spaltbare Isotop U-238. Dies erschwert das Aufrechterhalten einer Kettenreaktion erheblich, denn U-238 besitzt eine große Wahrscheinlichkeit, Neutronen einzufangen. Am einfachsten wäre der Betrieb eines Reaktors mit reinem U-235, doch eine Trennung der Isotope ist sehr aufwendig und aufgrund der enormen Kosten nicht sinnvoll. Als Kompromiß führt man in der Regel eine **Anreicherung** durch, bei der der Anteil des U-235 auf typischerweise 3% erhöht wird.

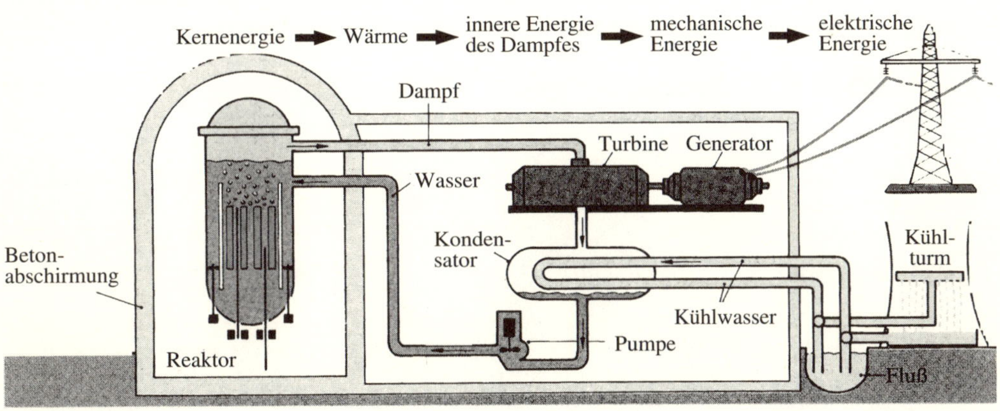

Bild 11.5: Aufbau eines Siedewasserreaktors und Kernkraftwerks (aus: Dorn-Bader: *Physik in einem Band.* © 1989 Schroedel Schulbuch Verlag Hannover)

[6] Die künstlichen Nuklide U-233 und Pu-239 können ebenfalls durch thermische Neutronen gespalten werden. Sie kommen in verschiedenen selteneren Reaktortypen zum Einsatz.

11.5 Reaktoraufbau

Bild 11.5 zeigt schematisch die Bauweise eines Reaktors mit angeschlossenem Kraftwerk. Als Beispiel haben wir den Typ des **Siedewasserreaktors** gewählt, der die einfachste Bauweise besitzt. Der Reaktor ist von einem starken **Betonmantel** umgeben, der zur Abschirmung radioaktiver Strahlung dient und auch einem Flugzeugabsturz standhalten können soll. Der Reaktorkern im Innern des Reaktors besteht aus einigen hundert **Brennelementen**. Jedes von ihnen ist ein Bündel von einigen Dutzend Metallrohren, den **Brennstäben**, in die das Urangemisch eingeschweißt ist. Die Regelstäbe zur Reaktorsteuerung werden zwischen den Brennelementen in den Reaktorkern eingeschoben.

Zwischen den Brennelementen und Regelstäben und um den Reaktorkern herum befindet sich Wasser. Es besitzt eine dreifache Funktion. Zwischen den Brennelementen wirkt das Wasser als **Moderator** und an der Oberfläche des Reaktorkerns als **Reflektor**. Gleichzeitig dient das Wasser als **Kühlmittel**: Die bei der Kernspaltung frei werdende Energie heizt die Brennelemente stark auf. Das Wasser übernimmt diese Wärmeenergie und kommt dadurch zum Sieden. Der entstehende Dampf transportiert die Energie ins Kraftwerk. Im Kraftwerk wird der Dampf durch eine Turbine geleitet. Die Turbine treibt einen Generator an, der die mechanische in elektrische Energie umsetzt. Im Kondensator wird der Dampf anschließend mit Flußwasser gekühlt, so daß er zu Wasser kondensiert. Das kondensierte Wasser wird in den Reaktor zurückgepumpt. Die Neutronen lösen im Wasser ständig künstliche Kernumwandlungen aus; das Kühlwasser ist daher radioaktiv.

Das Verhältnis **(Gleichung A 11,2)**

$$\eta = \frac{\text{erzeugte elektrische Nutzleistung}}{\text{durch Kernspaltung frei werdende Leistung}}$$

bezeichnet man als **Wirkungsgrad** des Kraftwerks.[7] Er liegt typischerweise zwischen 30 und 40 %, das heißt 60 bis 70% der im Uran gespeicherten Energie geht in Form von Wärme verloren.

11.6 Sicherheit

Die beim Betrieb entstehende radioaktive Strahlung wird durch dicke Betonwände größtenteils abgeschirmt. Im störungsfreien Normalbetrieb ist die von einem Kernkraftwerk ausgehende radioaktive Belastung der Umwelt daher vergleichsweise gering. Sie beträgt ungefähr 1% der natürlichen Radioaktivität.

Wie bei jeder komplizierten technischen Anlage lassen sich aber **Störfälle**, sei es durch technische Defekte oder durch Fehlbedienung, nie völlig vermeiden. Eine zusätzliche Gefahr besteht durch äußere Einwirkungen wie Erdbeben, Flugzeugabsturz oder

[7] Vgl. Mechanik, Abschnitt 10.4.

Kriegsereignisse. In solchen Fällen besteht die Gefahr einer Freisetzung radioaktiver Materialien in die Umwelt. Das radioaktive Wasser des inneren Kühlkreislaufs des Siedewasserreaktors beispielsweise könnte bei einem Leck der Kühlmittelleitung und gleichzeitigem Versagen der Rückhaltesysteme ins Grundwasser gelangen.

Noch wesentlich gefährlicher ist die Freisetzung der hochradioaktiven Spaltprodukte mit teilweise sehr langen Halbwertszeiten aus den Brennstäben. Dies geschah 1986 in Tschernobyl in der Ukraine infolge einer **Explosion** des Reaktors. Eine Explosion ist der schwerste denkbare Unfall, der sich in einem Kernkraftwerk überhaupt ereignen kann. Durch Fehlbedienung wurde der Reaktor in einen stark überkritischen Zustand gebracht (Multiplikationsfaktor k deutlich größer als eins). Die Kettenreaktion ließ sich nicht mehr anhalten und erfaßte in kürzester Zeit einen großen Teil des spaltbaren Materials. Die Leistung des Reaktors stieg blitzartig an: Der Reaktor explodierte. Der Betonmantel stürzte ein, der Reaktorkern geriet in Brand, und große Mengen radioaktiver Spaltprodukte wurden in die Luft geschleudert und über Tausende von Kilometern verteilt.

Zur Minimierung des Explosionsrisikos ist es wesentlich, den Reaktor so auszulegen, daß er auch im Falle einer Störung so lange wie möglich kontrollierbar bleibt und nicht durchgeht. Der in Tschernobyl verwendete Reaktortyp kann aufgrund der Trennung von Kühlmittel (Wasser) und Moderator (Graphit) besonders leicht außer Kontrolle geraten. Eine bessere Kontrollierbarkeit läßt sich erreichen, wenn das Kühlmittel gleichzeitig auch als Moderator (und Reflektor) dient, wie beispielsweise beim Siedewasserreaktor.[8] Auf diese Weise erhält der Reaktor eine Art Selbststeuerungsmechanismus. Nehmen wir an, aus irgendwelchen Gründen erhöht sich im Reaktor der Multiplikationsfaktor k. Es wächst also die Zahl der Kernspaltungen pro Sekunde, und damit die Leistung des Reaktors. Dadurch erwärmt sich das Kühlmittel und dehnt sich aus. Je geringer aber seine Dichte ist, desto schlechter wirkt es als Moderator und Reflektor. Dadurch verschlechtert sich die Neutronenbilanz, und der Multiplikationsfaktor k geht wieder zurück.

Eine Änderung von k wirkt also über die Temperatur des Kühlmittels auf k selbst zurück. Dies bezeichnet man als Rückkopplung. Da die Rückwirkung dem ursprünglichen Trend entgegenwirkt, spricht man von **negativer Rückkopplung**.

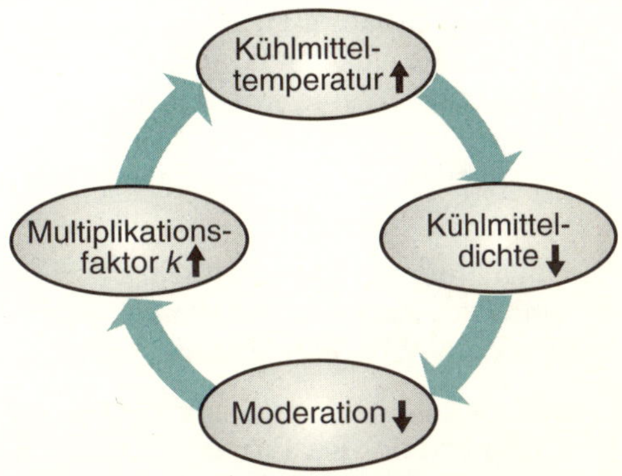

Bild 11.6: Negative Rückkopplung

Dieser Effekt ist wünschenswert, denn er hilft, die Leistung des Reaktor konstant zu halten; er trägt also zu einer **Stabilisierung** des Reaktors bei. Der Rückkopplungseffekt bietet allein aufgrund der Bauart des Reaktors eine gewisse Verbesserung der Sicherheit, unabhängig von zusätzlichen Sicherheitseinrichtungen und -vorschriften. Dies bezeichnet man als **inhärente Sicherheit**.

---

[8] Ebenso beim eng verwandten Druckwasserreaktor.

Nicht nur Leistungsschwankungen, sondern auch der gefürchtete völlige **Verlust des Kühlmittels** führt beim wassermoderierten Reaktor nicht unausweichlich zur Katastrophe. Kühlmittelverlust kann beispielsweise eintreten durch ein Leck der Leitung oder durch Ausfall der Kühlwasserpumpe und Verdampfen des überhitzten Kühlwassers. Aufgrund der Doppelfunktion des Kühlmittels bedeutet jedoch Verlust des Kühlmittels zwangsläufig auch Verlust von Moderator und Reflektor. Die Kettenreaktion kommt dadurch automatisch zum Erliegen, das heißt der Reaktor schaltet sich selbständig ab.

Große Probleme bereitet aber in diesem Fall die sogenannte **Nachzerfallswärme**, das ist die Leistung, die beim Zerfall der radioaktiven Spaltprodukte frei wird. Im Normalbetrieb trägt sie zur Erhitzung des Kühlmittels bei und macht ungefähr 7% der gesamten im Reaktor freigesetzten Leistung aus. Die Produktion von Nachzerfallswärme hält nach dem Absterben der Kettenreaktion unvermindert an. Wenn die Nachwärme nicht durch ein Notkühlsystem sicher abgeführt wird, kann sie zum Schmelzen des Reaktorkerns, der sogenannten **Kernschmelze**, führen. Dabei werden radioaktive Materialien zunächst innerhalb des Reaktorgebäudes freigesetzt. Ob sie in die Umwelt gelangen können, hängt in erster Linie davon ab, wie gut das Gebäude der Hitzeentwicklung standhält.

Trotz aller Sicherheitsmaßnahmen verbleibt in jedem Fall ein unvermeidliches Risiko sowohl kleinerer Störfälle als auch großer atomarer Katastrophen. Befürworter und Gegner der technischen Nutzung der Kernenergie sind sehr unterschiedlicher Auffassung darüber, ob die getroffenen Sicherheitsmaßnahmen ausreichend sind, um die bestehenden Risiken so weit wie möglich zu minimieren, wie das verbleibende Risiko im Vergleich zu den Nachteilen und Risiken anderer Formen der Energiegewinnung zu beurteilen ist, und ob es überhaupt verantwortbar ist, ein Risiko atomarer Katastrophen in Kauf zu nehmen.

11.7 Aufarbeitung und Entsorgung

Während des Betriebs des Reaktors nimmt im Lauf der Zeit in den Brennelementen der Anteil an spaltbarem U-235 ab, und der Anteil an radioaktiven Spaltkernen zu. Man bezeichnet dies als den **Abbrand** der Brennelemente. Pro Jahr muß ungefähr ein Drittel der Brennelemente erneuert werden. Bei einem Kernkraftwerk mit einer elektrischen Leistung von einem Gigawatt sind dies jährlich etwa dreißig Tonnen. Die abgebrannten Brennelemente werden zunächst etwa ein Jahr lang gelagert, bis ihre Aktivität auf 1% des Ausgangswertes abgeklungen ist.

Die abgebrannten Brennelemente enthalten zwei Stoffe, die man gerne weiterverwenden möchte. Zum einen befinden sich in ihnen noch nennenswerte Restmengen des spaltbaren U-235. Zum anderen enthalten sie das Plutoniumisotop Pu-239.

Es kommt in der Natur nicht vor, entsteht aber während des Reaktorbetriebs in den Brennelementen durch künstliche Kernumwandlung,[9] wenn ein U-238-Kern ein Neutron einfängt:

$$^{238}_{92}\mathrm{U} + ^{1}_{0}\mathrm{n} \rightarrow ^{239}_{94}\mathrm{Pu} + 2 \cdot ^{0}_{-1}\mathrm{e}$$

[9] S. Abschnitt 10.5.

Man sagt, Pu-239 wird im Reaktor aus U-238 **erbrütet**. Pu-239 stellt neben U-235 eines der wenigen spaltbaren Materialien überhaupt dar. Um sie aus den abgebrannten Brennelementen zurückzugewinnen, zerschneidet man diese und löst sie in Säure und verschiedenen anderen Lösungsmitteln auf. Diesen Prozeß bezeichnet man als **Wiederaufarbeitung**. Dabei fallen auch flüssige und gasförmige radioaktive Stoffe an, die schwieriger zu entsorgen sind als fester Abfall. Die extrahierten **reinen Spaltstoffe** U-235 und Pu-239 eignen sich nicht nur zur Anreicherung von neuen Brennelementen. Reiner Spaltstoff stellt auch eine der Grundvoraussetzungen zur Herstellung von Kernwaffen dar (siehe Abschnitt 11.8). Dies ist einer der Gründe, warum Wiederaufarbeitungsanlagen politisch besonders umstritten sind.

Alle nicht wiederverwertbaren radioaktiven Abfälle müssen einer sicheren Endlagerung zugeführt werden. Dazu gehören unter anderem auch die Lösungsmittel aus der Wiederaufarbeitung, bei Reparaturen ersetzte Reaktorbauteile, und in Zukunft größere Mengen radioaktiven Bauschrotts, der beim Abbruch von ausgedienten Reaktoren anfällt. Die Abfälle werden nach ihrer Aktivität in verschiedene Kategorien eingeteilt, die auf unterschiedliche Weisen entsorgt werden sollen. Manche der vorkommenden Isotope besitzen Halbwertszeiten von mehreren Millionen Jahren. Verglichen mit der menschlich erfahrbaren Zeitskala werden sie für immer radioaktive Strahlung aussenden und müssen daher dauerhaft von der Biosphäre isoliert werden. Die hochradioaktiven Spaltkerne beispielsweise plant man in Glas einzuschmelzen und in Salzstöcken inmehreren hundert Metern Tiefe zu vergraben, denn man hofft, daß Salzstöcke besonders stabil gegen geologische Veränderungen sind.

Kritiker der Kernenergie hingegen halten das Entsorgungsproblem für nach wie vor ungelöst, oder sogar für grundsätzlich nicht mit hinreichender Sicherheit lösbar, und fordern daher, die technische Nutzung der Kernenergie möglichst bald aufzugeben.

11.8 Kernwaffen

Kernwaffen beziehen ihre Energie aus einer ungebremsten Kernspaltungskettenreaktion. Ihre verheerende Wirkung beruht zum einen auf ihrer enormen Sprengkraft, und zum anderen auf der Freisetzung und Verbreitung radioaktiver Spaltprodukte mit großen Halbwertszeiten, die über lange Zeiten hinweg ganze Regionen verseuchen können.

Als Spaltmaterial wird fast reines U-235 oder Pu-239 verwendet. Vor der Zündung liegt das Spaltmaterial in Form von mehreren kleineren Teilstücken vor. In diesen Stücken finden zwar ständig einige spontane Kernspaltungen statt, aber es kann zu keiner Kettenreaktion kommen, denn die meisten Neutronen gehen durch die Oberfläche verloren. Die Teilstücke sind unterkritisch.

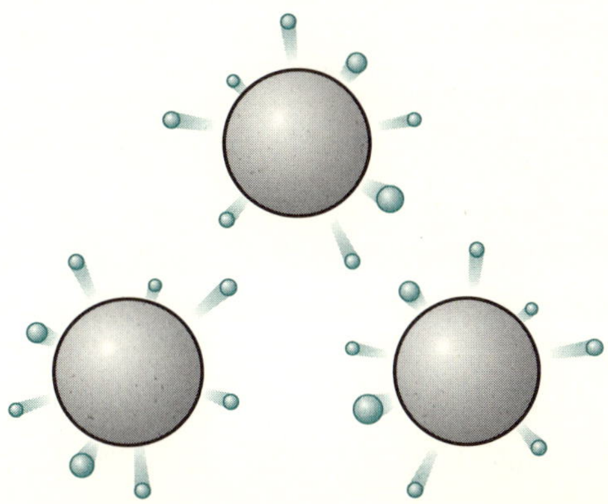

Bild 11.7 (a): Drei unterkritische Massen

Bei der Zündung werden durch eine gewöhnliche Sprengung die Teilstücke zusammengeschossen und zu einem Stück vereinigt. Dadurch hat dieselbe Gesamtmenge Spaltstoff plötzlich eine sehr viele kleinere Oberfläche und damit sehr viel geringere Neutronenverluste durch Entweichen. Die Anordnung wird durch die Sprengung überkritisch. Der Multiplikationsfaktor ist plötzlich deutlich größer als eins, die Kettenreaktion läuft ungebremst ab und erfaßt in Bruchteilen von Mikrosekunden das gesamte Spaltmaterial.

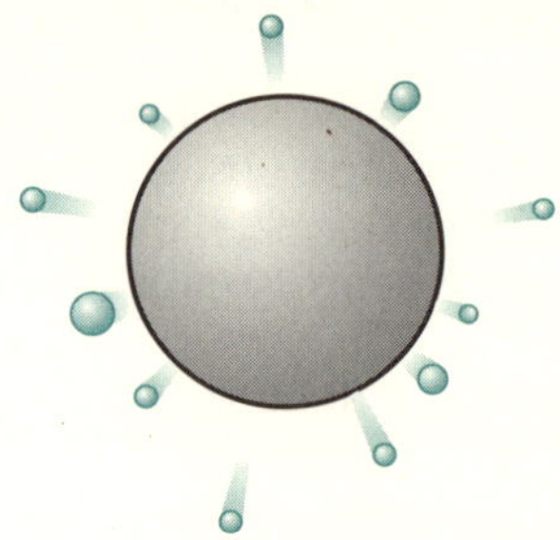

Bild 11.7 (b): Überkritische Masse. Die Gesamtmasse in (a) und (b) ist gleich.

Man bezeichnet die Menge eines Spaltstoffes, die mindestens benötigt wird, damit eine Kettenreaktion ablaufen kann, als seine **kritische Masse**. Die kritische Masse ist um so niedriger, je reiner das Spaltmaterial ist. Für reines U-235 beträgt sie ungefähr 20 kg. Reines Spaltmaterial liefert außerdem eine hohe Energieausbeute und einen hohen Multiplikationsfaktor, das heißt eine schnelle Explosion.

11.9 Kernfusion

Wie wir in der letzten Folge gesehen haben, läßt sich nicht nur durch Spalten von Kernen mit großer Massenzahl Energie gewinnen, sondern auch durch Verschmelzung, oder **Fusion**, von Kernen mit kleiner Massenzahl. Alle Sterne, auch unsere Sonne, beziehen ihre Energie aus Kernfusionen. Technisch realisiert ist die unkontrollierte Kernfusion in der Wasserstoffbombe. Sie besitzt eine noch größere Sprengkraft als die Atombombe, denn der Energiegewinn pro Kilogramm Brennstoff ist bei der Fusion ungefähr viermal so groß wie bei der Kernspaltung.[10] Die zivile, kontrollierte Nutzung der Kernfusion zur Energiegewinnung hingegen bereitet außerordentlich große technische Schwierigkeiten. Mit einem betriebsfähigen Fusionsreaktor hingegen ist frühestens in fünfzig Jahren zu rechnen.

Aus der Fülle der möglichen Verschmelzungsreaktionen wählt man in der Regel diejenige mit der größten Energieausbeute pro Verschmelzungsereignis. Dies ist die Verschmelzung je eines Kerns der Wasserstoffisotope Deuterium und Tritium:[11]

$$^{2}_{1}H + ^{3}_{1}H \rightarrow ^{4}_{2}He + ^{1}_{0}n + 17{,}6\ MeV$$

[10] S. Aufgabe 11.6.

[11] S. Abschnitt 9.2.2, Bild 9.10.

Dabei entstehen ein Heliumkern und ein freies Neutron, und es wird pro Reaktion eine Energie von 17,6 MeV frei, der größte Teil davon als kinetische Energie des Neutrons. Attraktiv ist die Energieerzeugung durch Fusion vor allem deshalb, weil im Gegensatz zu Erdöl, Kohle und Uran die für die Fusion benötigten Rohstoffe in der Natur in quasi unbegrenztem Umfang zur Verfügung stehen.

Ähnlich wie bei der Kernspaltung (vgl. Bild 11.1) muß auch bei der Kernfusion eine Energiebarriere überwunden werden. Damit zwei Kerne verschmelzen können, müssen sie einander so nahe kommen, daß sie sich fast berühren. Erst dann beginnt die klettverschlußartige starke Kraft zu wirken, bindet die Kerne aneinander und verschmilzt sie zu einem neuen Kern. Die starke Annäherung wird jedoch durch die abstoßende Coulombkraft sehr erschwert (beide Kerne sind ja positiv geladen). Nur wenn die Kerne mit genügend großer kinetischer Energie aufeinander zufliegen, können sie die Coulombabstoßung überwinden.

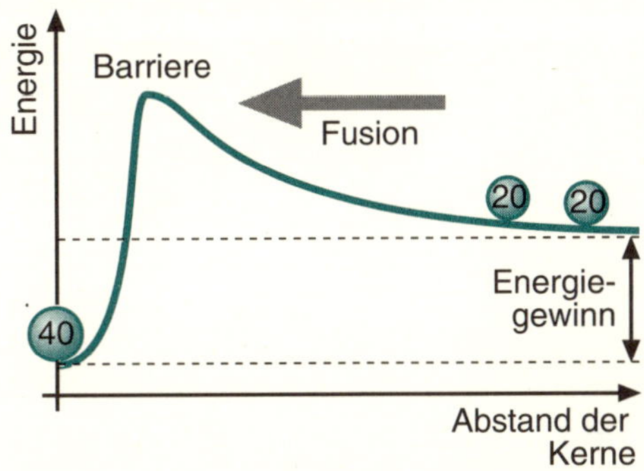

Bild 11.8: Potentielle Energie zweier leichter Kerne in Abhängigkeit von ihrem Abstand

Die nötige kinetische Energie können die Kerne aus ihrer Wärmebewegung[12] beziehen. Um die Fusion in Gang zu bringen, heizt man das Brennstoffgemisch aus Deuterium und Tritium stark auf. Mit steigender Temperatur können immer mehr Kerne die Barriere überwinden, und es wird immer mehr Energie erzeugt. Bei einer Temperatur von ungefähr 100 Millionen Grad (und ausreichend hohem Druck) **zündet** das Gemisch, das heißt, es beginnt, selbständig zu brennen. In einem brennenden Gemisch wird mindestens ebensoviel Wärmeenergie durch Fusion erzeugt, wie an der Oberfläche durch Abstrahlung verloren geht. Die Heizung kann dann abgeschaltet werden, und es kann sogar noch Nutzenergie entnommen werden. Soweit die Theorie – in der Praxis ist es allerdings bislang nicht gelungen, die notwendige Temperatur und den notwendigen Druck lange genug aufrecht zu erhalten, um ein Gemisch zu zünden.

Bei solchen extrem hohen Temperaturen sind alle Brennstoffatome vollständig ionisiert. Das resultierende Gemisch von Atomkernen und Elektronen bezeichnet man als **Plasma**. Da kein Behältnis der Welt einen derartig heißen Stoff lagern kann, ohne zu schmelzen, läßt man das Plasma berührungsfrei in einem Magnetfeld schweben. Die Aufheizung des Plasmas erreicht man auf drei Arten:

- durch einen elektrischen Heizstrom, der im Plasma nach dem Transformatorprinzip[13] induziert wird,
- durch Einschuß sehr stark beschleunigter Wasserstoffatome, die ihre kinetische Energie durch Stöße an die Plasmateilchen weitergeben,
- durch Einstrahlung hochfrequenter elektromagnetischer Wellen.

11

[12] S. Mechanik, Abschnitt 13.2.1.
[13] S. Elektrizitätslehre, Abschnitt 12.2.

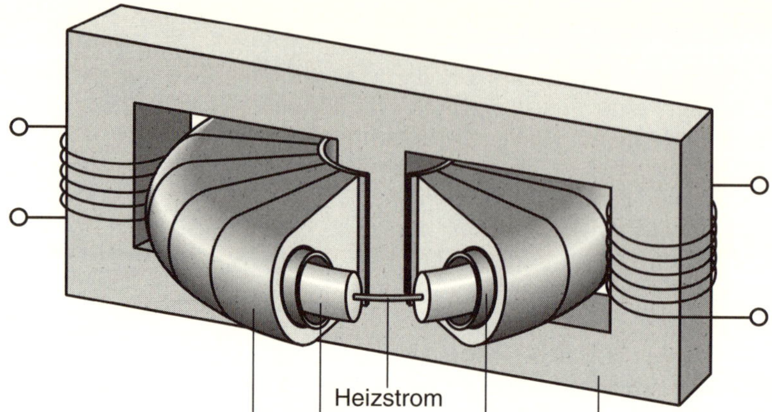

Bild 11.9: Tokamak-Fusionsexperiment

Das Brennstoff Tritium ist selbst radioaktiv, und die bei der Fusion frei werdenden Neutronen erzeugen im Umgebungsmaterial durch künstliche Kernumwandlungen radioaktive Nuklide. Auch bei der Fusion besteht also das Problem der Entsorgung radioaktiven Abfalls.[14]

Aufgaben

1. Ein U-235-Kern wird mit einem Neutron beschossen und spaltet sich. Dabei entstehen zwei freie Neutronen, ein $^{140}_{55}$Cs-Kern sowie ein weiterer Kern. Welche Nukleonenzahl und welche Ladungszahl hat dieser Kern, und zu welchem chemischen Element gehört er? Wie lautet seine vollständige Symbolbezeichnung?
2. In der ersten Generation einer Kettenreaktion finden 3200 Kernspaltungen statt. Wie viele Kernspaltungen finden in der zweiten, dritten, vierten und fünften Generation statt, wenn der Multiplikationsfaktor (a) $k = 2$, (b) $k = 1$, und (c) $k = 0{,}5$ beträgt?
3. Durch welche Maßnahmen läßt sich bei einem Kettenreaktor ein hoher Multiplikationsfaktor k erreichen?
4. Welche Eigenschaften muß ein Material aufweisen, damit es sich (a) als Moderator, (b) als Regelstab im Kernreaktor eignet?
5. Ein Kernkraftwerk mit einem Wirkungsgrad von $\eta = 35\%$ soll eine elektrische Nutzleistung von einem Gigawatt (10^9 Watt) ans Stromnetz liefern.
   a) Wie groß muß die Leistung sein, die im Kernreaktor durch Kernspaltungen freigesetzt wird?
   b) Wie viele Kernspaltungen müssen dazu pro Sekunde im Reaktor stattfinden? Hinweis: Pro Kernspaltung wird eine Energie von ungefähr 190 MeV frei.

[14] Andere Fusionsreaktionen erzeugen zwar keinen radioaktiven Abfall, sind aber noch weitaus schwerer zu realisieren.

6. In dieser Aufgabe werden Kernspaltung und Kernfusion hinsichtlich des Energiegewinns pro Kilogramm Brennstoff verglichen.
   a) Die Masse eines Nukleons beträgt $1{,}7 \cdot 10^{-27}$ kg. Wie groß ist die Masse eines U-235-Kerns? Wie groß ist die Gesamtmasse eines Deuteriumkerns und eines Tritiumkerns zusammengenommen?
   b) Wie viele U-235-Kerne sind also in einem Kilogramm U-235 enthalten? Wie viele Deuterium-Tritium-Paare sind in einem Kilogramm Deuterium-Tritium-Gemisch enthalten? (Vernachlässigen Sie in beiden Fällen die Masse der Elektronen.)
   c) Bei der Kernspaltung eines U-235-Kerns wird eine Energie von 190 MeV frei, bei der Fusion eines Deuterium- und eines Tritiumkerns eine Energie von 17,6 MeV. Wieviel Energie läßt sich folglich aus der Spaltung von 1 kg U-235 gewinnen, und wieviel aus der Fusion von 1 kg Deuterium-Tritium-Gemisch?
   d) Wieviel mal größer ist also die Energieausbeute bei der Fusionsreaktion?
   e) Wie hätten Sie das letzte Ergebnis auch ohne Kenntnis der Masse eines Nukleons erhalten können?

7. Die Aktivität ausgebrannter Brennelemente fällt im ersten Jahr der Lagerung auf 1/100 ihres Ausgangswertes. Nach dem Zerfallsgesetz (A 10,5) könnte man versucht sein zu glauben, daß die Aktivität im zweiten Jahr der Lagerung auf 1/10 000 zurückgeht. Tatsächlich aber beobachtet man, daß sich die Aktivität im zweiten Jahr nur noch sehr viel langsamer verringert. Können Sie erklären, warum? Beachten Sie, daß das Zerfallsgesetz nur für reine Substanzen mit einer ganz bestimmten Halbwertszeit gilt.

Zusammenfassung der wichtigsten Aussagen

- **Bei Kernspaltung und Kernfusion muß eine Energiebarriere überwunden werden.**
- **Bei einer Kettenreaktion lösen die durch Kernspaltung frei werdenden Neutronen weitere Spaltungen aus.**
- **Der Multiplikationsfaktor ist definiert als (Gleichung A 11,1)**

$$k = \frac{\textbf{Anzahl der Spaltungen in betrachteter Generation}}{\textbf{Anzahl der Spaltungen in voriger Generation}}$$

- **Während des Betriebs eines Kernreaktors wird der Wert $k = 1$ angestrebt.**
- **Das Uranisotop U-235 ist das einzige natürlich vorkommende spaltbare Material. Das spaltbare Nuklid Pu-239 wird beim Betrieb eines Kernreaktors durch künstliche Kernumwandlung erzeugt.**
- **Wassermoderierte Reaktoren besitzen einen Mechanismus negativer Rückkopplung, der zur Stabilisierung der Reaktorleistung beiträgt.**
- **Eine Atombombe wird gezündet, indem mehrere unterkritische Massen zu einer überkritischen Masse vereinigt werden.**
- **Die meisten Kernfusionsexperimente beruhen auf der Verschmelzung eines Deuteriumkerns mit einem Tritiumkern.**

Folge 12: Radioaktivität – unsichtbar, aber meßbar Gefahren und Nutzen radioaktiver Strahlen

Übersicht

12.0 Einführung

Warum ist radioaktive Strahlung für Menschen und Tiere so gefährlich? Welche Vorgänge lösen sie in den Zellen aus? Durch welche Meßgrößen kann man die radioaktive Belastung eines Organismus beschreiben, und auf welche Weisen kann man die Strahlung messen? Schließlich: Wie kann man sich vor radioaktiver Strahlung schützen? Dies sind einige der Fragen, auf die wir in dieser Folge eingehen. Darüber hinaus zeigen wir an zwei Beispielen aus der Medizin, daß radioaktive Strahlung auch zum Nutzen der Menschen eingesetzt werden kann.

12.1 Biologische Wirkung

Zellen, die Grundbausteine aller Lebewesen, bestehen aus dem **Zellplasma** und dem **Zellkern**. Der Stoffwechsel, das heißt die normale Funktion der Zelle, läuft im Plasma ab. Der Zellkern hingegen enthält die Erbinformation, die bei der Zellteilung zum Einsatz kommt.[1]

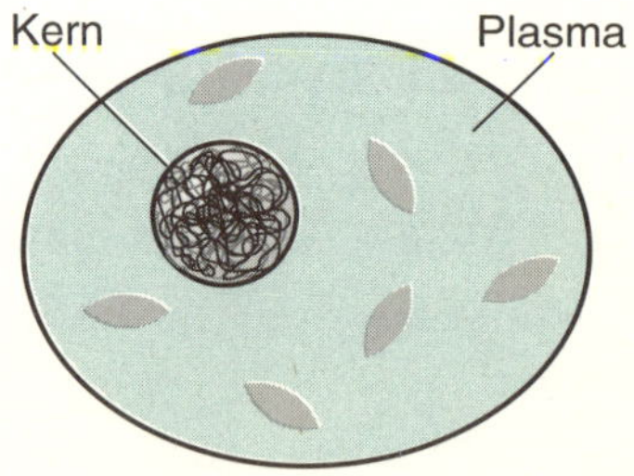

Bild 12.1: Zelle

Radioaktive Strahlung kann sowohl im Plasma als auch im Zellkern zu Schädigungen führen. Zurückzuführen sind diese Schäden in beiden Fällen auf die **ionisierenden Wirkung** der Strahlung, das heißt auf ihre Fähigkeit, Elektronen aus Molekülen auszulösen. Dies kann eine Spaltung oder sonstige chemische Veränderung des betroffenen Moleküls nach sich ziehen.

[1] Vgl. TK II Biologie, Bd. 1, Lektion 1.

Im *Plasma* können dadurch zum einen lebenswichtige Moleküle zerstört werden, zum anderen können giftige Substanzen gebildet werden. Bis zu einem gewissen Maße ist die Zelle in der Lage, einen solchen Schaden zu verkraften oder zu reparieren. Überschreitet aber das Ausmaß des Schadens eine gewisse Schwelle, so stirbt die Zelle. Der Organismus seinerseits kann den Tod einzelner Zellen ausgleichen; es werden ohnehin ständig Zellen durch Zellteilung nachgebildet und ersetzt. Sterben aber infolge der Strahlungseinwirkung zu viele Zellen gleichzeitig, dann wird der Organismus als Ganzes geschädigt. Es gibt also für diese Art der Strahlenschäden einen **Schwellenwert**. Erkennbare Schäden treten nur dann ein, wenn der Umfang der absorbierten Strahlung diesen Schwellenwert überschreitet. Die Schäden zeigen sich unmittelbar oder innerhalb von wenigen Tagen, nachdem der Körper der Strahlung ausgesetzt war. Bei hohen Dosen führen sie zur sogenannten **Strahlenkrankheit**. Zu ihren ersten Anzeichen gehören Unwohlsein, Kopfschmerzen, erhöhte Infektgefahr und Mattigkeit. Besonders empfindlich gegen Strahlung sind Zellen des Embryos im Mutterleib. Bereits vergleichsweise geringe Dosen können hier zu Mißbildungen führen. Alle diese Schädigungen infolge einer direkten Störung der Zellfunktion bezeichnet man als *somatische Schäden*.

Im *Zellkern* andererseits kann absorbierte Strahlung zu einer Veränderung der Erbinformation führen. Solche Schäden bezeichnet man als *genetische Schäden*. Zwar besitzt die Zelle eine gewisse Fähigkeit, solche Veränderungen zu erkennen und rückgängig zu machen, aber es besteht keine Garantie, daß *jeder* Defekt der Erbinformation repariert wird. Auch kleinste Strahlungsdosen können mit einer gewissen Wahrscheinlichkeit zu einer Schädigung führen. Genetische Schäden sind daher **stochastische Schäden**. Je größer die absorbierte Strahlungsdosis, desto größer ist die Wahrscheinlichkeit einer Schädigung. Nicht reparierte Defekte werden bei der nächsten Zellteilung an die Tochterzellen weitergegeben. Besonders häufig treten Veränderungen derjenigen Information auf, die das Wachstum der Zellen steuert. Geschädigte Zellen können daher beginnen, sich unkontrolliert zu vermehren, das heißt, es kann sich **Krebs** ausbilden. Wird die Erbinformation der Ei- oder Samenzellen verändert, so wird diese Änderung an die Nachkommen des Organismus weitergegeben. Dies bezeichnet man als eine **Mutation**.[2]

12.2 Maßeinheiten

Wie kann man aber nun die Stärke radioaktiver Strahlung und ihre Wirkung auf einen Organismus quantitativ beschreiben? Eine der dazu verwendeten Größen, die **Aktivität** A, haben Sie bereits in Abschnitt 10.3 kennengelernt. Ihre Einheit ist das **Becquerel**, abgekürzt Bq.[3] Durch Angabe der Aktivität macht man eine Aussage über die Stärke einer Strahlungsquelle:

Eine Strahlungsquelle hat die Aktivität $A = 1$ Bq, wenn in ihr eine Kernumwandlung pro Sekunde stattfindet, das heißt, wenn sie ein Strahlungsteilchen (α-, β- oder γ-Teilchen) pro Sekunde aussendet.

---

[2] In manchen Veröffentlichungen wird Krebs zu den somatischen Schäden gezählt, und nur die Mutationen werden als genetische Schäden bezeichnet.

[3] Eine veraltete Einheit für die Aktivität ist das *Curie*, abgekürzt Ci. $1\ \text{Ci} = 3{,}7 \cdot 10^{10}\ \text{Bq}$.

Um Aktivitätsangaben sinnvoll miteinander vergleichen zu können, ist es unerläßlich mitzuteilen, auf welche „Menge" des strahlenden Stoffs sich der Aktivitätswert bezieht. Dazu verwendet man in der Regel die **spezifische Aktivität**, das heißt die Aktivität pro Masse des Stoffs. Sie hat die Einheit Bq/kg. Bei Flüssigkeiten ist eine Angabe in Bq/l sinnvoll, und bei strahlenden Flächen in Bq/m^2.

● **Beispiel**

Bimsstein hat eine natürliche spezifische Aktivität von über 1000 Bq/kg, vor allem infolge von Kalium-40. Meerwasser hat eine natürliche spezifische Aktivität von ungefähr 45 Bq/l infolge seines Gehaltes an Uran.

Die Aktivität macht nur eine Aussage über die Anzahl der Strahlungsteilchen, die von der Quelle ausgehen, nicht aber über ihre ionisierende Wirkung in dem Material, von dem sie absorbiert werden. Die ionisierende Wirkung der Strahlungsteilchen hängt aber nicht nur von ihrer Anzahl, sondern auch von ihrer Energie ab. Je mehr Strahlungsenergie ein Material absorbiert, desto mehr Ionisationsereignisse finden in ihm statt. Zur Beschreibung der ionisierenden Wirkung mißt man daher die absorbierte **Energiedosis** D. Ihre Einheit ist das **Gray**, abgekürzt Gy. Ein Gray ist ein Joule pro Kilogramm.[4]

Ein Absorbermaterial hat die Energiedosis $D = 1$ Gy erhalten, wenn pro Kilogramm Absorber eine Strahlungsenergie von einem Joule absorbiert wurde.

Die Aktivität und die Energiedosis sind rein physikalische Größen. Sie erfassen nicht, daß die verschiedenen Strahlungsarten eine sehr unterschiedliche biologische Wirksamkeit besitzen. So ist beispielsweise bei gleicher Teilchenenergie ein α-Teilchen für Zellgewebe wesentlich gefährlicher als ein β-Teilchen.

Der Grund dafür ist der folgende: Teilchen gleicher Energie lösen im Gewebe die gleiche Gesamtzahl an Ionisationen aus (in Bild 12.2 beispielsweise zehn Ionisationen pro Teilchen). Allerdings hat das α-Teilchen, wie Sie aus Abschnitt 9.1.3 wissen, in Materie eine deutlich geringere Reichweite als das β-Teilchen. Die Ionisationen sind also beim α-Teilchen über eine sehr viel kürzere Flugstrecke verteilt, siehe Bild 12.2. In den getroffenen Zellen ist die durchschnittliche Zahl der Schäden pro Zelle deutlich höher. Die Chancen auf eine erfolgreiche Reparatur der Schäden sind dadurch wesentlich schlechter. α-Strahlung wird aus diesen Gründen auch als **dicht ionisierende Strahlung** bezeichnet.

Beim β-Teilchen hingegen verteilt sich die ionisierende Wirkung auf eine sehr viel größere Zahl von Zellen; in den durchflogenen Zellen ist die mittlere Zahl der Ionisationen pro Zelle sehr viel geringer. Entsprechend besser sind die Reparaturchancen. β-Strahlung heißt auch **locker ionisierende Strahlung**. Die schädigende Wirkung der γ-Strahlung schließlich ist der Wirkung der β-Strahlung vergleichbar.

[4] Eine veraltete Einheit für die Energiedosis ist das *Rad* (radiation absorbed dose). 1 rad = 0,01 Gy.

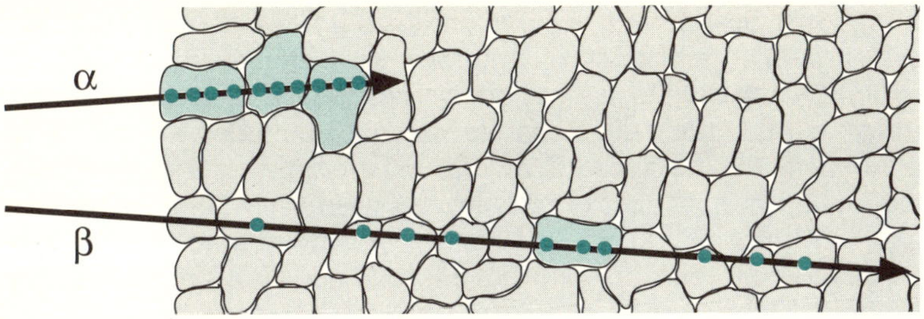

Bild 12.2: Unterschiedliche Zellschädigung durch α- und β-Strahlung. Die grünen Punkte bezeichnen Ionisationsereignisse. Die grün markierten Zellen sterben ab.

Die Unterschiede in der biologischen Wirksamkeit der verschiedenen Strahlungsarten beschreibt man durch den **Qualitätsfaktor** Q. Er trägt keine Einheit, das heißt er ist eine reine Zahl. Der Wert für γ-Strahlung wurde auf $Q = 1$ festgesetzt. Der Qualitätsfaktor beschreibt also die Wirksamkeit *relativ* zur Wirksamkeit der γ-Strahlung. Für die übrigen Strahlungsarten hat man den Qualitätsfaktor durch biologische Experimente abgeschätzt. Ein großer Wert von Q bezeichnet eine starke gewebsschädigende Wirkung:

Qualitätsfaktor = relative biologische Wirksamkeit der Strahlungsarten:

γ-Strahlung	$Q = 1$
β-Strahlung	$Q = 1$
α-Strahlung	$Q \approx 20$

Auch für andere Strahlungsarten, wie Neutronen, Protonen und schwere Ionen, wurden die entsprechenden Qualitätsfaktoren bestimmt.

Der Qualitätsfaktor versetzt uns nun in die Lage, die rein physikalische Größe „Energiedosis" umzurechnen in eine neue Größe, die die biologische Wirkung einer absorbierten Dosis beschreibt, die sogenannte **Äquivalentdosis** H:

Die Äquivalentdosis $H = Q \cdot D$ erhält man durch Multiplikation der absorbierten Energiedosis D mit dem Qualitätsfaktor Q. Sie ist ein Maß für die biologische Wirkung der in einem Gewebe absorbierten Strahlung.

Die Äquivalentdosis ist die zentrale Größe im Strahlenschutz zur Beschreibung der biologischen Strahlenwirkung. Sie besitzt wie die Energiedosis die Einheit J/kg. Um aber Angaben der beiden Größen deutlich voneinander zu unterscheiden, hat man für die Äquivalentdosis eine neue Einheit eingeführt, das **Sievert**, abgekürzt Sv.[5]

● **Beispiel**

12

Eine absorbierte Energiedosis von 5 Gy infolge α-Strahlung ergibt eine Äquivalentdosis von 100 Sv. Eine Energiedosis von 5 Gy infolge β-Strahlung ergibt jedoch „nur" eine Äquivalentdosis von 5 Sv.

---

[5] Eine veraltete Einheit für die Äquivalentdosis ist das *Rem* (Röntgen equivalent man). 1 rem = 0,01 Sv.

Für die Wirkung einer bestimmten Äquivalentdosis ist es außerdem von Bedeutung, über welchen Zeitraum verteilt sie aufgenommen wird. Bei geringer Äquivalentdosis-*leistung*[6], das heißt wenn die Dosis über einen sehr langen Zeitraum (Monate, Jahre) verteilt absorbiert wird, können die Reparaturmechanismen des Körpers Schäden wie die Strahlenkrankheit, für die Schwellenwerte existieren, in der Regel wirksam verhindern. In jedem Fall besteht aber ein Risiko stochastischer Schäden, das heißt einer Veränderung der Erbinformation. Jeder Mensch ist ständig einer gewissen radioaktiven Belastung ausgesetzt, teils aus natürlichen, teils aus zivilisationsbedingten Quellen, siehe Abschnitt 12.3.

Wird dieselbe Dosis allerdings innerhalb eines kurzen Zeitraumes (Minuten, Stunden) aufgenommen, beispielsweise infolge eines Strahlenunfalls oder einer Kernwaffenexplosion, so sind die Reparaturmechanismen schnell überfordert, und es tritt eine unmittelbare Schädigung ein. In diesem Fall ist es von untergeordneter Bedeutung, ob die Bestrahlung innerhalb von wenigen Minuten erfolgt oder über einige Stunden verteilt. Der Schaden hängt dann in erster Linie von der absorbierten Gesamtäquivalentdosis ab. Die folgenden Schäden sind zu erwarten, wenn große Teile des Körpers in kurzer Zeit mit hohen Äquivalentdosen bestrahlt werden:

Dosis in Sv	Prognose
0,25	erste nachweisbare Veränderungen des Blutbilds
1	Strahlenkrankheit (Übelkeit, Erbrechen, Haarausfall, etc.), vereinzelte Todesfälle, Spätschäden möglich
3 – 5	Knochenmark-Transplantation nötig, ohne medizinische Maßnahmen Sterblichkeit 50 %, im Überlebensfall Spätschäden
10	sicherer Tod innerhalb weniger Tage

12.3 Belastung des Menschen

Dieser Abschnitt gibt eine Übersicht über die Äquivalentdosisleistungen, die wir fortwährend aus den verschiedenen natürlichen und zivilisatorischen Strahlungsquellen erhalten. Die angegebenen Werte sind Schätzwerte und sind zum Teil stark von den individuellen Lebensumständen abhängig.

- Die **kosmische Strahlung** kommt aus dem Weltraum und besteht aus einer Vielzahl verschiedenster Teilchen. Sie nimmt mit der Höhe sehr stark zu. Auf Meereshöhe liefert sie eine Äquivalentdosisleistung von ungefähr **0,4 mSv/a** (Millisievert pro Jahr), auf einem Berggipfel in 3000 m Höhe schon 1,1 mSv/a, und bei einem Transatlantikflug in 10 km Höhe sogar 70 mSv/a.
- Die natürliche **Bodenaktivität** (terrestrische Strahlung) infolge der im Gestein enthaltenen radioaktiven Isotope liefert im Mittel eine Äquivalentdosisleistung von ca. **0,5 mSv/a**. Die Bodenaktivität weist ausgeprägte Unterschiede von Region zu Region auf.

[6] Leistung ist, wie Sie wissen, Arbeit (oder Energie) pro Zeit, siehe Mechanik, Abschnitt 10.3.

- Die **Eigenstrahlung** des menschlichen Körpers geht zurück auf die Radionuklide, vor allem Kalium-40, die durch die Nahrung aufgenommen werden und ständig in einer bestimmten Konzentration im Körper vorhanden sind. Dieser Beitrag beträgt etwa **0,3 mSv/a**.

Diese drei Strahlungsquellen sind zivilisationsunabhängig. Dazu kommen die folgenden zivilisationsbedingten Quellen:

- In den zum Hausbau verwendeten Gesteinen wird durch radioaktiven Zerfall fortwährend das Isotop Rn-222 des Edelgases **Radon** gebildet, das selbst radioaktiv ist. In geschlossenen Räumen reichert sich dieses Gas stark an und führt zu einer Zusatzbelastung von ungefähr **1 mSv/a**.
- Durch Maßnahmen der **medizinischen Diagnostik**, vor allem Röntgenuntersuchungen, erhalten wir eine durchschnittliche Belastung von weiteren **1 mSv/a**.
- Die Schätzungen für die Auswirkungen des Unfalls im Kernkraftwerk **Tschernobyl** gehen sehr stark auseinander. Teilweise wird von einer Belastung von bis zu **1,5 mSv** im ersten Jahr in Süddeutschland ausgegangen.
- alle **sonstigen Quellen** zusammen, darunter Kernkraftwerke etc. im störungsfreien Normalbetrieb, liefern eine Äquivalentdosisleistung, die um etwa einen Faktor 100 schwächer ist als die der bisher genannten Quellen.

Als Summe erhalten wir also eine Äquivalentdosisleistung von ungefähr **3 mSv/a** (ohne Tschernobyl).

12.4 Strahlendosimetrie

In der Sendung wurden verschiedene Geräte gezeigt, mit denen man radioaktive Strahlung nachweisen kann. Die **Nebelkammer** und das **Geiger-Müller-Zählrohr** haben wir bereits in Abschnitt 9.1.4 besprochen. Die **Funkenkammer** basiert auf demselben Funktionsprinzip wie das Zählrohr, ist aber durch einen etwas anderen Aufbau zusätzlich in der Lage, den Verlauf der Bahnen der eintretenden Strahlungsteilchen durch Funkenbildung sichtbar zu machen. Die Funkenkammer ist besser als die Nebelkammer zum Nachweis von Teilchen geeignet, die nur schwach mit Materie wechselwirken, wie z.B. γ-Teilchen.

Nebelkammer und Funkenkammer eignen sich gut dazu, einzelne Teilchen nachzuweisen und ihre Eigenschaften zu untersuchen. Die Intensität der einfallenden Strahlung hingegen mißt man am einfachsten mit dem Geiger-Müller-Zählrohr. Das Zählrohr eignet sich daher auch zur Bestimmung der **Aktivität** einer radioaktiven Probe. Zu diesem Zweck bringt man Zählrohr und Probe in einem Gehäuse an. Das Gehäuse dient dazu, durch Abschirmung den sogenannten *Nulleffekt* der Messung zu verringern. Der Nulleffekt ist die Strahlungsintensität, die ohne Probe allein aufgrund der allgegenwärtigen kosmischen und sonstigen Hintergrundstrahlung in das Zählrohr gelangt. Der Nulleffekt muß vorab bestimmt werden und dann von dem Wert, der mit Probe gemessen wird, abgezogen werden. Des weiteren muß man beachten, daß die Probe in alle Raumrichtungen Strahlungsteilchen aussendet, daß aber nur ein bestimmter Bruchteil davon ins Zählrohr gelangt (siehe auch Abschnitt 12.5). Um die Aktivität der Probe zu erhalten, muß man daher das abgelesene Meßergebnis noch mit dem sogenannten

Kalibrierungsfaktor multiplizieren. Er hängt unter anderem ab vom Durchmesser des Zählrohrs und von der Entfernung zwischen Probe und Zählrohr.

Zur Strahlenschutzüberwachung des Personals beispielsweise in den radiologischen Abteilungen der Krankenhäuser ist das **Filmdosimeter** weit verbreitet. Es muß während der Arbeit getragen werden und wird nach vier Wochen zur Auswertung eingesandt. Das Filmdosimeter basiert auf der Fähigkeit der Strahlung, Filme zu schwärzen. Es besteht aus einem Filmstreifen, der in fünf Felder unterteilt ist.

Vier Felder sind durch Kupfer- beziehungsweise Bleistreifen unterschiedlicher Dicke abgedeckt, ein weiteres Feld ist ohne Bedeckung. Film und Filter befinden sich in einer lichtundurchlässigen Umhüllung. Je nach ihrer Energie kann die Strahlung, die während des Tragens auf das Dosimeter trifft, die verschiedenen Metallfilter unterschiedlich gut durchdringen und die darunterliegende Fotoschicht schwärzen. Bei der Auswertung erhält man daher aus der Stärke der Schwärzung in den fünf Feldern Aufschluß sowohl über die Intensität der absorbierten Strahlung, als auch, in gewissen Grenzen, über ihre Energie.

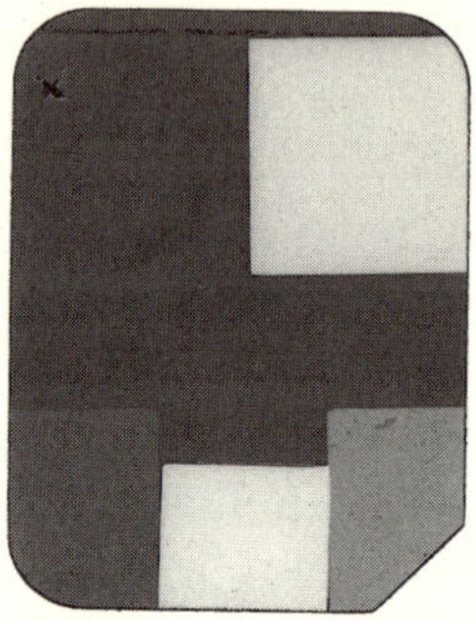

Bild 12.3: Geschwärzter Film eines Filmdosimeters

12.5 Strahlenschutz

Die folgenden vier Grundregeln dienen dazu, beim Umgang mit radioaktivem Material die Strahlenbelastung zu minimieren:

- Es ist ein möglichst großer **Abstand** von der Strahlungsquelle einzuhalten. Die Intensität der Strahlung ist nämlich umgekehrt proportional zum Quadrat des Abstands r von der Quelle **(Gleichung A 12,1):**

$$\textbf{Intensität} \sim \frac{1}{r^2}$$

Diese Aussage bezeichnet man als das **quadratische Abstandsgesetz**. Es gilt in gleicher Form für alle Strahlungsarten, also auch für Licht, Röntgenstrahlung usw. Beachten Sie, daß es auch im Vakuum gilt.

Um den Grund für dieses Verhalten zu verstehen, betrachten wir ein Filmdosimeter, das im Abstand r von einer Strahlungsquelle angebracht ist, und zwar senkrecht zur auftreffenden Strahlung (siehe Bild 12.4). Die Quelle sendet mit der Aktivität A_{ges} Strahlungsteilchen in alle Richtungen aus. Das Dosimeter registriert nur diejenigen Teilchen, die in seine Richtung ausgesendet werden. Ihre Anzahl pro Sekunde bezeichnen wir mit A_D.

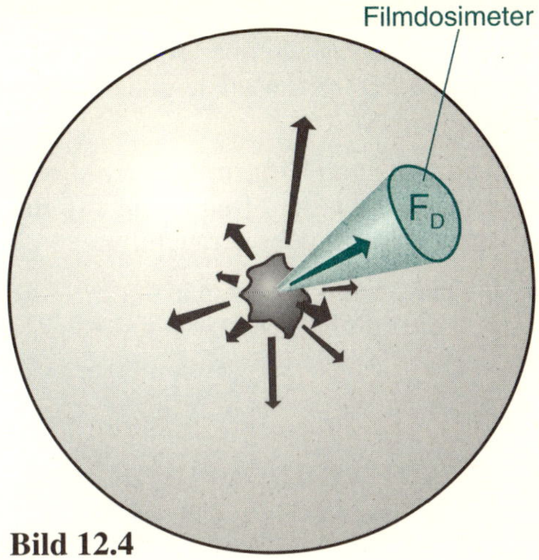

Bild 12.4

A_D steht zu A_{ges} im selben Verhältnis wie die Fläche F_D des Dosimeters zur Oberfläche F_{Kugel} einer gedachten Kugel mit Radius r um die Quelle:

$$\frac{A_D}{A_{ges}} = \frac{F_D}{F_{Kugel}}$$

Die Oberfläche der gedachten Kugel ist:

$$F_{Kugel} = 4 \cdot \pi \cdot r^2$$

Durch Einsetzen und Auflösen erhalten wir **(Gleichung A 12,2):**

$$\mathbf{A_D = \frac{A_{ges} \cdot F_D}{4 \cdot \pi \cdot r^2}}$$

A_D, die Zahl der Teilchen, die pro Sekunde auf das Dosimeter treffen, ist ein Maß für die Intensität der Strahlung an dieser Stelle. A_{ges} und F_D sind Konstanten. Damit ist (A 12,1) bewiesen.

- Die zweite Regel des Strahlenschutzes verlangt das Anbringen von Schutzvorrichtungen, um die Strahlung so gut wie möglich **abzuschirmen**. Die nebenstehende Tabelle zeigt die Reichweiten von α- und β-Teilchen mit einer Energie von 10 MeV in Luft und Aluminium:

Reichweiten	α	β
in Luft	11 cm	39 m
in Aluminium	0,1 mm	2 cm

γ-Strahlung läßt sich, wie Sie aus Abschnitt 9.1.3 wissen, grundsätzlich nicht vollständig abschirmen, sondern nimmt in Materie gemäß einem Exponentialgesetz ab. Auch eine noch so dicke Abschirmwand läßt stets einen gewissen Bruchteil der γ-Quanten durchtreten. Um zu charakterisieren, wie stark γ-Strahlung von einem Absorbermaterial geschwächt wird, gibt man die Dicke des Materials an, die benötigt wird, um die Intensität beispielsweise auf ein Zehntel ihres Ausgangswertes zu verringern. Für γ-Quanten mit einer Energie von 10 MeV beträgt diese Dicke in Blei ungefähr 4 cm. Eine Bleiwand mit einer Dicke von 8 cm reduziert demnach die Intensität auf ein Hundertstel, und so fort.

Blei und Beton gehören zu den effektivsten Abschirmungsmaterialien. Bei radiologischen Untersuchungen schützt man die Keimzellen der Patienten durch Bleischürzen. Das Personal wird durch Bleiglasfenster und dicke Betonwände gegen die Strahlung abgeschirmt.

- **Einnahme** und **Einatmen** von radioaktiven Substanzen müssen so weit wie möglich vermieden werden. Beim Umgang mit solchen Substanzen darf daher nicht gegessen, getrunken oder geraucht werden.
- Die **Zeit**, während der man der Strahlung ausgesetzt ist, ist möglichst kurz zu halten, denn die empfangene Gesamtdosis ist proportional zur Bestrahlungszeit.

12.6 Anwendungen radioaktiver Strahlung

Mit der radioaktiven Strahlung sind nicht nur Gefahren verbunden; sie besitzt auch eine Reihe von nutzbringenden Anwendungen. In der **Medizin** werden radioaktive Substanzen vor allem zur **Diagnose**, das heißt zur Untersuchung eingesetzt. Ziel ist die bildliche Darstellung der Organfunktionen und Stoffwechselvorgänge. Zur Erzeugung der Bilder wird ausschließlich γ-Strahlung verwendet. α- und β-Strahlen sind wegen ihrer geringen Reichweite in Gewebe zur Bilderzeugung ungeeignet.

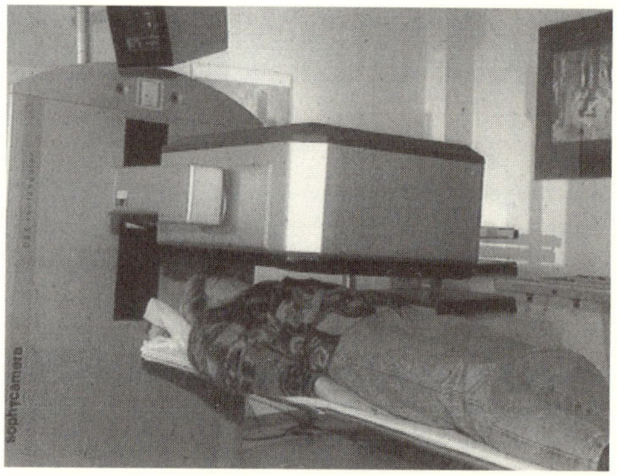

Bild 12.5: Gammakamera

Als Strahlungsquelle dient ein radioaktives Nuklid, das man dem Patienten injiziert. Ein häufig verwendetes Nuklid ist Technetium-99, denn es ist ein reiner γ-Strahler und besitzt eine Halbwertszeit von nur sechs Stunden. Das injizierte Radionuklid verteilt sich innerhalb kurzer Zeit in einer charakteristischen Weise im Körper. Ein Abbild dieser Verteilung erhält man, indem man die ausgesandte Strahlung mit einer sogenannten **Gammakamera** registriert. Eine Gammakamera ist ein großer Szintillationszähler[7], der die eintreffenden Quanten nicht nur zählt, sondern auch die Orte des Eintreffens aufzeichnet. Das so erzeugte Bild der Aktivitätsverteilung im Körper heißt **Szintigramm**. Das Szintigramm kann direkt auf einem Oszillographen sichtbar gemacht werden; in der Regel wird es aber heute zur Glättung, Kontrastverbesserung, Analyse etc. an einen Computer weitergeleitet. Bei der **Emissions-Computertomographie** läßt man die Gammakamera um den Körper der Patientin rotieren und zeichnet Szintigramme aus vielen verschiedenen Richtungen auf. Ein Computer kann daraus die dreidimensionale Aktivitätsverteilung errechnen und als Schnittbilder darstellen.[8]

[7] Siehe Abschnitt 9.1.4.
[8] griech. *tome* = Schnitt

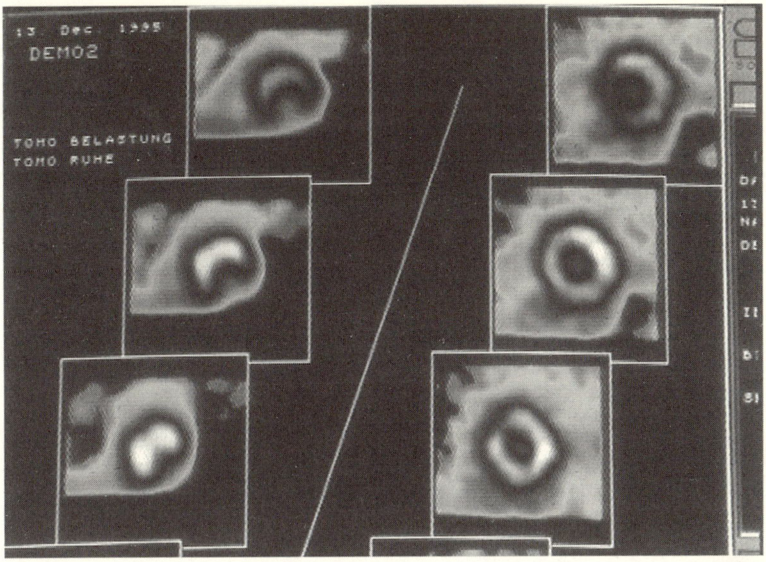

Bild 12.6: Szintigramme des Herzmuskels. Linke Spalte: unter Belastung Durchblutungsstörungen. Rechte Spalte: in Ruhe gleichmäßige Durchblutung

In geringerem Umfang wird radioaktive Strahlung auch zur **Therapie** von Krankheiten eingesetzt. Schilddrüsenkrebs beispielsweise kann durch Gaben des radioaktiven Nuklids Jod-131 behandelt werden. Jod verwendet man aufgrund seiner Eigenschaft, sich in der Schilddrüse anzureichern. Das Jod-Isotop ^{131}I sendet überwiegend β-Strahlung aus. Sie hat in Gewebe eine Reichweite von nur 2 mm. Die Anreicherung und die kurze Reichweite ermöglichen eine gezielte, lokale Bestrahlung der Krebszellen. Sie empfangen Energiedosen von 300 Gy und mehr und werden dadurch abgetötet. Weitaus häufiger als radioaktive Strahlung verwendet man zur Therapie heutzutage jedoch hochenergetische Röntgenstrahlung aus Elektronenbeschleunigern.

In der **Biologie** werden Radionuklide zur Untersuchung des Aufbaus und des Stoffwechsels von Pflanzen und Tieren verwendet. So kann man beispielsweise Wasser durch Zusatz eines radioaktiven Phosphorisotops **markieren**. Wird dieses Wasser von einer Pflanze aufgenommen, so reichert sich der Phosphor vor allem in den Blattadern an. Legt man ein derartig markiertes Blatt auf einen Film, erhält man ein Abbild des Adergerüstes. Durch Erforschung des Pflanzenstoffwechsels mit radioaktiv markiertem Sauerstoff konnte man zeigen, daß der Sauerstoff, den Pflanzen ständig in die Luft abgeben, nicht aus dem Kohlendioxid der Luft stammt, sondern aus dem Wasser des Bodens. Die keimtötende Wirkung radioaktiver Strahlung kann zur Haltbarmachung von **Lebensmitteln** und zur Sterilisation von **Medikamenten** ausgenutzt werden. Hierbei wird vor allem γ-Strahlung verwendet. Die Bestrahlung von Lebensmitteln ist allerdings wegen einer möglichen gesundheitsschädigenden Wirkung für den Menschen umstritten.

In der Industrie wird radioaktive Strahlung unter anderem zur zerstörungsfreien **Werkstoffprüfung** verwendet. Um während der Produktion fortlaufend die Dicke beispielsweise von Karton- und Stahlblechbahnen zu kontrollieren, durchstrahlt man diese mit radioaktiver Strahlung und mißt die Intensität der

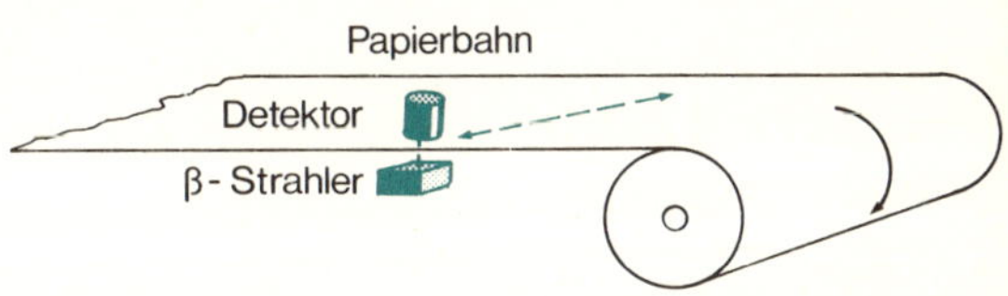

Bild 12.7: Kontrolle der Dicke einer Kartonbahn

12

durchgelassenen Strahlung. Je nach zu prüfendem Material und gewünschter Dicke verwendet man wegen ihres unterschiedlichen Durchdringungsvermögens entweder α- oder β-Strahlung.
Die gemessene Intensität hängt empfindlich von der Dicke der Bahn ab. Auf diese Weise können auch geringe Dickeschwankungen zuverlässig nachgewiesen werden.

γ-Strahlung kann zur **Füllstandsmessung** an geschlossenen, undurchsichtigen Behältnissen verwendet werden. Dazu führt man einen Strahler auf der einen Seite und ein Meßgerät auf der anderen Seite des Behälters entlang. Sobald die Füllstandshöhe erreicht ist, beobachtet man einen starken Sprung der gemessenen Intensität. Schließlich kann man mit γ-Strahlung ähnlich wie mit Röntgenstrahlung **Durchleuchtungsbilder** von Gegenständen herstellen. Als Strahlungsquelle benötigt man dazu lediglich ein Radionuklid, das γ-Strahlung aussendet. Zur Erzeugung von Röntgenstrahlen hingegen ist ein Elektronenbeschleuniger, also eine technisch relativ aufwendige Anlage erforderlich.

Aufgaben

1. Ein Mensch mit einer Masse von 80 kg absorbiert infolge eines Strahlenunfalls eine Energie von 2 J durch α-Strahlung, außerdem 10 J durch β-Strahlung und 4 J durch γ-Strahlung.
   a) Wie groß ist für jede Strahlungsart die absorbierte Energiedosis?
   b) Wie groß ist die insgesamt erhaltene Äquivalentdosis?
   c) In welchen Zeitraum empfängt man die gleiche Äquivalentdosis durch die natürliche und zivilisatorische Strahlenbelastung?
   d) Ist die durch den Unfall verursachte Äquivalentdosis lebensbedrohlich?
2. Ein Geigerzähler befindet sich im Abstand von 7 cm von einer radioaktiven Quelle, die α-Strahlung mit einer Energie von 10 MeV aussendet, und mißt eine gewisse Intensität. Nun wird der Abstand verdreifacht. Wie stark verringert sich dadurch die gemessene Intensität, wenn die Messung (a) im Vakuum (b) in einem luftgefüllten Raum durchgeführt wird? Hinweis: Beachten Sie die Aussagen über Abstand und Abschirmung in Abschnitt 12.5. Welche Intensitätsänderungen ergeben sich, wenn statt der α-Strahlung β-Strahlung verwendet wird (c) in Vakuum (d) in Luft?
3. Ein Filmdosimeter mit einer Fläche von 10 cm^2 wird in 50 cm Entfernung von einer Strahlungsquelle mit einer Aktivität $A_{ges} = 20$ kBq angebracht. Die Messung findet in einem luftleeren Raum statt. Wie viele Strahlungsteilchen treffen pro Sekunde auf das Dosimeter?

Zusammenfassung der wichtigsten Aussagen

- Unmittelbare Strahlenschäden wie die Strahlenkrankheit treten nur oberhalb einer Schwellenwertdosis ein.
- Krebs und Mutationen sind stochastische Schäden: Auch kleinste Strahlungsdosen können zu einer Schädigung führen.
- Die Aktivität A ist definiert als die Anzahl der Strahlungsteilchen, die eine Strahlungsquelle pro Sekunde aussendet.
- Die Energiedosis D ist definiert als die absorbierte Strahlungsenergie pro Masse des Absorbermaterials. Ihre Einheit ist das Gray.
- Der Qualitätsfaktor Q beschreibt die relative biologische Wirksamkeit der unterschiedlichen Strahlungsarten. Bei gleicher Teilchenenergie ist α-Strahlung ungefähr zwanzigmal gefährlicher als β- und γ-Strahlung.
- Die Äquivalentdosis H ist definiert als Energiedosis mal Qualitätsfaktor. Sie beschreibt die biologische Wirkung einer absorbierten Strahlungsdosis. Ihre Einheit ist das Sievert.
- Nach dem quadratischen Abstandsgesetz ist die Strahlungsintensität im Abstand r einer Strahlungsquelle umkehrt proportional zum Quadrat des Abstands (Gleichung A 12,1):

$$\text{Intensität} \sim \frac{1}{r^2}$$

12

Lösungen

Folge 1

Aufgabe 1

a) geg.: $m = 80$ kg; $D = 78$ N/m

ges.: Schwingungsdauer T

$$T = 2\pi \sqrt{\frac{m}{D}}; \quad T = 2\pi \sqrt{\frac{80\ \text{kg}}{78\ \text{N/m}}} =$$

$$= 2\pi \sqrt{\frac{80}{78}\ \text{s}^2} = 6{,}4\ \text{s};$$

Überprüfung der Einheiten:

$[D] = 1\ \text{N/m} = (1\ \text{kg} \cdot \text{m/s}^2)/\text{m} = 1\ \text{kg/s}^2$,

also $[m]/[D] = \text{kg}/(\text{kg/s}^2) = \text{s}^2$

b) geg.: Anfangslänge $a = 20$ m, Erdbeschleunigung $g = 9{,}8$ m/s²

ges.: Entfernung e, Dehnung s des Gummiseils

$$e = a + s \text{ und } F = D \cdot s \text{ und } F = m \cdot g$$

$$\Rightarrow e = a + \frac{m \cdot g}{D};$$

$$e = 20\ \text{m} + \frac{80 \cdot 9{,}8}{78}\ \text{m} = 30\ \text{m}$$

Aufgabe 2

a) geg.: $m = 0{,}10$ kg; $T = 1{,}0$ s

ges.: D

$$T = 2\pi \sqrt{\frac{m}{D}} \Rightarrow T^2 = 4\pi^2 \cdot \frac{m}{D}$$

$$\Leftrightarrow D = 4\pi^2 \cdot \frac{m}{T^2}; D = 3{,}9\ \frac{\text{N}}{\text{m}}$$

Aufgabe 3

a) geg.: $T = 1{,}0$ s; $\hat{s} = 10$ cm $= 0{,}10$ m; $t = 1{,}6$ s

ges.: $s(t)$

$$s(t) = \hat{s} \cdot \cos \omega t \text{ und } \omega = \frac{2\pi}{T}$$

$$\Rightarrow s(t) = \hat{s} \cdot \cos \frac{2\pi t}{T}$$

$$s(1{,}6\ \text{s}) = 10\ \text{cm} \cdot \cos(3{,}2\pi) =$$

$$= 10\ \text{cm} \cdot \cos(1{,}2\pi);$$

$$s(1{,}6\ \text{s}) = -8{,}1\ \text{cm}\ *$$

b) geg.: $v(t) = -\omega \cdot \hat{s} \cdot \sin \omega t$

ges.: v_{max}; dieser Wert wird erreicht, wenn $\sin \omega t = 1$;

$$|v_{max}| = 2\pi\ \text{s}^{-1} \cdot 0{,}10\ \text{m} = 0{,}63\ \text{m/s}$$

Aufgabe 4

geg.: $C = 0{,}33$ mF $= 3{,}3 \cdot 10^{-4}$ F;

$W_{el} = 10$ J

ges.: U

$$W_{el} = 0{,}5\ C \cdot U^2$$

$$\Rightarrow U = \sqrt{\frac{2W_{el}}{C}}; U = 2{,}5 \cdot 10^2\ \text{V}$$

Aufgabe 5

a) geg.: $U_{eff} = 2{,}3 \cdot 10^2$ V; $f = 50$ Hz; $L = 1{,}0$ H

ges.: W_m

$$I_{eff} = \frac{U_{eff}}{X_L} \text{ (s. E-Lehre, Kap. 11.5)}$$

und $X_L = 2\pi f \cdot L$ (s. E-Lehre, Kap. 11.6) und

$$I_{max} = I_{eff} \sqrt{2} \text{ (s. E-Lehre, Kap. 10.4.2)}$$

und $W_m = 0{,}5\ L \cdot I_{max}^2$

$$\Rightarrow W_m = 0{,}5\ L \cdot \frac{U_{eff}^2 \cdot 2}{4\pi^2 \cdot f^2 \cdot L^2};$$

$$W_m = \frac{U_{eff}^2}{4\pi^2 \cdot f^2 \cdot L}; W_m = 0{,}54\ \text{J}$$

* Das negative Vorzeichen bedeutet, daß die Bewegungsrichtung zum Zeitpunkt $t = 1{,}6$ s entgegengesetzt zur Richtung beim Durchgang durch die Ruhelage mit $t = 0$ s ist.

Aufgabe 6

geg.: $L = 1{,}30\ \text{mH} = 1{,}30 \cdot 10^{-3}\ \text{H}$;
$T = 227\ \mu\text{s} = 2{,}27 \cdot 10^{-4}\ \text{s}$

a) ges.: C

$$T = 2\pi\sqrt{L \cdot C} \Rightarrow T^2 = 4\pi^2 \cdot L \cdot C$$

$$\Leftrightarrow C = \frac{T^2}{4\pi^2 \cdot L};$$

$$C = 1{,}00\ \mu\text{F}$$

b) Die relative Magnetfeldkonstante wird größer, dadurch steigt die Induktivität L (wegen $L \sim \mu_r$), d.h. auch die Periodendauer T (wegen $T \sim \sqrt{L}$) wird größer.

Aufgabe 7

Geeignet ist z.B. ein Lautsprecher, s. Lektion 1.1

Aufgabe 8

geg.: $f = 801\ \text{kHz} = 8{,}01 \cdot 10^5\ \text{Hz}$;
$C = 220\ \text{pF} = 2{,}20 \cdot 10^{-10}\ \text{F}$

ges.: L

$$f = \frac{1}{2\pi\sqrt{L \cdot C}}$$

$$\Rightarrow f^2 = \frac{1}{4\pi^2\, L \cdot C}$$

$$\Leftrightarrow L = \frac{1}{4\pi^2 \cdot f^2 \cdot C};\ L = 1{,}8 \cdot 10^{-4}\ \text{H}$$

Aufgabe 9

geg.: $C = 10\ \text{nF} = 1{,}0 \cdot 10^{-8}\ \text{F}$;
$L = 1{,}0\ \text{mH} = 1{,}0 \cdot 10^{-3}\ \text{H}$; $\hat{U} = 10\ \text{V}$

a) ges.: f

$$f = \frac{1}{2\pi\sqrt{L \cdot C}};\ f = 50\ \text{kHz}$$

b) Die elektrische Energie im Kondensator ist gleich der magnetischen Energie in der Spule:
$0{,}5 \cdot C \cdot \hat{U}^2 = 0{,}5 \cdot L \cdot \hat{I}^2$
$\Rightarrow \hat{I} = \hat{U} \cdot \sqrt{C/L};\ \hat{I} = 32\ \mu\text{A}$

Aufgabe 10

geg.: $U_{eff} = 2{,}3 \cdot 10^2\ \text{V}; f = 50\ \text{Hz}; I_{eff} = 1{,}0\ \text{A}$
ges.: $C; L$

$$\frac{U}{I} = \omega L \text{ (vgl. E 11,5)}$$

$$\Leftrightarrow L = \frac{U}{I \cdot \omega};\ L = 0{,}73\ \text{H}$$

$$\frac{U}{I} = \frac{1}{\omega C} \text{ (vgl. E 11,6)}$$

$$\Leftrightarrow C = \frac{I}{U \cdot \omega};\ C = 14\ \mu\text{F}$$

Folge 2

Aufgabe 1

Die Schwingungsdauer $T = 2\pi\sqrt{m/D}$ der Blattfedern des Zungenfrequenzmessers muß vergrößert werden. Die Federkonstante D ist schwierig zu beeinflussen, deshalb werden die Blattfedern jeweils mit einer Zusatzmasse am freien Ende versehen.

Aufgabe 2

a) Bei der Eigenfrequenz entstehen Resonanzschwingungen mit besonders großer Amplitude. Ein Lautsprecher soll aber den zugeführten Wechselstrom in allen Frequenzbereichen möglichst gleichmäßig in mechanische Schwingungen umwandeln, d. h., die Tonwiedergabe ist im Bereich der Eigenschwingung verfälscht.
b) Gemäß der Lenzschen Regel entsteht in der Schwingspule ein Induktionsstrom, der der Geschwindigkeit der mechanischen Schwingung entgegenwirkt. Bei einem kleinen Widerstand des Tongenerators kann dieser Induktionsstrom große Werte annehmen und so die Resonanzschwingungen dämpfen.

Aufgabe 3

a) Der Kondensator wird länger als nötig mit Gleichspannung aus der Batterie versorgt, d. h., die Sinusschwingung wird in Richtung Rechteckschwingung verzerrt.
b) Der Transistor liefert nicht genügend Energie aus der Batterie an den Schwingkreis, um die Dämpfung auszugleichen; d. h. die Schwingungen klingen ab.

Aufgabe 4

a) Die Dämpfung des Schwingkreises wird größer, da der Lautsprecher dem Kreis Energie entzieht.
b) Die Rückkopplung muß verstärkt werden.

Aufgabe 5

Der Transistor muß mehr Energie an den Schwingkreis weiterleiten, die diesem durch die Induktionsspule mit dem Lämpchen entzogen wird. Nach dem Energieerhaltungssatz muß diese Energie von der Batterie geliefert werden, d. h. die Stromaufnahme nimmt zu.

Aufgabe 6

Am Arm ist die Temperatur der Uhr und damit des Quarzes nahezu konstant, beim Ablegen sinkt sie um ca. 15 °C ab. Die Resonanzfrequenz des Quarzes wird - wie die Gangabweichung zeigt - wesentlich von der Temperatur beeinflußt.

Aufgabe 7

geg.: $T_1 = 64\ \mu s = 6{,}4 \cdot 10^{-5}\ s$

a) ges.: f_1

$f_1 = 1/T$; $f_1 = 16$ kHz

b) geg.: $f_2 = 5{,}0$ MHz

ges.: $n = T_1/T_2$;

$f_2 = 1/T_2 \Rightarrow n = T_1 \cdot f_2$;

$n = 64\ \mu s \cdot 5{,}0\ MHz = 320$

Aufgabe 8

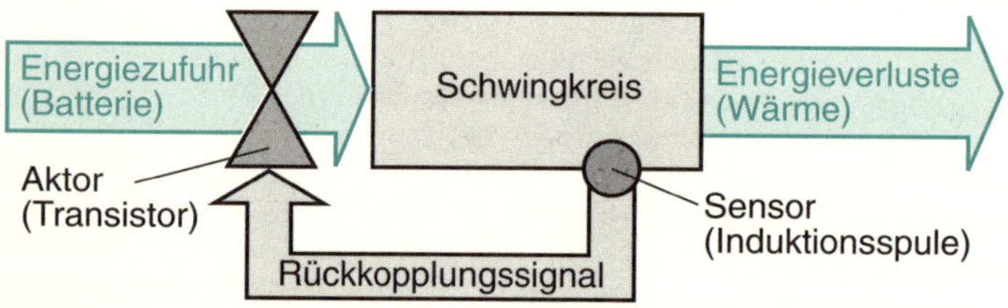

Aufgabe 9

a) z.B. Lautsprecher, Auto, Erdbeben
b) z.B. Zungenfrequenzmesser, elektrischer Rasierapparat

Aufgabe 10

Die Schwingungsdauer des Quarzes ist von Umwelteinflüssen (Temperatureinflüssen, Alterung) gegenüber Feder-Masse-Systemen weitgehend unabhängig. Der Quarz erlaubt daher die Erzeugung einer sehr frequenzstabilen Schwingung, deren Periodendauer elektronisch vervielfacht und in den üblichen Intervallen Sekunde, Minute und Stunde angezeigt wird.

Aufgabe 11

Der Schwingkreis $L + C_3$ wird über den Koppelkondensator C_2 zu Resonanzschwingungen angeregt.

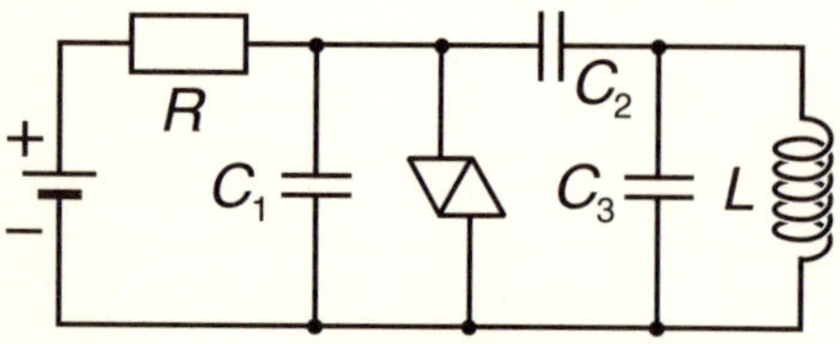

Vierschichtdiode

Folge 3

Aufgabe 1

Es handelt sich um keine Welle, da die Masse in Ausbreitungsrichtung transportiert wird.

Aufgabe 2

Das Ausbreitungsmedium muß aus elastisch gekoppelten Teilchen mit träger Masse bestehen, z.B. aus den Molekülen eines Gases oder einer Flüssigkeit.

Aufgabe 3

geg.: $f = 1{,}5\ kHz = 1{,}5 \cdot 10^3\ Hz$;

$c = 3{,}4 \cdot 10^2\ m/s$

ges.: λ

$c = \lambda \cdot f \Leftrightarrow \lambda = \frac{c}{f}$; $\lambda = 0{,}23\ m$

Aufgabe 4

geg.:

$$s(t,x) = 0{,}05 \text{ m} \cdot \sin\left[10 \text{ s}^{-1} \left(t - \frac{x}{2 \text{ ms}^{-1}}\right)\right]$$

ges.: $\hat{s}$; f; T; λ

a) Durch Vergleich mit der Wellengleichung $s(t, x) = \hat{s} \cdot \sin\omega \left(t - \frac{x}{c}\right)$ ergibt sich:

$$\hat{s} = 0{,}05 \text{ m} = 5 \text{ cm};$$

$$\omega = 2\pi f = 10 \text{ s}^{-1}$$

$$\Rightarrow f = \left(\frac{10}{2\pi}\right) \text{s}^{-1} = 1{,}6 \text{ Hz}$$

$$T = 1/f; \; T = 0{,}63 \text{ s}$$

$$c = 2 \frac{\text{m}}{\text{s}}$$

$$\lambda = \frac{c}{f}; \; \lambda = 1{,}3 \text{ m}$$

b) geg.: $t = 1{,}5$ s; $x = 0{,}5$ m

ges.: $s(t,x)$

$$s(t,x) = 0{,}05 \text{ m} \cdot \sin\left[10 \text{ s}^{-1} \left(1{,}5 \text{ s} - \frac{0{,}5 \text{ m}}{2 \text{ ms}^{-1}}\right)\right]$$

$$s(t,x) = -0{,}3 \text{ cm}$$

Aufgabe 5

a) Elektromagnetische Wellen bestehen aus elektrischen und magnetischen Feldern; sie benötigen kein materielles Trägermedium.
b) Schallwellen benötigen ein materielles Ausbreitungsmedium (s. auch Aufgabe 2); sie sind Longitudinalwellen, elektromagnetische Wellen dagegen sind Transversalwellen.

Aufgabe 6

geg.: $f = 434 \text{ MHz} = 4{,}34 \cdot 10^8$ Hz;

$c_0 = 3{,}00 \cdot 10^8$ m/s

ges.: λ

$$c = \lambda \cdot f \Leftrightarrow \lambda = \frac{c}{f}; \; \lambda = 0{,}691 \text{ m}$$

Aufgabe 7

Im Empfangsdipol werden Ladungen (Elektronen) in Schwingungen versetzt, so daß eine Wechselspannung zwischen den Enden des Dipols entsteht. Dadurch entsteht ein (sekundäres) elektrisches Wechselfeld, das das primäre Feld der Welle schwächt.

Aufgabe 8

Wenn sich in einem Leiter die Elektronen so schnell verschieben, daß sich das ausgedehnte elektrische Feld nicht mehr vollständig abbauen kann, entstehen geschlossene elektrische Feldlinien, die sich vom Leiter ablösen.

Aufgabe 9

geg.: $s = 2 \cdot 36\,000 \text{ km} = 7{,}2 \cdot 10^7$ m;

$c_0 = 3{,}00 \cdot 10^8$ m/s

ges.: t

$$s/t = c_0 \Leftrightarrow t = s/c_0; \; t = 0{,}24 \text{ s}$$

Aufgabe 10

Mikrowellen werden in Glas praktisch nicht absorbiert; in Wasser dagegen wird ihre Feldenergie absorbiert und in Wärme umgewandelt. (Die Dipolmoleküle werden dabei in Schwingungen versetzt und geben ihre Bewegungsenergie als ungerichtete Bewegungsenergie, also als Wärme, an die Umgebung ab.)

Folge 4

Aufgabe 1

Die Dipole müssen parallel zur Polarisationsebene der für die Fernsehübertragung verwendeten Ultrakurzwellen stehen. Also läßt sich aus der Stellung der Dipole die Polarisationsebene ablesen.

Aufgabe 2

Bei waagrechter Stellung der Ferritantenne ist der Empfang am besten, bei senkrechter Stellung ist kein Empfang möglich. Die Induktion in der Spule wird durch die magnetische Feldkomponente der Mittelwellen bewirkt, die senkrecht auf der elektrischen Komponente steht. Das magnetische Feld verläuft offensichtlich waagrecht und damit das elektrische Feld senkrecht.
Folgerung: Die Mittelwellen sind polarisiert, also Transversalwellen. Ihre Polarisationsebene liegt senkrecht.

Aufgabe 3

Im Saal kommt noch der Anteil des reflektierten Schalls zu Gehör, er kann den Anteil des direkt eintreffenden Schalls sogar übertreffen.

Aufgabe 4

Der Schall legt einen Weg zurück, der doppelt so groß ist, wie der Abstand vom Boot zur Felswand.

geg.: $t = 1{,}5\ \text{s}$; $c_L = 3{,}3 \cdot 10^2\ \text{m/s}$

ges.: s

$$c_L = 2\frac{s}{t} \Leftrightarrow s = c_L \cdot \frac{t}{2};\ s = 2{,}5 \cdot 10^2\ \text{m}$$

Aufgabe 5

Der Spiegel nimmt aus dem Lichtstrom der Sonne einen Anteil auf, der seiner Fläche proportional ist und bündelt ihn auf die kleinere Fläche des Kochtopfs.

geg.: Leistungsdichte $\frac{P}{A} = 1\ \frac{\text{kW}}{\text{m}^2}$; $d_S = 1\ \text{m}$

ges.: P

$$P = \left(\frac{P}{A}\right) \cdot A_S \text{ und } A_S = d_S^2 \cdot \frac{\pi}{4} \Rightarrow$$

$$\Rightarrow P = \left(\frac{P}{A}\right) \cdot d_S^2 \cdot \frac{\pi}{4};\ P = 0{,}8\ \text{kW}$$

Aufgabe 6

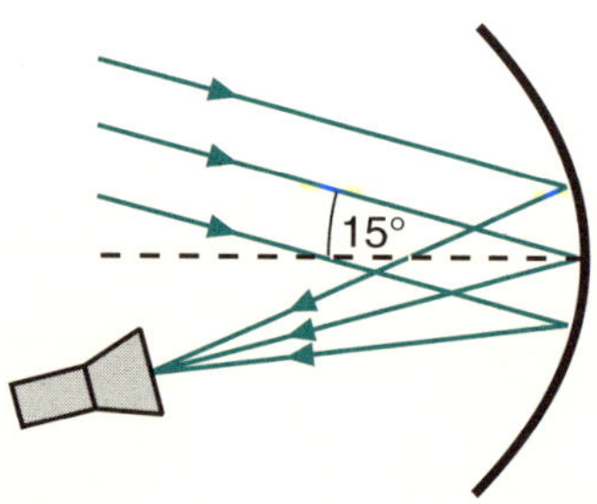

Aufgabe 7

Die Strahlungsleistung P verteilt sich auf eine Bodenfläche A_B, davon nimmt der Parabolspiegel einen Anteil auf, der seiner Fläche A_S entspricht.

geg.: $s = 2000\ \text{km} = 2{,}0 \cdot 10^6\ \text{m}$;

$P = 50\ \text{W}$; $d_S = 0{,}60\ \text{m}$

ges.: P_S

$$P_S = P \cdot \frac{A_S}{A_B} \text{ und } A_S = d_S^2 \cdot \frac{\pi}{4} \text{ und}$$

$$A_B = s^2 \Rightarrow P_S = P \cdot d_S^2 \cdot \frac{\pi}{(4\ s^2)}$$

$$P_S = 3{,}5 \cdot 10^{-12}\ \text{W} = 3{,}5\ \text{pW}$$

Aufgabe 8

Die Summe der Einfalls- und Ausfallswinkel an den beiden Spiegeln muß stets 180° betragen. Das ist nur der Fall, wenn die beiden Spiegel in einem Winkel von 90° zueinander stehen.

Aufgabe 9

a) Man betrachtet das Display durch ein drehbares Polarisationsfilter. In einer bestimmten Stellung des Filters wird das Display dunkel.
b) Mit polarisierenden Sonnengläsern vor den Augen kann man das Display u.U. nicht erkennen.

Folge 5

Aufgabe 1

geg.: $f = 1017\ \text{kHz} = 1{,}017 \cdot 10^6\ \text{Hz}$

$c_0 = 3{,}000 \cdot 10^8\ \text{m/s}$

Der Gangunterschied Δs von Bodenwelle und Raumwelle muß gleich der halben Wellenlänge (oder einem ungeradzahligen Vielfachen der halben Wellenlänge) sein:

$$\Delta s = (2 \cdot n + 1) \cdot \frac{\lambda}{2},\ n \in \mathbb{N}_0$$

$$\Delta s = \frac{\lambda}{2} \text{ und } c_0 = \lambda \cdot f \Rightarrow \Delta s = \frac{\lambda}{2} \text{ und}$$

$$\lambda = \frac{c_0}{f} \Rightarrow \Delta s = \frac{c_0}{2f};\ \Delta s = 147{,}5\ \text{m}$$

Aufgabe 2

geg.: $\lambda = 540\ \text{nm}$

ges.: d Stärke der Vergütungsschicht

Die Vergütungsschicht wird von dem am Glas reflektierten Lichtanteil zweimal durchlaufen, also $\Delta s = 2 \cdot d$. Auslöschung ergibt sich bei $\Delta s = \frac{\lambda}{2}$.

$$\Delta s = \frac{\lambda}{2} \text{ und } \Delta s = 2 \cdot d \Rightarrow d = \frac{\lambda}{4};$$

$$d = 135 \text{ nm}$$

Aufgabe 3

Das Licht dringt durch den Film und wird am Spiegel reflektiert. Das reflektierte Licht interferiert mit dem einfallenden Licht und bildet eine stehende Welle, deren Maxima und Minima an verschiedenen Stellen der schräg aufliegenden Filmemulsion entstehen. Entsprechend wird die Emulsion an verschiedenen Stellen unterschiedlich stark belichtet.

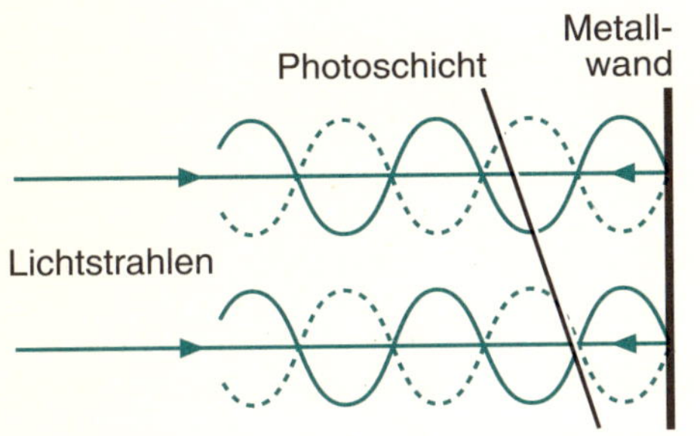

Aufgabe 4

geg.: $l = 1{,}0$ m; n = 3; $c_L = 3{,}4 \cdot 10^2$ m/s

Für die dritte Oberschwingung gilt

$$l = (n+1)\frac{\lambda}{2} \quad (S\ 5{,}1)$$

$$l = (n+1)\frac{\lambda}{2}$$

und n = 3 und $c_L = \lambda \cdot f$

$$\Rightarrow l = 2 \cdot \lambda \text{ und } f = \frac{c_L}{\lambda}$$

$$\Rightarrow f = \frac{2\,c_L}{l};\ f = 6{,}8 \cdot 10^2 \text{ Hz}$$

Aufgabe 5

a) $\Delta s = n \cdot \lambda$

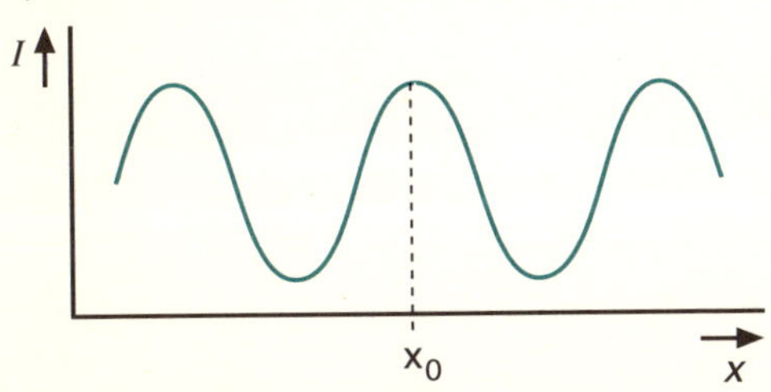

Aufgabe 6

a) Unabhängig von der Wellenlänge ist der Gangunterschied Δs für die Wellen aus den beiden Lautsprechern auf der Mittellinie gleich Null, es tritt hier stets ein Interferenzmaximum auf.

b)

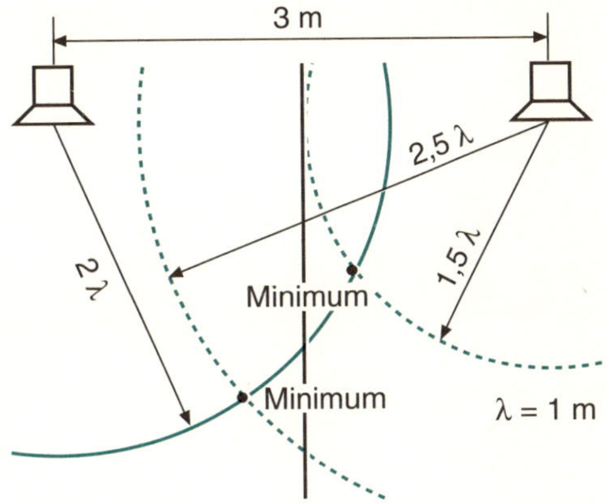

c) Durch Reflexionen an den Wänden kommen auch Wellen mit anderen Gangunterschieden an den Ort des Minimums, so daß keine vollständige Auslöschung eintritt.

Aufgabe 7

Zunächst erhält man ein scharfes Schattenbild, da die vielen Elementarwellen im Spalt zu einer linearen Wellenfront interferieren. Bei engerem Spalt beginnen die Elementarwellen an den Rändern zu dominieren (Kreiswellen), so daß das Spaltbild auseinanderfließt. Schließlich wird nur noch eine Elementarwelle abgestrahlt, die den Raum hinter dem Spalt gleichmäßig beleuchtet.

Aufgabe 8

geg.: Gitter mit 300 L/mm; Winkel des Hauptmaximums 2. Ordnung $\alpha = 17{,}5°$; n = 2

ges.: λ

Bei 300 Linien/mm beträgt der Gitterabstand

$$b = 1/300 \text{ mm} = 3{,}33 \cdot 10^{-6} \text{ m}$$

$$\sin\alpha = n \cdot \frac{\lambda}{b} \text{ und } n = 2 \Rightarrow \lambda = \frac{(b \cdot \sin\alpha)}{2};$$

$$\lambda = 500 \text{ nm}$$

Folge 6

Aufgabe 1

geg.: $f = 3{,}53 \cdot 10^{14}$ Hz ; $s_{Luft} = 1{,}00$ m;
$s_{Wasser} = s_2 = 0{,}800$ m; $\Delta t_{ges} = 6{,}9$ ns;
$c_0 = 3{,}00 \cdot 10^8$ m/s

a) ges.: c_{Wasser}

$$\Delta t_{ges} = \frac{s_1}{c_0} + \frac{s_2}{c_{Wasser}}$$

$$\Rightarrow c_{Wasser} = \frac{s_2}{(\Delta t_{ges} - s_1/c_0)}$$

$$c_{Wasser} = 2{,}25 \cdot 10^8 \text{ m/s}$$

b) ges.: λ_{Wasser}

$$\lambda_{Wasser} = \frac{c_{Wasser}}{f}$$

$$\lambda_{Wasser} = 637 \text{ nm}$$

Aufgabe 2

geg.: $\lambda = 550$ nm ; $\alpha = 30{,}0°$; $n = 1{,}44$

a) ges.: Brechungswinkel β

$$\frac{\sin\alpha}{\sin\beta} = n \Rightarrow \sin\beta = \frac{\sin\alpha}{n} \text{ ; } \beta = 20{,}3°$$

b) ges.: λ_2

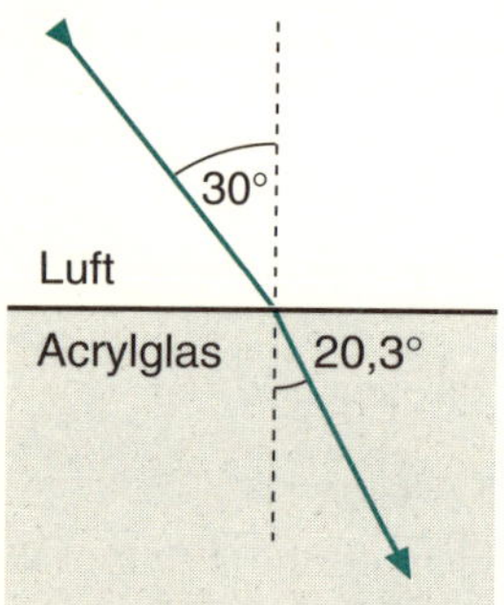

$$\frac{c_1}{c_2} = n \text{ und } \lambda = \frac{c}{f} \Rightarrow \lambda_2 = \frac{\lambda_1}{\text{n}} \text{ ; } \lambda_2 = 382 \text{ nm}$$

Aufgabe 3

Das Lichtleiterkabel darf nicht zu stark gekrümmt sein, damit der Grenzwinkel β_{total} nicht unterschritten wird. Sonst tritt ein Teil der Lichtenergie aus dem Lichtleiter und der Strahl im Leiter wird entsprechend gedämpft.

Aufgabe 4

Bei der Übertragung durch einen einzigen gekrümmten Lichtleiter von großem Durchmesser wird das Bild an den gekrümmten Wänden vielfach reflektiert und dabei völlig verzerrt. Beim Bündel dagegen muß jede Faser nur die Helligkeits- und Farbinformation eines Punktes übertragen.

Aufgabe 2

geg.: $\alpha = 45{,}0°$; $n = 1{,}50$; $\varphi = 60{,}0°$

ges.: β, γ, δ

$$\sin\beta = \frac{\sin\alpha}{n} \text{ ; } \beta = 28{,}1°;$$

$$\gamma = 180° - 120° - 28{,}1° = 31{,}9°;$$

$$\sin\delta = n \cdot \sin\gamma;\ \delta = 52{,}4°$$

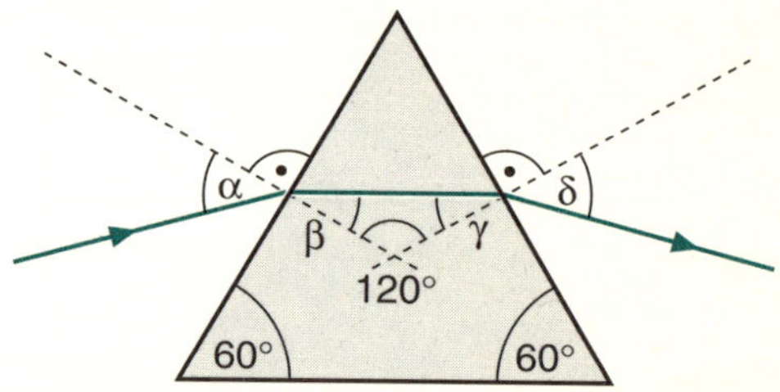

Aufgabe 6

a) Das Licht wird an den Außenflächen jedes Prismas zweimal **totalreflektiert**.

b) Die Brechung spielt keine Rolle, da die Strahlen entweder senkrecht auf die Grenzflächen auftreffen oder mit $\gamma > \beta_{total}$.

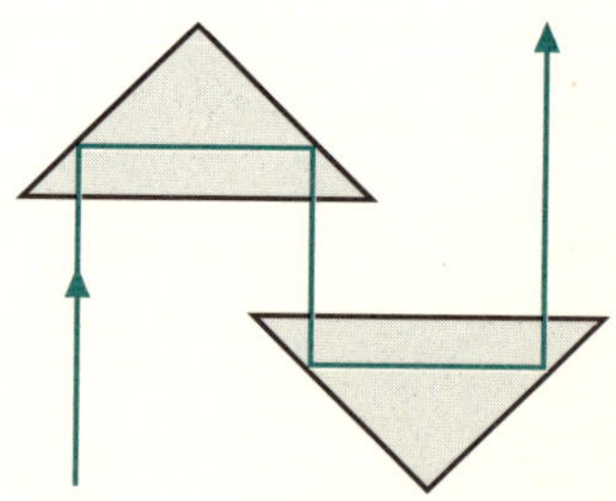

Aufgabe 7

geg.: $f = 50{,}0$ mm ; $G = 1{,}80 \cdot 10^3$ mm ;
$g = 2{,}0 \cdot 10^3$ mm

a) ges.: b

$$\frac{1}{f} = \frac{1}{g} + \frac{1}{b} \Rightarrow \frac{1}{b} = \frac{g-f}{g \cdot f} \Rightarrow$$

$$\Rightarrow b = g \cdot \frac{f}{g-f}$$

$$b = 51{,}3 \text{ mm}$$

b) ges.: B

$$\frac{B}{b} = \frac{G}{g} \Rightarrow B = G \cdot \frac{b}{g};$$

$$B = 46{,}2 \text{ mm}$$

$$\frac{B'}{B} = \frac{24 \text{ mm}}{46{,}2 \text{ mm}} \approx 0{,}5.$$

Es kann ca. die Hälfte der Person abgebildet werden.

c) geg.: $f = 24$ mm

ges.: b

$$b = g \cdot \frac{f}{g-f}; b = 24{,}3 \text{ mm}$$

$$B = G \cdot \frac{b}{g};$$

$$B = 21{,}9 \text{ mm}$$

Die Person paßt jetzt auf den Filmausschnitt.

Aufgabe 8

geg.: $f = 90 \text{ mm} = 0{,}090 \text{ m}; B = 2{,}0 \text{ m};$
$G = 36 \text{ mm} = 0{,}036 \text{ m}$

ges.: g

$$\frac{1}{f} = \frac{1}{g} + \frac{1}{b} \text{ und } \frac{B}{b} = \frac{G}{g} \Rightarrow$$

$$\Rightarrow b = g \cdot \frac{f}{g-f} \text{ und } g = G \cdot \frac{b}{B} \Rightarrow$$

$$\Rightarrow b = f\left(\frac{B}{G} + 1\right)$$

$$b = 5{,}1 \text{ m}$$

Aufgabe 9

Die Dipolmoleküle bzw. -atome, die mit der elektromagnetischen Welle wechselwirken, haben eine gewisse Trägheit. Ihr Einfluß auf die Ausbreitungsgeschwindigkeit ist daher von der Frequenz abhängig.

Aufgabe 10

Die Linse weist eine (geringe) Dispersion auf, so daß nicht an jedem Bildpunkt alle Farben vereint werden können. Bei Farbbildern entstehen farbige Ränder, bei s/w-Bildern wird die Abbildung unscharf.

Aufgabe 11

Für die Wahrnehmung von Farben ist nicht die Wellenlänge, sondern die Lichtfrequenz entscheidend.

Folge 7

Aufgabe 1

(a) Elektronen direkt an der Kathode sind gerade aus der Kathode ausgetreten und haben noch keine Beschleunigungsspannung durchlaufen. Ihre kinetische Energie ist daher 0 eV.
(b), (c) Die Elektronen haben die halbe bzw. die ganze Beschleunigungsspannung durchlaufen, also $W_{kin} = 1{,}5$ eV bzw. $W_{kin} = 3$ eV.
(d), (e) Die Elektronen haben die gesamte Beschleunigungsspannung sowie die halbe bzw. die gesamte Gegenspannung durchlaufen, also

$$W_{kin} = 3 \text{ eV} - \frac{(0{,}5 \text{ eV})}{2} = 2{,}75 \text{ eV},$$

bzw. $W_{kin} = 3 \text{ eV} - 0{,}5 \text{ eV} = 2{,}5 \text{ eV}$.

Aufgabe 2

1 eV ist die Energie, die ein Elektron der Ladung $Q = 1{,}6 \cdot 10^{-19}$ Coulomb nach Durchlaufen einer Spannung von 1 Volt besitzt, also eine Energie von $1{,}6 \cdot 10^{-19}$ Joule, denn Volt mal Coulomb ergibt Joule. Ein Hertz ist gleich 1/Sekunde. Also sind

$$\frac{0{,}41 \text{ eV}}{10^{14} \text{ Hz}} = \frac{0{,}41 \cdot 1{,}6 \cdot 10^{-19} \text{ J}}{10^{14} \text{ s}^{-1}}$$

$$= 6{,}6 \cdot 10^{-34} \text{ Js}$$

Aufgabe 3

Nach Gleichung A 7,1 und Gleichung A 7,2 beträgt die Frequenz des abgestrahlten Lichtes $f = W/h = 1{,}8 \text{ eV} / (0{,}41 \cdot 10^{-14} \text{ eV/Hz}) = 4{,}4 \cdot 10^{14}$ Hz. Sie liegt zwischen den Frequenzen des von Kalium und Natrium abgestrahlten Lichtes (siehe Bild 7.9), ist also sichtbar. Die Frequenz entspricht der Farbe orange.

Aufgabe 4

Daltons Atome sind strukturlos und enthalten keine Ladungen. Thomsons Atome sind undurchdringlich für Elektronen und für α-Teilchen. Rutherfords Atome sind instabil.

L

Aufgabe 5

Ein Elektron kann nur dann auf eine höhere Schale wechseln, wenn diese Schale noch nicht vollbesetzt ist, und wenn das Elektron von irgendwoher die erforderliche Energie aufnehmen kann.

Aufgabe 6

Die Energie, die nötig ist, damit ein Elektron auf eine höhere Schale wechseln kann, kann zugeführt werden (a) durch einen inelastischen Stoß oder (b) durch Absorption elektromagnetischer Strahlung. (Übrigens kann auch bei einer chemischen Reaktion frei werdende Energie zu diesem Zweck verwendet werden.)

Aufgabe 7

Es sind 36 Elektronen auf die Schalen zu verteilen. Auf der ersten Schale finden $2 \cdot 1^2 = 2$ Elektronen Platz, verbleiben 34 Elektronen. Auf der zweiten Schale finden $2 \cdot 2^2 = 8$ Platz, verbleiben 26; auf der dritten Schale finden $2 \cdot 3^2 = 18$ Platz, verbleiben 8 Elektronen, die auf der vierten Schale unterkommen.

Folge 8

Aufgabe 1

Die Energie eines Photons muß gerade gleich der Austrittsarbeit sein, $W_{Photon} = W_A$. Die Photonen müssen also die Frequenz

$$f = \frac{W_A}{h} = \frac{2{,}3\ \text{eV}}{(0{,}41 \cdot 10^{-14}\ \text{eV/Hz})} =$$

$= 5{,}6 \cdot 10^{14}$ Hz haben. Dies ist die Grenzfrequenz von Natrium.

Aufgabe 2

Es gilt $W_{kin} = h \cdot f - W_A$ (siehe Abschnitt 8.2.3). Die Austrittsarbeit von Kupfer ist daher $W_A = h \cdot f - W_{kin} = (0{,}41 \cdot 10^{-14}\ \text{eV/Hz}) \cdot 2{,}0 \cdot 10^{15}\ \text{Hz} - 3{,}7\ \text{eV} = 4{,}5\ \text{eV}$.

Aufgabe 3

Wellenlänge λ und Frequenz f von Licht hängen zusammen über $c = \lambda \cdot f$ (S 3,1). Die Lichtgeschwindigkeit c hat den Wert $c = 3{,}0 \cdot 10^8$ m/s. Rotes Licht hat daher eine Frequenz von ungefähr

$$f = \frac{c}{\lambda} = \frac{(3{,}0 \cdot 10^8\ \text{m/s})}{(700 \cdot 10^{-9}\ \text{m})} = 4{,}3 \cdot 10^{14}\ \text{Hz}$$

Ein 'rotes' Photon hat folglich eine Energie von $W_{Photon} = h \cdot f = (0{,}41 \cdot 10^{-14}\ \text{eV/Hz}) \cdot 4{,}3 \cdot 10^{14}\ \text{Hz} = 1{,}8\ \text{eV}$. Diese Energie muß ausreichen, um ein Elektron vom Valenzband ins Leitungsband zu heben. Die Energielücke darf also nicht größer sein als 1,8 eV.

Aufgabe 4

Spontane Emission erzeugt die ersten Wellen nach dem Einschalten des Lasers und setzt damit die Wellenlawine in Gang. Danach kann sie vernachlässigt werden. Induzierte Emission liefert die phasenrichtigen Wellen und führt damit zur erwünschten Verstärkung. Absorption ist ein unerwünschter Konkurrenzprozeß zur induzierten Emission, der das Laserlicht schwächt.

Aufgabe 5

a) Die Anzahl der Photonen wächst proportional zur Intensität, denn die Energie ist proportional zur Intensität, und jedes Photon transportiert gleich viel Energie.
b) Mit steigender Frequenz wächst die Energie jedes einzelnen Photons gemäß $W_{Photon} = h \cdot f$.

Aufgabe 6

a) Die kinetische Energie ist unabhängig von der Lichtintensität.
b) Sie wächst mit steigender Lichtfrequenz gemäß $W_{kin} = h \cdot f - W_A$.

Aufgabe 7

a) Licht der Frequenz $f_{Grenz} = 5{,}5 \cdot 10^{14}$ Hz hat die Wellenlänge

$$\lambda = \frac{c}{f} = \frac{(3{,}0 \cdot 10^8\ \text{m/s})}{(5{,}5 \cdot 10^{14}\ \text{Hz})} = 550\ \text{nm}.$$

Dies ist die Grenzwellenlänge von Kalium. Nur Licht einer *kleineren* Wellenlänge löst Elektronen aus Kalium aus.
b) Die angegebene Frequenz ist *größer* als die Grenzfrequenz; Licht dieser Frequenz *kann* also Elektronen auslösen.
c) Bei der Grenzfrequenz ist die kinetische Energie der Elektronen gerade Null. Ab da steigt die kinetische Energie linear mit der Frequenz, wobei die Steigung durch das Plancksche Wirkungsquantum h gegeben ist. Bei einer Frequenz von $8{,}2 \cdot 10^{14}$ Hz ist die kinetische Energie daher $W_{kin} = h \cdot (8{,}2 - 5{,}5) \cdot 10^{14}\ \text{Hz} = (0{,}41 \cdot 10^{-14}\ \text{eV/Hz}) \cdot 2{,}7 \cdot 10^{14}\ \text{Hz} = 1{,}1\ \text{eV}$ (vgl. Bild 8.8).

Aufgabe 8

a) Das sofortige Einsetzen des Fotostroms bei noch so kleiner Lichtintensität, die Unabhängigkeit der kinetischen Energie der Elektronen von der Lichtintensität sowie die Abhängigkeit dieser Energie von der Lichtfrequenz.
b) Interferenz und Beugung

Aufgabe 9

a) Es kann kein Strom fließen, weil alle vorhandenen Elektronen blockiert sind.
b) Es kann immer noch kein Strom fließen. Begründung: Wenn ein Elektron in dem besetzten Band eine Energie von 6 eV aufnehmen wollte, müßte es im verbotenen Bereich zwischen dem obersten und dem mittleren Band landen. Solche Sprünge sind nicht möglich.
c) In diesem Fall sind Sprünge ins mittlere Band möglich, und der Festkörper erlangt eine gewisse Leitfähigkeit.

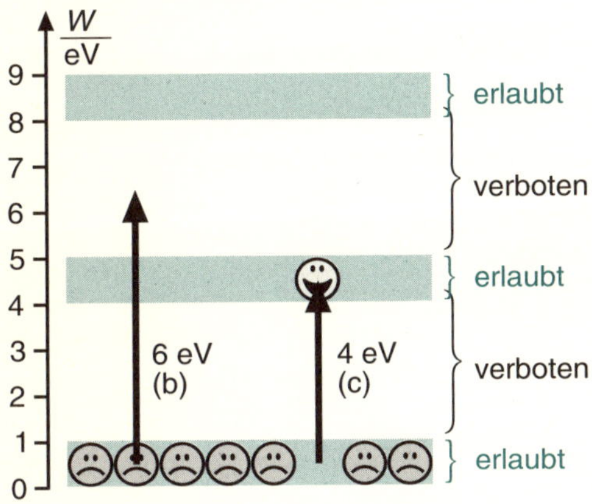

Folge 9

Aufgabe 1

a) Bei beiden Strahlungsarten handelt es sich um elektromagnetische Strahlung, das heißt Photonen. Beide Strahlungsarten ionisieren Atome, schwärzen fotografische Platten und durchdringen feste Materie.
b) Radioaktive Strahlung wird vom Kern ausgesandt, Röntgenstrahlung von den Elektronen der Atomhülle. Radioaktive Strahlung hat im allgemeinen eine höhere Energie als Röntgenstrahlung. Radioaktive Strahlung kommt in der Natur vor, während Röntgenstrahlung künstlich erzeugt werden muß. Die Aussendung radioaktiver Strahlung ist häufig von Elementumwandlungen begleitet, die Aussendung von Röntgenstrahlung nicht.

Aufgabe 2

(1) Man kann den Strahl durch ein Magnetfeld leiten. Dort wird die β-Strahlung abgelenkt, die γ-Strahlung jedoch nicht. (2) Man kann einen Absorber in den Strahl stellen, der gerade dick genug ist, um die β-Strahlung vollständig zu absorbieren. Die γ-Strahlung durchdringt diesen Absorber ohne merklichen Intensitätsverlust.

Aufgabe 3

Damit sich ein Teilchen der Geschwindigkeit v auf einer Kreisbahn mit Radius r bewegt, muß eine Zentripetalkraft der Stärke $F_r = m \cdot v^2/r$ wirken (Gleichung M 7,6; m ist die Masse des Teilchens). Im vorliegenden Fall ist dies die Lorentzkraft der Stärke $F_L = q \cdot v \cdot B$ (Gleichung E 8,3; q ist die Ladung des Teilchens, B die Magnetfeldstärke). Aus $F_r = F_L$ folgt $v = (q \cdot B/m) \cdot r$. Kreisradius und Geschwindigkeit sind also in diesem Fall proportional zueinander. Das Auftreten verschiedener Radien in Bild 9.2 bedeutet also, daß die Teilchen aus der radioaktiven Probe mit unterschiedlichen Geschwindigkeiten, das heißt mit unterschiedlichen kinetischen Energien austreten.

Aufgabe 4

Mit der Nebelkammer kann man die Reichweite von α-Strahlung in Luft bestimmen (Anmerkung: β-Strahlen erreichen in der Regel die Wand der Kammer). Legt man ein homogenes Magnetfeld an, so kann man außerdem das Vorzeichen der elektrischen Ladung von α- und β-Strahlung nachweisen. Das Geiger-Müller-Zählrohr eignet sich zum Nachweis aller drei Strahlungsarten in kleinen Dosen und zur Messung der Zahl der Teilchen pro Zeiteinheit. Mit dem Halbleiterdetektor mißt man die Energie von α- und β-Strahlen, und mit dem Szintillationszähler die der γ-Strahlen.

Aufgabe 5

Das β-Teilchen hat eine größere Geschwindigkeit, denn es hat eine kleinere Masse, und leichtere Teilchen können mit derselben Beschleunigungsenergie auf eine größere Geschwindigkeit gebracht werden.

Aufgabe 6

Der linke untere Index bezeichnet die Protonenzahl Z. Diese ist für alle Isotope eines Elements gleich, und zwar gleich der Ordnungszahl. Sie ist daher durch die Angabe des chemischen Elementsymbols bereits eindeutig spezifiziert.

Aufgabe 7

a) ^{23}Na hat $A = 23$ Nukleonen, und zwar $Z = 11$ Protonen und $N = 12$ Neutronen, sowie 11 Elektronen.
b) ^{238}U hat $A = 238$ Nukleonen, und zwar $Z = 92$ Protonen und $N = 146$ Neutronen, sowie 92 Elektronen.

Folge 10

Aufgabe 1

Beim α-Zerfall wird ein α-Teilchen ausgesandt. Die Nukleonenzahl A des Kerns sinkt also um 4 Einheiten. Beim β- und γ-Zerfall ändert A sich nicht.

Aufgabe 2

a) Die Protonenzahl des Ausgangskerns sinkt um 2. Das entstehende Nuklid hat also die Protonenzahl und damit die Ordnungszahl $Z = 93$. Im Periodensystem findet man zu $Z = 93$ das Elementsymbol Np, und die Tabelle beim Periodensystem verrät, daß es sich dabei um das Element Neptunium handelt. Die Nukleonenzahl A des Ausgangskerns sinkt um 4. Die Reaktionssgleichung des Zerfalls lautet somit

$$^{241}_{95}\mathrm{Am} \rightarrow {}^{237}_{93}\mathrm{Np} + {}^{4}_{2}\alpha$$

b) Die Protonenzahl steigt um 1. Die Ordnungszahl des Tochterkerns ist also $Z = 83$, das ist Bi, also Wismut. Die Nukleonenzahl A ändert sich nicht. Die Reaktionsgleichung lautet also

$$^{210}_{82}\mathrm{Pb} \rightarrow {}^{210}_{83}\mathrm{Bi} + {}^{0}_{-1}\mathrm{e}$$

c) Protonen- und Nukleonenzahl ändern sich nicht. Die Reaktionsgleichung lautet daher

$$^{131}_{53}\mathrm{I}^* \rightarrow {}^{131}_{53}\mathrm{I} + \gamma$$

Aufgabe 3

Man benötigt die Ableitung $N'(t)$ der Funktion $N(t) = N(0) \cdot e^{-\lambda \cdot t}$. Die Ableitung der Exponentialfunktion e^x ist wieder e^x (siehe Mathematik, Analysis · Integralrechnung, Abschnitt 9.2). Die Ableitung von $e^{(-\lambda) \cdot t}$ ist dann nach der Kettenregel $(-\lambda) \cdot e^{(-\lambda) \cdot t}$. $N(0)$ ist ein konstanter Vorfaktor, der beim Ableiten erhalten bleibt. Die Ableitung der Zerfallsfunktion lautet daher $N'(t) = N(0) \cdot (-\lambda) \cdot e^{-\lambda \cdot t}$. Setzt man dies sowie $N(t) = N(0) \cdot e^{-\lambda \cdot t}$ in die Bestimmungsgleichung (A 10,3) ein, so sieht man, daß diese erfüllt ist.

Aufgabe 4

a) Man rechnet die Zerfallskonstante mittels (A 10,6) in die Halbwertszeit um:

$$T_{1/2} = \frac{\ln 2}{\lambda} \approx \frac{0{,}639}{0{,}0063\ \mathrm{min}^{-1}} \approx 110\ \mathrm{min}$$

b) Die Anzahl der Atome vermindert sich nach dem Zerfallsgesetz (A 10,4). Zu Beginn liegen $N(0) = 25 \cdot 10^6$ Atome vor. Nach 8 h, also nach 480 min, sind es noch $N(480\ \mathrm{min}) = 25 \cdot 10^6 \cdot e^{-(0{,}0063/\mathrm{min}) \cdot 480\ \mathrm{min}} = 25 \cdot 10^6 \cdot e^{-3{,}02} \approx 1{,}2 \cdot 10^6$
Es sind also noch knapp über eine Million Atome vorhanden.

Aufgabe 5

a) Damit die Aktivität auf ein Viertel zurückgeht, das heißt sich zweimal halbiert, muß man zwei Halbwertszeiten warten, also 6 min. Dies ist unabhängig von der Ausgangsaktivität.
b) 9 min entspricht drei Halbwertszeiten. Die Aktivität halbiert sich also dreimal, das heißt, sie geht auf $0{,}5^3$, also ein Achtel zurück, also auf 200 Becquerel.

Aufgabe 6

a) Beim Tod des Organismus hatte die spezifische Aktivität den Gleichgewichtswert von 0,285 Bq/g. Jetzt beträgt sie 0,21 Bq/g. Sie ist also noch nicht auf die Hälfte ihres Ausgangswertes zurückgegangen. Der Fund ist also jünger als die Halbwertszeit von ^{14}C.
b) Analog zum Beispiel in Abschnitt 10.4 erhält man für das Alter

$$t \approx \frac{\ln\left(\frac{0{,}285}{0{,}21}\right)}{\lambda} = \frac{0{,}305}{0{,}000121\ \mathrm{a}^{-1}} \approx 2520\ \mathrm{a}$$

Aufgabe 7

Lithium hat die Ordnungszahl $Z = 3$ (siehe Periodensystem). Bei der Reaktion wird ein Proton in den Kern eingebaut, also erhöht sich die Protonenzahl des Kerns um 1. Es entsteht ein Kern mit der Ordnungszahl $Z = 4$, also ein Beryllium-Kern. Gleichzeitig sinkt die Neutronenzahl um 1. Die Nukleonenzahl des Kerns ändert sich also bei der Reaktion nicht. Der entstehende Kern hat daher das Symbol $^{7}_{4}\mathrm{Be}$. Die Reaktionsgleichung lautet $^{7}_{3}\mathrm{Li}$ (p, n) $^{7}_{4}\mathrm{Be}$.

Folge 11

Aufgabe 1

Vor der Spaltung liegen 235 + 1 = 236 Nukleonen vor, 92 davon sind Protonen. Die Gesamtzahl der Nukleonen und die Gesamtzahl der Protonen bleiben bei der Spaltung erhalten. Der fragliche Kern besitzt also 236 – 140 – 2 = 94 Nukleonen, davon sind 92 – 55 = 37 Protonen. Die Ordnungszahl $Z = 37$ entspricht dem chemischen Element Rubidium. Das vollständige Symbol des fraglichen Kerns lautet somit $^{94}_{37}\mathrm{Rb}$.

Aufgabe 2

Zahl der Spaltungen:

	1. Gen.	2. Gen.	3. Gen.	4. Gen.	5. Gen.
$k = 2$	3 200	6 400	12 800	25 600	51 200
$k = 1$	3 200	3 200	3 200	3 200	3 200
$k = 0{,}5$	3 200	1 600	800	400	200

Aufgabe 3

Der Multiplikationsfaktor k läßt sich erhöhen durch (1) Verwendung reineren Spaltmaterials, (2) Abbremsen der frei werdenden Neutronen, (3) Verringerung der Oberfläche des Spaltmaterials und (4) Anbringen eines Reflektors an der Oberfläche.

Aufgabe 4

a) Der Moderator soll aus Atomen mit kleinen Massenzahlen bestehen und soll eine geringe Neigung besitzen, Neutronen einzufangen.
b) Regelstäbe sollen eine große Neigung besitzen, Neutronen einzufangen.

Aufgabe 5

a) Damit das Kraftwerk mit Wirkungsgrad $\eta = 35\%$ eine elektrische Nutzleistung von 10^9 W erzeugt, muß sein Reaktor durch Kernspaltung eine Leistung von

$$\frac{10^9\ \mathrm{W}}{\eta} = \frac{10^9\ \mathrm{W}}{0{,}35} \approx 2{,}86 \cdot 10^9\ \mathrm{W}$$

liefern (siehe Gleichung A 11,2). Pro Sekunde ist das eine Energie von $2{,}86 \cdot 10^9$ J, denn 1 Watt ist 1 Joule pro Sekunde.

b) Eine einzelne Kernspaltung liefert eine Energie von 190 MeV. In Joule ausgedrückt sind dies
$190 \cdot 10^6 \cdot 1{,}6 \cdot 10^{-19}\ \mathrm{J} \approx 3{,}04 \cdot 10^{-11}\ \mathrm{J}$,
denn 1 eV ist ungefähr gleich
$1{,}6 \cdot 10^{-19}$ J (siehe Aufgabe 7.2). Pro Sekunde müssen daher

$$\frac{2{,}86 \cdot 10^9}{(3{,}04 \cdot 10^{-11})} \approx 0{,}92 \cdot 10^{20}$$

Kernspaltungen im Reaktor stattfinden, im Einklang mit der Aussage in Abschnitt 11.2.

Aufgabe 6

a) Ein U-235-Kern enthält 235 Nukleonen und hat daher eine Masse von
$235 \cdot 1{,}7 \cdot 10^{-27}\ \mathrm{kg} \approx 4{,}0 \cdot 10^{-25}\ \mathrm{kg}$
Ein Deuterium-Tritium-Paar besitzt fünf Nukleonen und hat daher eine Masse von
$5 \cdot 1{,}7 \cdot 10^{-27}\ \mathrm{kg} = 8{,}5 \cdot 10^{-27}\ \mathrm{kg}$
b) In 1 kg U-235 befinden sich

$$\frac{1\ \mathrm{kg}}{(4{,}0 \cdot 10^{-25}\ \mathrm{kg})} = 2{,}5 \cdot 10^{24}\ \text{U-235-Kerne}$$

In 1 kg Deuterium-Tritium-Gemisch befinden sich

$$\frac{1\ \mathrm{kg}}{(8{,}5 \cdot 10^{-27}\ \mathrm{kg})} \approx 1{,}2 \cdot 10^{26}$$

Deuterium-Tritium-Paare.
Entsprechend viele Spaltungs- bzw. Fusionsreaktionen lassen sich mit 1 kg Brennstoff durchführen.
c) Die Spaltung von 1 kg U-235 liefert
$2{,}5 \cdot 10^{24} \cdot 190\ \mathrm{MeV} \approx 4{,}8 \cdot 10^{26}\ \mathrm{MeV}$

L

Die Fusion von 1 kg Deuterium-Tritium-Gemisch liefert
$1{,}2 \cdot 10^{26} \cdot 17{,}6\ \text{MeV} \approx 2{,}1 \cdot 10^{27}\ \text{MeV}$

d) Die Fusion von 1 kg Deuterium-Tritium-Gemisch liefert

$$\frac{2{,}1 \cdot 10^{27}\ \text{MeV}}{(4{,}8 \cdot 10^{26}\ \text{MeV})}$$

$\approx$ 4,4 mal so viel Energie wie die Spaltung von 1 kg U-235, im Einklang mit der Aussage in Abschnitt 11.9.

e) Es genügt, für jede Reaktion die frei werdende Energie *pro beteiligtem Nukleon* zu berechnen, also $\frac{190\ \text{MeV}}{235}$ für die Spaltung, und $\frac{17{,}6\ \text{MeV}}{5}$ für die Fusion, und diese zu vergleichen.

Aufgabe 7

Ausgebrannte Brennelemente enthalten eine Vielzahl verschiedener Nuklide. Die Halbwertszeiten mancher Nuklide sind sehr viel kürzer als ein Jahr, andere sind sehr viel länger als ein Jahr. Das Zerfallsgesetz ist nicht für das gesamte Brennelement direkt anwendbar, sondern nur für jedes Nuklid einzeln. Die Nuklide mit kurzen Halbwertszeiten sind nach Ablauf des ersten Jahres so gut wie vollständig zerfallen. Die nach einem Jahr verbleibende Aktivität rührt also fast ausschließlich von Nukliden mit langen Halbwertszeiten her. Daher verringert sich die Aktivität im zweiten und in den folgenden Jahren wesentlich langsamer.

Folge 12

Aufgabe 1

a) Energiedosen:

α-Strahlung: $D = \frac{2\ \text{J}}{80\ \text{kg}} = 0{,}025\ \text{Gy};$

β-Strahlung: $D = \frac{10\ \text{J}}{80\ \text{kg}} = 0{,}125\ \text{Gy};$

γ-Strahlung: $D = \frac{4\ \text{J}}{80\ \text{kg}} = 0{,}05\ \text{Gy}.$

b) Die Äquivalentdosen ergeben sich aus den Energiedosen durch Multiplikation mit dem jeweiligen Qualitätsfaktor.
α-Strahlung: $H = 0{,}025\ \text{Gy} \cdot 20 = 0{,}5\ \text{Sv};$
β-Strahlung: $H = 0{,}125\ \text{Gy} \cdot 1 = 0{,}125\ \text{Sv};$
γ-Strahlung: $H = 0{,}05\ \text{Gy} \cdot 1 = 0{,}05\ \text{Sv}.$
Die Gesamtäquivalentdosis beträgt daher $0{,}5\ \text{Sv} + 0{,}125\ \text{Sv} + 0{,}05\ \text{Sv} = 0{,}675\ \text{Sv}.$

c) Bei einer ständigen Belastung von 3 mSv/a würde es mehr als 200 Jahre dauern, bis man die fragliche Äquivalentdosis von 675 mSv aufgenommen hätte. Bei der Unfalldosis handelt es sich also um eine erhebliche Zusatzbelastung.

d) Nach der Tabelle in Abschnitt 12.2 sind bei einer Gesamtäquivalentdosis von 0,675 Sv erste Anzeichen einer Strahlenkrankheit zu erwarten, die Dosis ist aber in der Regel nicht unmittelbar lebensbedrohlich.

Aufgabe 2

a) Die Intensität verringert sich ausschließlich nach dem quadratischen Abstandsgesetz (A 12,1). Danach geht die Intensität bei Verdreifachung des Abstandes auf ein Neuntel zurück.

b) In Luft wird die Strahlung zusätzlich durch die Wechselwirkung mit den Gasmolekülen geschwächt. Der neue Abstand des Zählrohrs von der Quelle von 21 cm ist größer als die Reichweite von 11 cm der α-Teilchen in Luft (siehe Tabelle in Abschnitt 12.5). Es kommt deswegen überhaupt keine Strahlung mehr im Zählrohr an.

c) Das quadratische Abstandsgesetz gilt in gleicher Weise für alle Strahlungsarten. Antwort deshalb wie in Teil (a).

d) Der neue Abstand von 21 cm ist deutlich kleiner als die Reichweite von 39 Metern der β-Strahlung in Luft. Alle Teilchen, die in Richtung des Zählrohr fliegen, erreichen es daher auch. Antwort daher auch in diesem Fall wie in Teil (a).

Aufgabe 3

Da die Messung im Vakuum durchgeführt wird, findet keine Abschirmung der Strahlung statt. Zur Berechnung der Zahl der auftreffenden Teilchen verwendet man Gleichung (A 12,2), wobei
$A_{ges} = 20\ \text{kBq},\ F_D = 10\ \text{cm}^2,\ r = 50\ \text{cm}$
Damit ergibt sich:

$$A_D = 20\ \text{kBq} \cdot \frac{10\ \text{cm}^2}{4\pi \cdot (50\ \text{cm})^2} = 6{,}4\ \text{Bq}$$

Es treffen also im Mittel ungefähr sechs Teilchen pro Sekunde auf das Filmdosimeter.

Register

T

U

V

W

Z